管理学基础

尹 静 黄 琳 冯倩茹 主 编

天津大学出版社
TIANJIN UNIVERSITY PRESS

图书在版编目(CIP)数据

管理学基础 / 尹静，黄琳，冯倩茹主编. —天津：
天津大学出版社，2021.7
高等职业教育经管专业系列教材
ISBN 978-7-5618-6995-6

Ⅰ. ①管… Ⅱ. ①尹… ②黄… ③冯… Ⅲ. ①管理学
－高等职业教育－教材 Ⅳ. ①C93

中国版本图书馆CIP数据核字(2021)第141086号

出版发行 天津大学出版社
地　　址 天津市卫津路92号天津大学内（邮编:300072）
电　　话 发行部:022-27403647
网　　址 www.tjupress.com.cn
印　　刷 廊坊市海涛印刷有限公司
经　　销 全国各地新华书店
开　　本 185mm×260mm
印　　张 16
字　　数 399千
版　　次 2021年7月第1版
印　　次 2021年7月第1次
定　　价 46.00元

编 委 会

主　编：尹　静　黄　琳　冯倩茹

副主编：刘君君　付　学

参　编：左　杰　刘　婧

Preface 前言

管理学是研究如何不断地、有意识地对组织的资源进行合理配置，并对组织进行塑造的方式与方法的应用学科。它以企业的生产、营销、财务、人力资源活动为直接研究对象，以计划、组织、领导、控制等为基本职能。它贯穿于企业管理的全过程，是现代企业管理的重要内容之一。随着我国经济改革的不断深入，现代企业管理的理论和实践也不断丰富和发展。目前，“管理学”已经成为管理类、经济类专业的核心课程之一。

管理能力不仅仅是通过学习理论知识就能具备的。管理学中的计划与决策能力、组织与执行能力、领导与激励能力、控制与评价能力以及沟通与合作能力都需要通过实践来体现和提高。在传统的管理学教学模式中，教师凭借一本教科书做纯理论讲解，通过口头表达、板书、肢体语言等完成教学活动。这种教学模式以教师为中心和主体，学生被动地去接受枯燥乏味的管理理论，缺少独立思考，教学效果必定不理想。为了让学生在学习过程中既能掌握管理知识又能提升管理能力，我们编写了此教材。

本教材具有以下特点。

（1）将课程思政融入教材内容。在习近平重要理论和思想的指导下，编写组深入高等职业院校管理类专业，积极将课程思政落实到管理学基础的课程教学中，充分展示改革开放以来我国优秀企业的管理经验、管理思想和管理模式。

（2）内容新颖翔实。本书既包含了经典管理学教材的精华，又介绍了管理学前沿知识，通过管理学案例对管理学知识进行讲解。

（3）结构清晰，体系完整。本书从管理基本知识的介绍开始，到管理思想的发展与演进、管理各大职能的分述，逻辑严谨，结构清晰。本书按照“模块—项目—任务”形式编写，体系完整。

本书共有六个模块，十二个项目。模块一为管理的基本知识，介绍了管理的定义与内涵、管理的职能、管理者、管理环境、管理学和管理理论发展与演变等内容。模块二为计划与决策能力，介绍了计划与目标、决策理论及其方法等内容。模块三为组织与执行能力，介绍了组织与组织设计、人员配备与执行能力等内容。模块四为领导与激励能力，介绍了领导、激励等内容。模块五为控制与评价能力，介绍了控制、绩效评价等内容。模块六为沟通与创新能力，阐述了管理沟通、管理创新等内容。

本书由尹静、黄琳、冯倩茹担任主编，刘君君、付学担任副主编，左杰、刘婧参与编写。在编写过程中，编者参考了国内外大量的相关资料和有关的教学研究成果，在此对相关人员表示衷心的感谢。

由于编写时间仓促、作者水平有限，书中难免有不足之处，敬请各位专家与读者批评指正。

编者

2021 年 6 月

Contents 目 录

模块一 管理的基本知识

项目一　管理与管理学

学习目标

1.理解管理的基本概念、内涵。
2.了解不同学者给出的不同的管理定义。
3.掌握管理的基本职能。
4.明确各管理职能之间的相互关系。
5.掌握管理者扮演的多种角色。
6.明确管理者所需要的技能。
7.了解管理学的研究方法。
8.明确为什么要学习管理学。

思维导图

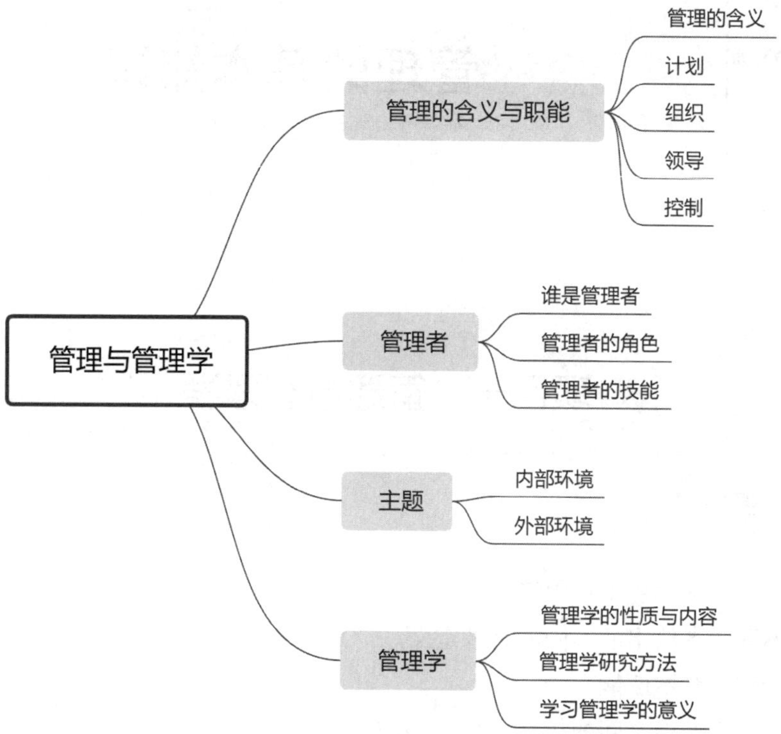

任务一　管理的定义与内涵

导入案例

张军主任的管理

经过一层层激烈的角逐，张军终于如愿以偿，成为拥有 16 人的某部门的主任。

为人严谨的张军认为部门管理的关键应该是制度管理。只要健全部门各项管理制度，严格考核，公平公正，人们自然会心服口服，部门管理也会井井有条。

上任伊始，他就细化了部门各项管理规定，并将考核结果与当月奖金挂钩，一旦发现违纪现象，他就绷起脸来，严加训斥。结果，在一个星期之内，张军训斥了 10 名员工，并对 3 名员工实施了经济处罚。

这样一来，大家对张军的意见很大，有人见到他就气鼓鼓的。部门中以前和张军关系不错的哥们儿也对他“敬而远之”了，张军成了“孤家寡人”。

张军想不明白自己到底哪儿错了。

思考与讨论

为什么会出现此情况？从案例中你发现了什么问题？

一、管理的定义

国内外学者对管理的定义有很多，本书选取几个具有代表性的定义进行介绍。

现代管理理论创始人亨利·法约尔（Henri Fayol）提出，管理是由计划、组织、指挥、协调和控制五个职能构成的。这一定义已经成为管理学界的经典定义。虽然时过境迁，管理的内容和方法也发生了很大的变化，但这一定义仍然是其他管理定义的基础。

管理理论之母玛丽·帕克·福莱特（Mary Parker Follett）将管理定义为：通过其他人来完成工作的艺术。她将管理视为一门艺术，强调人是管理的主体。

美国管理学大师彼得·F.德鲁克（Peter F. Drucker）在管理方面取得了很多成果，他给管理下过一个经典的定义："管理就是界定企业的使命，并激励和组织人力资源去实现这个使命。界定使命是企业家的任务，而激励与组织人力资源属于领导力的范畴，二者的结合就是管理。"在这个定义中，德鲁克使用了一个关键词："使命"。什么是使命呢？使命就是组织存在的原因。关于使命的假设规定了组织把什么结果看作是有意义的，指明了该组织认为它对整个经济和社会应做出何种贡献。德鲁克认为管理是一种实践，并将管理定义为一门学科，强调管理的科学性。

诺贝尔奖获得者赫伯特·A.西蒙（Herbert A. Simon）对管理的定义是：管理就是决策。从实际工作来看，管理就是为了解决组织存在的问题，而决策是解决问题的必经环节。

美国著名的管理学教授斯蒂芬·P.罗宾斯（Stephen P. Robbins）和玛丽·库尔塔（Mary Coultar）在2005年提出："管理是指和别人一起，或通过其他人有效完成目标的过程。"这一定义表明了管理的三个含义。

（1）管理是一个过程。

（2）管理是由人来完成的。

（3）管理具有双重目的：讲究效率和完成目标。

效率在管理中具有重要的意义，《现代汉语词典》释义为"单位时间内完成的工作量"。从管理学角度来说，效率（Efficiency）反映了投入与有效产出之间的关系。用公式表示就是：效率=有效产出/投入。投入是一个组织为了实现目标所消耗的人力、物力和财力等，比如，一个工厂的投入可能包括：厂房、设备、资金、原材料、员工和工具等。通常情况下，管理者所能投入的资源有限，所以，他们必须有效利用这些资源。因此，管理就是关注有效资源的最佳分配方案，重点在于做事的方法。然而，管理仅仅关注效率是不够的，还必须讲究效果（Effectiveness）。效率关注的是"正确地做事（Do things right）"，而效果则强调"做正确的事（Do right things）"，二者既对立又统一。"慢工出细活"就将效率和效果之间对立的关系体现得淋漓尽致。要想出细活（效果），就需要做慢工（降低效率)。效果与效率，就像是鱼与熊掌，很难做到兼得。因此，在实际工作中，更要认清二者的辩证关系，否则，有可能会是“竹篮打水一场空”。有效率不一定有效果，只有先有效果，在目标明确的前提下，尽量提高效率才是正确的管理方法。因此，管理者必须把“效果”放在首位，再去谈“效率”，否则将会犯“本末倒置”的错误。当然，在更多的情况下，高效率还是与高效果相关联的。低水平的管理绝大多数是由于无效率和无效果，或者是通过牺牲效率来取得效果。只有正确把握“效率”与“效果”之间的关系，并且将之应用到管理工作中，才能达到预期的目标。

刘易斯(Lewis)、古德曼(Goodman)和范特(Fandt)提出:“管理是指有效支配和协调资源，并努力实现组织目标的过程。”这一定义立足于组织资源，认为管理是一个动态的协调过程。

我国学者也对管理进行了定义，以下是几种具有代表性的定义。

杨文士和张雁认为，管理是指“通过实施计划、组织、人员配备、指导与领导、控制等职能来协调他人的活动，使他人同自己一起实现既定目标的活动过程。”

徐国华等人指出，管理是“通过计划、组织、控制、激励和领导等环节来协调人力、物力和财力资源，以期更好地达成组织目标的过程。”这一定义有以下三个方面的含义。

(1)管理五个要素：计划、组织、控制、激励和领导。

(2)管理的对象包括人力、物力和财力。

(3)管理是为了达成组织的目标。

周三多等人在《管理学》(第3版)一书中指出，管理是指组织为了实现个人无法实现的目标，通过各项职能活动，合理分配、协调相关资源的过程。这一定义同样包含了三层含义，具体如下。

(1)管理是有意识、有目的的群体活动。

(2)管理的本质是协调。

(3)管理是由各项职能活动构成的。

随后，周三多等人在《管理学——原理和方法》(第5版)一书中对管理的定义进行了完善，指出管理是管理者为了有效地实现组织目标、个人发展和社会责任，运用管理职能进行协调的过程。这一定义包含三个关键词:“管理者”“目标”和“实践(过程)”。管理在于“行”，而不在于“知”。

想要用几行文字对管理下一个准确的定义是很难的，正如孔茨所言:“给管理下的定义并不一定要很严密、完备和硬性，而明确地列出管理的特征和内涵才是更为重要的事情”。因此，本书沿用周三多等人对管理的定义，总结归纳：管理，就是管理者在特定的环境和条件下，为了实现特定的目标，对组织所拥有的资源进行计划、组织、领导和控制等活动的过程。

二、管理的内涵

想要进一步理解管理的概念，需对管理的内涵进行界定。

（一）管理是一个有意识有目的的群体活动

德鲁克在很早以前就提出，管理具有三个目的：第一，实现组织的特定目标；第二，使工作富有成效，员工具有成就感；第三，处理对社会的影响与承担社会责任。管理的目的首先就是通过群体的力量实现组织的目标。但随着社会的发展，组织群体中的个体在向自由劳动者的方向转变，员工越来越关心的是个人发展的前景。员工的兴趣、爱好、成就感等都会影响他们的工作积极性，决定员工是否还愿意为实现组织目标而付出努力。另外，组织与社会和环境密不可分，因而，组织除了要实现组织目标，也需要承担相应的社会责任，这也是组织的另一项重要使命。

（二）管理的本质是协调

管理需要协调两方面的资源。一是协调组织内部有形和无形的资源，例如人力资源、物质资源、信息资源、资金资源和社会资源等。二是协调组织外部的资源，包括环境、政策、制度、生活方式、社会大众、法律道德、意识形态、宗教信仰和风俗习惯等。

（三）管理应该注重效率和效果

效率和效果是管理的两个核心要素。管理不仅要追求较高的效率，还要追求较好的效果，即不仅要用正确的方法做事，还要做正确的事，力争又快又好地完成任务。在成功的组织中，高效率和好效果是相辅相成的。

（四）管理具有各项管理职能

管理的基本职能包括计划、组织、领导、激励、控制和创新等。管理就是由这些基本职能共同构成的一个完整过程。本书把创新列为管理职能之一，是因为在现代管理中，创新起着特殊作用。

任务二　管理的职能

导入案例

一家饭店的老板为了与当地竞争对手竞争，打算推出新的服务项目，经过与一线的管理人员讨论后，决定推出一项新的早餐项目。经过六个月的试验与完善后做出决定：组织一个特别任务小组开发这个新项目。该小组由六个拥有不同技能的人组成，如会计、销售和后勤等，从中选出一个人负责指挥。在第一次小组会议中，老板向大家解释了目标，回答了大家提出的问题，强调了新项目的重要性，并鼓励大家全力以赴。会议结束后，大家都努力工作，当项目计划日期临近时，老板根据实际情况又增加了人员，并增加了预算额，项目按原定的时间完工。在开业的当天，老板将小组成员一一请到现场。

思考与讨论

案例中老板所开展的管理活动有哪些？

在管理这一工作过程中，管理者要发挥的作用就是管理者的职能，即通常所说的管理职能。这里的“职能”一词是“活动”“行为”的意思，因此，一项职能就表示一类活动，而管理职能就是管理工作所包括的内容。

管理具备哪些职能？这一问题经过了近百年的探究，但至今仍未达成统一的观点。自从法约尔提出管理具备五种基本职能以来，有人在此基础上提出了六种，甚至七种基本职能，当然，也有人提出管理只具备三种或者四种基本职能，具有代表性的观点如表 1-1 所示。

表 1-1　管理的基本职能

代表人物	计划	组织	指挥	协调	控制	人事	领导	决策	激励	沟通	创新
法约尔	√	√	√	√	√						
孔茨和奥唐奈	√	√			√	√	√				
西蒙								√			
斯蒂芬·P.罗宾斯	√	√			√		√				
周三多	√	√			√		√				√
吴照云	√	√			√		√				

最早提出管理具备五种基本职能的是亚历山大·H.丘奇（Alexander H. Church，1866—1936），他在 1914 年就提出了管理有设计、设备、控制、比较和作业五大职能。但是，他的观点有点杂乱，没有形成一个完整的体系。

随后，法约尔于 1916 年将管理职能划分为计划、组织、指挥、协调和控制。法约尔认为管理的五大职能并不是企业管理者个人的责任，而是一种分配于领导人与整个组织成员之间的工作。

在法约尔之后，孔茨和奥唐奈在此基础上提出协调是管理的本质，并将管理职能分为计划、组织、人事、领导和控制。孔茨继承了法约尔的理论，并使法约尔的理论更加系统化、条理化，最终建立起管理过程学派。

美国著名的管理学教授斯蒂芬·P.罗宾斯是组织行为学的权威，有着非常丰富的管理实践经验，他提出管理只具备四项基本职能：计划、组织、领导和控制。罗宾斯的四项管理职能得到了大多数管理学者的支持。

本书根据已有的管理理论和管理实践，将管理职能划分为：计划、组织、领导和控制。

一、计划（Planning）

计划是指制定目标并确定实现这些目标所必需的行动。在管理学中，计划包含两个方面，其一是制定目标（做什么）。在从事一项活动之前，首先要明确方向，这是管理活动的基本前提。分析组织内部能力和外部环境，从客观上了解组织的运营状况，掌握外部环境的特征及变化趋势，从而揭示组织在资源拥有和利用上的优势和劣势，以及环境变化可能提供的机会或造成的威胁，最终制定组织在未来一段时期内要达到的目标。其二是制定行动方案（怎么做）。确定了未来的方向和目标以后，还要详细分析为了实现这个目标，需要采取哪些具体的行动。

二、组织（Organizing）

组织是指为有效实现组织目标，建立组织结构，配备人员，使组织协调运行的一系列活动。计划要由人来执行，组织决定计划由谁去完成，以及谁向谁报告。其具体表现为两个方面：一是为了实现目标而进行的组织结构设计，即决定组织结构的具体形式和特点。不同性质、不同规模的组织其组织结构多种多样，但都是由一些基本类型组成的，即直线型、职能型、直线职能型、事业部型和矩阵型等。例如，政府、学校、企业、军队等组织，由于要实现的目标不同，其组织结构形式和特点也各不相同。二是组织实施，即因事因人设职，把人力、财力和物力等资源进行有效配置。例如，根据工作的要求和人员的特点设计岗位，通过授权和分工，将适当的人员安排在适当的岗位上。

三、领导（Leading）

每一个组织都由人组成。组织要设计合理的组织结构，还要努力促使每个成员以高昂的士气投身到工作中去，以实现组织目标。这就是管理的领导职能。所谓领导是对组织成员的行为进行引导和施加影响的活动过程，其目的是带领和指挥组织的全体成员同心协力地执行组织的计划，实施组织目标的管理过程。具体来说，领导者激励人们的行为，通过最有效的沟通方式增进人们的理解，解决成员之间的冲突，统一成员的思想和行为，从而指导每个成员自觉地实现组织的目标。在中国，领导者的概念非常广泛，比如党和国家的最高领导人，企业的首席执行官（CEO）、高层领导者、中层领导者和主管等。而领导职能都是通过领导者与被领导者之间的关系表现出来的。领导的实质是对他人的影响力，即领导者对下属及组织行为的影响力。领导的基础是下属的追随与服从。

四、控制（Controlling）

在执行计划的过程中，相关人员往往会由于各方面因素的干扰，无法按照预定的计划进行实践活动。因此，控制是保证组织计划与实际运行状态动态适应的管理职能。控制的目的是使组织的实际工作按照原有的计划进行，而计划就是控制的标准。控制包括根据计划标准，检查和监督各部门、各环节的工作，衡量计划的完成情况和计划要求之间是否存在偏差，如果存在偏差，则要分析偏差产生的原因，并及时纠正计划执行中的偏差，以确保计划目标得以实现，或适当修改计划，使计划更加适合于实际情况。这种监控、比较和纠正的活动就是控制职能的含义。控制在整个管理活动中起着承上启下的连接作用。可以说，没有控制就没有管理。

对于管理的基本职能，不同的学者有不同的看法，没有对错之分。从不同学者关于管理职能的讨论中可以看出两点，具体如下。

（一）管理职能的划分本身并没有严格的界限和次序

管理职能通常按照一定的先后顺序发生，即计划—组织—领导—控制。创新渗透于管理的各个环节，是管理的灵魂，处于管理职能的中心位置，如图 1-1 所示。从不断持续进行的实际管理过程来看，在进行控制工作的同时，往往又需要编制新的计划或对原计划进行修改，并开始进行新一轮的管理活动。这意味着管理过程是一个各职能活动周而复始的循环过程，而且由于管理工作过程的复杂性，实际的管理职能并不一定按某种固定的次序进行。

（二）管理职能的认识非固定不变

实际上，管理的行为主体是组织，而组织是变化的，当组织存在的环境、管理者和组织成员变化时，管理职能也应随之发生变化。例如，法约尔将管理职能划分为计划、组织、指挥、协调和控制，而罗宾斯将管理职能划分为计划、组织、控制和领导，我国学者周三多将其划分为计划、组织、领导、控制和创新，也有学者（西蒙）提出管理就是决策。因此，从不同角度看，管理具有不同的职能。

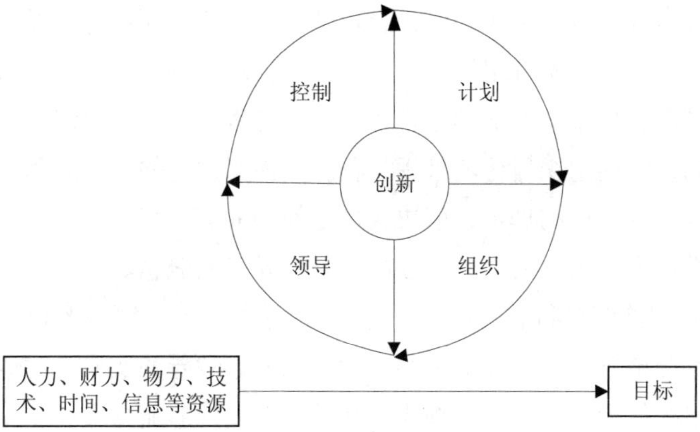

图 1-1　管理职能关系

任务三　管理者

导入案例

一位个人技术十分优秀的足球运动员成为教练之后，俱乐部经理和球迷都对其寄予了厚望，他也认为自己对足球和球队了如指掌，因而踌躇满志，很想大干一场。

自从执教以来，他仍像过去一样努力并处处一马当先。他过去性格急躁，有时说话过于直率，如今也改了许多。他认为自己不善言辞，因而总想少说多干。然而，随着时间的推移，由于球队成绩没有明显改善，一些技术不错的老队员开始表现出对他的不满，甚至在会议上公开对他的训练计划表示质疑。他心急如焚却又一筹莫展。心中不时怀念起当年临门劲射后万众欢腾的场面。

思考与讨论

为什么他干着自己认为熟悉的事情却事与愿违？为什么外界对他的评价大不如从前？他的问题到底出在哪？

一、谁是管理者

谁是管理者？彼得·F.德鲁克给出了答案："在一个现代的组织里，如果一位知识工作者能够凭借其职位和知识，对该组织负有贡献的责任，因而能够实质地影响该组织的经营能力及取得的成果，那么他是一位管理者"。根据德鲁克的定义，管理者应该具备的条件有以下四个方面。

（1）在一个组织里。例如企业机构、政府机构或者是非营利组织。

（2）能够充分运用自己的职位和知识，也就是能付诸实践。

（3）对该组织负有贡献的责任。

（4）这些责任能够实质地影响该组织的经营能力及取得的成果，带来相应的效益。

辨认出一个组织中谁是管理者并不是一件难事，只要看他们的头衔就能够知道。本书按照典型的分类，按其所处的管理层次将管理者分为基层管理者、中层管理者和高层管理者。

基层管理者通常称为监工。在制造工厂中，基层管理者可能被称为领班；在运动队中，这个角色就是教练。中层管理者可能有部门或办事处主任、项目经理、单位主管、地区经理、系主任、主教或部门经理的头衔。高层管理者常见的头衔有总裁、副总裁、校长、总监、总经理、首席执行官或者董事会主席。

谈到管理者，很多人都会认为"领导者=管理者"，实际上二者之间存在很大的区别，如表 1-2 所示。管理者注重效率，领导者注重效果。管理者把事情做正确，领导者做正确的事。管理者发挥作用的基础是职位权力（强制、惩罚、奖赏），领导者发挥作用的基础是个人权力（对下级的关照关爱、个人专长、智慧、人格魅力）。管理循环就是指"计划—实施—检查—改善"，是闭环管理。领导循环是通过愿景来感召人、激励人和鼓舞人，使人们能够主动自发地工作，并通过自主学习来推动工作进程。"改善+学习"才是高质量完成任务的根本保障。管理行为包括关注计划与预算，组织及配置人员，控制过程并解决问题；领导行为包括确定方向，整合利益相关者，激励和鼓舞下级。

表 1-2　管理者和领导者的区别

管理者	领导者
职位权力	个人权力
正确地做事（效率）	做正确的事（效果）
关注现在和短期发展	关注将来和长期发展
控制并解决问题	激励和鼓舞
组织和配置资源	整合利益相关者
管理行为组织化	领导行为个性化
在系统内把工作做好	把系统工作做好

二、管理者的角色

根据亨利·明茨伯格（Henry Mintzberg）的研究，本书将管理者扮演的角色划分为三大类：人际关系角色、信息传递角色和决策制定角色，如图 1-2 所示。

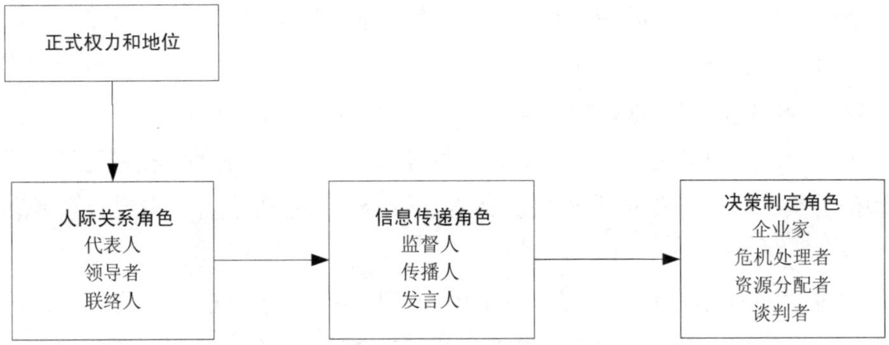

图 1-2　管理者扮演的角色

（一）人际关系角色

人际关系角色直接来源于管理的正式权力和地位，指管理者所履行的一些礼仪性和象征性职责，分别是代表人角色、领导者角色和联络人角色。

管理者首先扮演代表人的角色。例如，管理者必须履行一些法律性或社会性的义务，例如签署重要文件或宴请重要客户等。

此外，所有的管理者都扮演领导者的角色，这个角色负责激励和动员下属，负责人员配备和培训工作。这时，管理者参与所有下属参与的活动，和下属一起工作并通过员工的努力来确保目标的实现。

管理者扮演的第三种人际关系角色是在人群中间充当联络人。联络人负责与组织外部的团体或个人联络，如本公司的销售经理与其他公司的销售经理联络。管理者通过联络在组织内外建立起密切的关系网。可以说，没有联络，管理者就无法与别人一起工作，也无法与外界建立联系。

（二）信息传递角色

第二类管理者角色是信息传递角色。在信息传递角色中，管理者负责确保和其一起工作的人能够得到足够的信息。管理职责的性质决定了管理者既是其所在单位的信息传递中心，也是别的单位的信息传递渠道。

管理者必须扮演的一种信息传递角色是监督人，即信息的接收者。监督的目的是从不同的渠道获取信息，如通过密切关注组织自身状况以及外部环境的变化，通过接触下属，利用个人关系网等方式来获取信息。这些信息有助于管理者识别潜在的机会和威胁。

管理者扮演的另一种信息传递角色是传播人。管理者把监督获取的信息传递给公司内部的人员。管理者有时也因特殊目的而隐藏某些特定的信息。

管理者扮演的最后一种信息传递角色是发言人。管理者把信息传递给组织外部的个人或团体。例如向社会媒体发布信息，向董事和股东说明组织的财务状况和战略方向，以及向政府表明组织在切实履行社会义务等。

（三）决策制定角色

第三类管理者角色是决策制定角色。管理就是决策，在决策制定角色中，管理者根据各方面的信息制定决策方案。明茨伯格围绕决策制定又确定了四种管理者角色：企业家、危机处理者、资源分配者和谈判者。

作为企业家，管理者密切关注组织内部资源和组织外部的环境变化，寻求机会进行投资或变革，如制定新战略和研发新产品等。

一个企业，无论计划制订得多完美，在执行过程中难免会出现一些未预料的冲突或者危机。管理者必须采取纠正行动应付那些未预料到的问题，这就是管理者作为危机处理者应当履行的职责。例如，员工之间发生冲突，管理者就需要及时调解他们之间的争端。

作为资源分配者，管理者负责合理分配组织的各种资源。通常情况下，谈到资源，人们最容易想到的是资金、人力资源和设备，但是对于管理者来说，时间和信息也是非常重要的资源。

管理者的最后一种决策制定角色是谈判者。谈判者的职责是与其他人或组织进行谈判，如管理者与政府、客户和供应商进行谈判。实际上，管理者要花相当多的时间用于谈判。一方面，因为管理者的参加能够增加谈判的可靠性；另一方面，因为管理者有足够的权力来支配各种资源并迅速做出决定。谈判是管理者不可推卸的工作职责，而且是工作的主要部分。

案例 1-1

从“列队虫的悲哀”看管理者的角色

有一种名叫“列队虫”的小昆虫，就是我们常说的“跟屁虫”。它之所以有这么个难听的名字，是因为它有一种独特的爬行方式：当很多列队虫在一起走的时候，它们会一只只地首尾相接，成一列前进。带头的那只列队虫就负责找桑树叶。不管这只虫爬向哪里，后面那些一定会跟着。有位科学家以一组列队虫做了一次有趣的试验，将它们绕成一个圆，让带头者和最后一只首尾相接。这样一来就没有领导者和跟随者之分了。在圆圈的中央，他放上一盘桑叶。这位科学家想知道，这种没有领导者和跟随者之分的情景能维持多久。他认为，等它们饿得厉害时，这个圆圈一定会解散，大家会抢着去吃桑叶。但结果却大大出乎他的预料，这些列队虫最后饿得奄奄一息，仍然首尾相接形成一个圆圈，食物就在中间，离它们很近，它们却只知道一只跟着一只爬行，不知道自己应该去寻找食物。

管理启示

组织中的每个成员处于不同的位置，扮演着不同的角色。这就好比演戏一样，如果大家都扮演一样的角色，这个戏就没法演。因此，管理者的不同角色是十分重要的。

三、管理者的技能

罗伯特·L.卡茨（Robert L. Katz）认为，有效的管理者应当具备三种基本技能：技术技能、人际技能和概念技能。

（一）技术技能

技术技能是指使用某一专业领域内有关的工作程序、技术和知识来完成组织任务的能力。技术技能强调内行领导。

（二）人际技能

人际技能是指与处理人际关系有关的技能，如人际交往和沟通能力。“世事洞明皆学问，人情练达即文章。”要成为一个好的管理者，离不开良好的人际关系，包括同上级、下属、同行、他人的关系等。

（三）概念技能

概念技能是指能够洞察企业与环境相互影响的复杂性，并在此基础上加以分析、判断、抽象、概括的能力。它包括理解事物的相互关联性，从而找出关键性影响因素的能力；确定和协调各方面关系的能力；权衡不同方案优劣和识别内在风险的能力等。例如：系统性、整体性能力，识别能力，创新能力，抽象思维能力。

三种技能在不同管理层次中的要求不同，如图 1-3 所示。概念技能由高层向基层重要性逐步递减；技术技能由高层向基层重要性逐步增加；人际技能处于中间位置，高、中、基层管理者都需要。

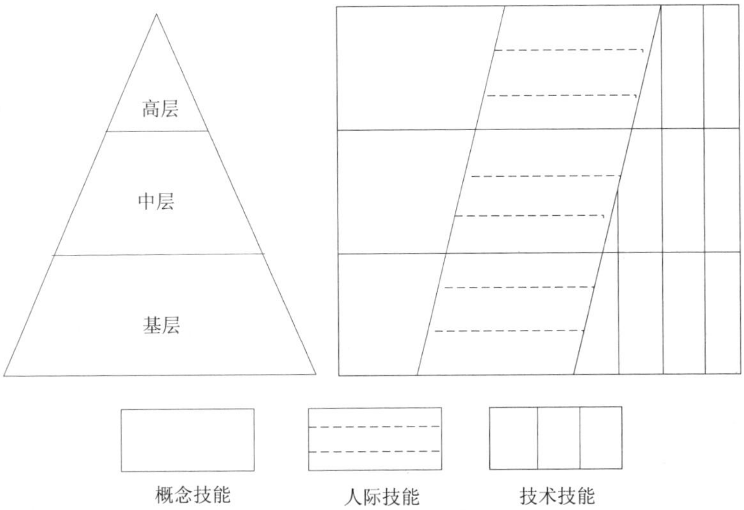

图 1-3　各层次管理者所需的管理技能比例

思政园地

新时期企业家的责任担当

王石：为勇于坚持的年轻人鼓掌。

万科集团创始人、万科公益基金会理事长王石在一次演讲中说，他在登山的过程中，经常面临生与死的考验，也曾给自己找好理由，准备放弃。经历过这种内心的挣扎和犹豫，以及战胜困难成功归来的喜悦，王石更多了一份对年轻人的理解。

“如果现在年轻人碰到了困难，想要放弃，我表示能够理解。”王石说，“如果年轻人在困难的时候选择了坚持，我认为应该给予更多的掌声。”

对于王石来说，好奇、探索、学习一直是他的人生态度。王石 60 岁开始在哈佛大学学习，他独自一人背着双肩包，与年轻人一样面对校园生活。他说，在哈佛大学很重要的任务是了解西方价值观，包括如何国际化，如何与国际化对接。王石说，他并不是去学习具体问题该如何解决，而是学习方法论。“我游学后改变很大，更多的是方法论上的，变得更有条理，逻辑性更强”。

刚开始在哈佛学习的时候，王石是班里交作业情况最差的学生。但是他坚持下来了，每天写作业写到凌晨。如入炼狱，但是王石坚持下来了，坚持了 3 年！王石说，学习和深造也应该是企业家的责任与担当。

任务四　管理环境

任何组织都是在一定的环境中从事活动的，任何管理也都要在一定的环境中进行，这个环境就是管理环境。管理环境是指存在于一个组织内外部的影响组织业绩的各种力量和条件因素的总和，包括外部环境和内部环境。

一、外部环境

外部环境是组织之外的客观存在的各种影响因素的总和。它是不以组织的意志为转移的，是组织的管理必须面对的重要影响因素。外部环境一般有政治环境、文化环境、经济环境、技术环境和自然环境。

对非政府组织来说，政治环境包括一个国家的政治制度，社会制度，执政党的性质，政府的方针、政策、法规法令等。

文化环境包括一个国家或地区的居民文化水平、宗教信仰、风俗习惯、道德观念、价值观念等。

经济环境是影响组织，特别是企业的重要环境因素，它包括宏观和微观两个方面。宏观经济环境主要是指一个国家的人口数量及其增长趋势、国民收入、国民生产总值等。这些指标能够反映国民经济发展水平和发展速度。微观经济环境主要是指消费者的收入水平、消费偏好、储蓄情况、就业程度等。

技术环境包括技术手段，还包括国家对科技开发的投资和支持重点、技术发展动态和研究开发费用、技术转移和技术商品化速度、专利及其保护情况等。

自然环境包括地理位置、气候条件及资源状况。

脱离现实环境的管理是不可能成功的。“靠山吃山，靠水吃水”在一定程度上反映了外部环境对管理活动的决定性作用。同时，外部环境影响管理的决策和方法。当然，管理对外部环境具有相应的反作用。

二、内部环境

内部环境是指组织内部的各种影响因素的总和。它是随组织产生而产生的。在一定条件下，内部环境是可以控制和调节的。内部环境包括人力资源环境、物力资源环境、财力资源环境以及内部文化环境。

人力资源对于任何组织而言都是最关键和最重要的因素。人力资源的划分根据不同组织、不同标准有不同的类型。比如企业人力资源根据他们所从事的工作性质的不同，可分为生产工人、技术工人和管理人员三类。

物力资源是指内部物质环境的构成内容，即在组织活动过程中需要运用的物质条件的拥有数量和利用程度。

财力资源是一种能够获取和改善组织其他资源的资源，是反映组织活动条件的一项综合因素。财力资源指的是组织的资金拥有情况、构成情况、筹措渠道、利用情况。财力资源的状况决定组织业务的拓展和组织活动的进行等。

内部文化环境是指组织的文化体系，包括组织的精神信仰、生存理念、规章制度、道德要求、行为规范等。

任务五　管理学

导入案例

富翁的故事

天冷得出奇，年迈的富翁坐在炉火旁豪华的座椅上取暖，熊熊的火焰照亮了富翁肥胖的脸庞，渐渐富翁觉得身上发燥，脸上发烧——炉火太旺了。

富翁环顾四周，怎么四个佣人只来了三个？那三个佣人告诉富翁另一个佣人向管家请假了。富翁没有吭声，他想离开炉火，可别的地方实在太冷了，没有办法只得继续坐在豪华的座椅上向着炉火。

要吃午饭了，富翁头晕得怎么也站不起来，医生赶来，发现富翁高烧达 39.4 摄氏度。医生说，这都是炉火温度过高造成的。高烧引起的并发症非常严重。在富翁弥留之际，医生问富翁："这么多佣人为什么不让佣人把座椅往后挪一挪，离炉火远点？"

富翁艰难地告诉医生："不能怪他们，他们都是有分工的，今天分管把椅子往后挪的佣人请假没来。"

医生无奈地看着奄奄一息的富翁感慨万千。

思考与讨论

通过此案例你有什么启示？

一、管理学的性质与内容

（一）管理学的性质

管理学课程是管理类专业的专业基础课，主要是从一般理论、一般原理、一般特征的角度对管理活动进行研究，从中找出一般性规律。它既具有一定的科学性与实践性，又具有艺术性。

首先，管理学是一门科学。管理是一种社会实践活动，需要遵循基本的原理、原则和方法，这样管理者才能带领人们既有效果又有效率地实现组织目标。人们利用管理理论和方法来指导自己的管理实践，又以管理活动的结果来衡量所使用的理论是否正确，方法是否行之有效，从而使管理的科学理论和方法在实践中不断得到验证和丰富。经过近一个世纪的研究、探索和总结，管理已经逐渐形成了一套比较完整的、反映管理过程客观规律的理论知识体系，因此管理学是一门科学。

其次，管理学也是一门艺术。管理虽然可以遵循一定的原理或规范，但绝不可以照本宣科。第一，管理学虽然是一门课程，但是只学会了书上的理论知识，无疑是纸上谈兵。在管理活动中，有很多问题是不能用理论解释的，这时需要根据问题的性质并结合所学管理学的知识创造性地制订解决方案，这就体现了管理的艺术性。第二，管理的对象主要是人，管理的过程是直接或者间接与人打交道的过程。人与人之间沟通或接触不能照本宣科，而是因人因事、因时因地制宜，灵活多变，这就是管理的艺术。

（二）管理学的内容

管理学的研究内容很广泛，可根据管理的二重性将其分为三个层次，如图 1-4 所示。管理的二重性是马克思主义关于管理问题的基本观点，指的是管理同时具备两种属性：一种是与生产力、社会化大生产相联系的自然属性；一种是与生产关系和社会制度相联系的社会属性。

1.生产力方面

管理学主要研究生产力各要素之间的关系，即合理组织生产力；研究如何配置组织中的人力、财力和物力，使各要素充分发挥作用；研究如何根据组织目标的要求和社会需要，合理地使用各种资源，以求得最佳的经济效益和社会效益。

2.生产关系方面

管理学主要研究如何正确处理组织中人与人之间的关系；研究如何建立和完善组织机构及各种管理体制等；研究如何激励组织内部成员，从而更有效地实现组织目标。

3.上层建筑方面

管理学主要研究如何使组织内部环境与外部环境相适应，研究如何使组织制度与社会的政治、经济、法律、道德等上层建筑保持一致。管理学着重从历史的方面研究管理实践、管理思想、管理理论的形式、演变和发展，知古鉴今；着重从管理者的工作或职能出发系统研究管理活动的原理、规律和方法。

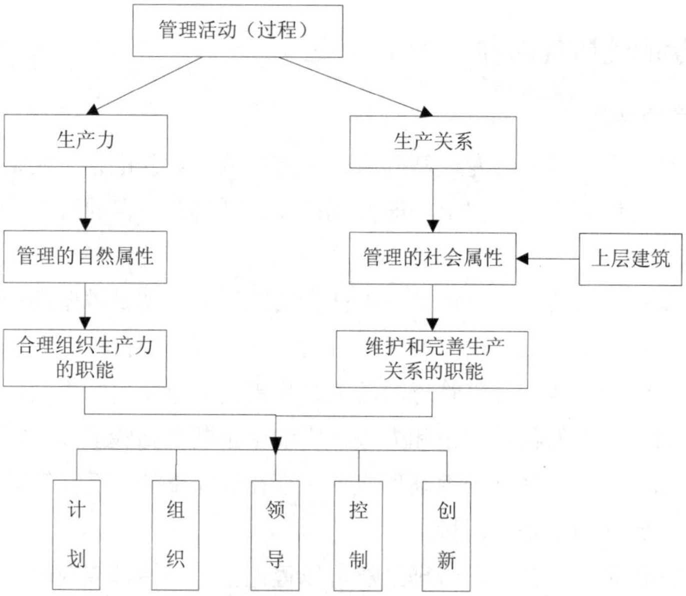

图 1-4　管理学的内容

二、管理学研究方法

管理学是一门交叉性和综合性的学科，它既有科学性，又有艺术性，其理论基础是经济学、数学和心理学等。管理学的研究内容是复杂的，因此，其研究方法必然也是多样的。下面介绍几种常用的管理学研究方法。

（一）归纳法

1.归纳法的内涵

归纳法就是通过对客观存在的一系列典型事物或经验进行观察，从掌握研究对象的典型特点、关系与规律入手，进而分析研究事物之间的因果关系，从中找出事物变化发展的一般规律。这种从典型到一般的研究方法也称为实证研究。由于管理过程十分复杂，影响管理活动的相关因素极多，并且相互交叉，人们所能观察到的往往只是综合结果，很难把各个因素的影响程度分解出来，因而大量的管理问题都只能用归纳法进行实证研究。

2.归纳法的局限性

归纳法在许多领域都有广泛的应用。在管理学常用的研究方法中，归纳法应用最多，但不可忽视其具有明显的局限性。

（1）归纳法采用的一次典型调查（或经验）只能近似于非常大的总体中的一个样本。所以实证研究必须对足够多的对象进行研究才有价值，如果选择的研究对象没有代表性，归纳出的结论也就难以反映出事物的本质。

（2）研究的结论不能通过实验加以证明，只能用过去发生的事实来证明，但将来未必就是过去的再现。

3.归纳法的注意事项

在运用归纳法进行管理问题的实证研究时，应当注意以下几点。

（1）需要对研究对象相关的因素进行清晰界定与理解，包括各种外部环境和内部条件，以及系统或偶然的干扰因素，并尽可能剔除各种不相关的因素。

（2）选择好典型，并分成若干类，分类标准须能够反映事物的本质特征。

（3）调查对象应有足够的数量，即按抽样调查原理，使样本容量能保证调查结果的必要精度。

（4）调查提纲或问卷的设计应尽可能包含较多的信息，答案也应简单明确。

（5）对调查资料的分析整理，应采取历史唯物主义和辩证唯物主义的方法，去寻找事物之间的因果关系，切忌采取先有观点再搜集材料加以论证的形而上学方法。

（二）试验法

试验法是人为地创造一定的试验条件，观察其实际试验结果，再与缺少这些对应条件的试验结果进行比较分析，研究特定条件与试验结果之间的因果关系。如果进行多次试验后得到相同结果，便可以得出结论，判定所分析的条件与试验结果确实存在普遍适用的规律。霍桑试验就是采用试验法研究管理中人际关系的典型成功范例。

对于管理中的许多问题，尤其是在微观组织内部，关于生产管理、设备布置、工作程序、操作方法、现场管理、质量管理、营销方法，以及工资奖励制度、劳动组织、劳动心理、组织行为和商务谈判等的许多问题，都可以采用试验法进行研究。

虽然采用试验法可以得到接近事实真相的结论，然而，对于一些管理问题，这种方法并不适用，特别是高层的和宏观的管理问题。由于这类问题特别复杂，影响因素很多，一些因素之间还存在相互作用或协同作用，因而很难对这些因素逐一孤立地进行试验。并且，此类管理问题的外部环境和内部条件特别复杂，要想进行人为的重复也是不可行的。例如投资决策、生产计划、财务计划、人事管理、资源分配等许多问题几乎是不可能进行重复试验的。

（三）演绎法

对于复杂的管理问题，管理学家可以从某种概念出发，或从某种统计规律出发，也可以在实证研究的基础上用归纳法找到一般性规律，并加以简化，建立起能反映某种逻辑关系的经济模型（或模式）。这种模型与被观察的事物并不完全一致，其反映的是简化后的事实，合乎逻辑推理，此种方法称为演绎法。在一定理论基础上建立的模型叫作解释性模型，例如投入产出模型、企业系统动力学模型等；而从统计规律出发建立的模型称为经济计量模型，例如建立在回归分析和时间序列分析基础上的各种预测模型和决策模型；建立在经济归纳法基础上的模型称为描述性模型，例如现金流量模型、库存储蓄量模型、生产过程中在制品变动量模型等。

现代科学技术的发展迅速地推动着管理学研究方法的现代化。随着计算机技术的迅速发展，管理中的各种模型，甚至是具有几百个变量的线性规划模型都可以在计算机的帮助下进行迅速的运算，或者进行动态模拟，例如投资决策模拟等。计算机技术和软件科学的发展大大促进管理学向更加精密的方向发展。

三、学习管理学的意义

生活在社会中的我们，不是管理者就是被管理者，所以学习管理学具有重要意义。

（一）学习管理学有助于自我管理

我们无论处于社会哪个阶层、担任何种角色，都需要管理自我，包括时间、行为和财产等。自我管理不善，会影响个人的生活和工作质量，降低成功的概率。通过对管理学的学习，我们将了解和掌握基本的科学管理方法，从中选择适合自身的管理方式，对自我的资源进行合理分配与管理，少走弯路，达到提升工作效果和生活质量的目的，并学会处理与其他人之间的关系，增强适应社会的能力。

玛丽·帕克·福莱特曾在她的书中表述道：“管理是相互渗透的，管理者与被管理者之间的区别正在慢慢减弱。”如果员工不具备一些与管理相关的科学知识、预防意识和主动性，那么生产效率就会受到很大影响。我们已经进入一个“个体管理”时代，当我们接到一项任务并自行决定如何完成它时，实际上，我们正在进行一次小规模的管理行为，我们每一个人都是这次管理行为的个体管理者。

案例 1-2

海尔的“自主经营体”

海尔是全球白色家电第一品牌，1984 年创立于山东青岛。现任集团董事局主席兼 CEO 张瑞敏（1949 年生人）是山东莱州人。1984 年，张瑞敏受命接手青岛电冰箱厂（海尔的前身）。当时，青岛电冰箱厂亏空高达 147 万元，已经“病入膏肓”。2020 年海尔营业收入为 2 097.26 亿元，净利润高达 88.77 亿元。目前，海尔在全球布局了 10+*N* 创新生态体系、28 个工业园、122 个制造中心和 24 万个销售网络，深入全球 160 个国家和地区，服务全球 10 亿多个用户家庭。那么，海尔成功的关键是什么？那就是张瑞敏杰出的管理方式和勇于创新的管理理念。

张瑞敏自接手企业之日起，就非常重视产品的质量。1985 年，为了提高工人的质量意识，张瑞敏带领工人亲手砸了 76 台质量不合格的冰箱。2013 年，张瑞敏又把“大锤”砸向旧思维、旧组织体系，推动海尔向“人单合一”模式转型，建立了海尔“自主经营体”。

在“人单合一”模式下，海尔把企业划分为 2 000 多个自主经营体，每个经营体拥有决策权、用人权和分配权，这是一种典型的自主经营模式。自主经营体的建立是海尔顺应互联网时代的潮流，将每一位员工从管理的客体变为经营的主体。

关于自主经营体，有一种说法就是所谓“三自”，即自创新、自运转和自驱动。

张瑞敏说过，“企业归根结底就是人，管理的本质就是借力。”海尔目前孜孜以求的“自主经营体”预示着一个重要的转变：从执行力转变为自我管理能力。

（二）学习管理学有助于管理他人和被管理

在各类企业或组织中的人们，分为管理者和被管理者两类。对于管理者来说，具备一定的管理知识和技巧是必需的，从而为管理决策、人员工作安排，以及如何与他人巧妙沟通等问题提供依据和指导；对于被管理者来说，不是单单做好自己的工作就是一名“好员工”，通过管理学的学习，被管理者可以更好地理解领导的行为方式和管理风格，更能有效实现领导设定的目标。同时，学习管理学可以帮助管理者提升管理技能，也可以帮助被管理者了解管理理论知识，为成为管理者打下一定基础。因此，对于管理者和被管理者而言，学习管理学都是必要和重要的。

（三）学习管理学有助于改善企业或组织的管理活动，促进社会和谐与发展

管理学不仅涉及人员与结果的管理，还包括各类事务和过程的管理。在个人、组织、国家不同层次的管理活动中，科学的管理思想和方法会提升个人与整个社会的工作效率，促进社会矛盾乃至国家冲突的和平解决。在过去一些国家的许多危机中，正是各种管理方法的使用，帮助国家和人民渡过难关，迎来新的发展阶段。而且，不断创新的管理思想和方法也必将一直推动社会的改革和发展。

知识测试

一、单项选择题

1.管理的本质是（　　）。

A.追求效率　　B.协调　　C.计划　　D.决策

2.提出“管理就是决策”这一管理定义的管理学家是（　　）。

A.亨利·法约尔　　B.彼得·德鲁克　　C.赫伯特·西蒙　　D.哈罗德·孔茨

3.管理需要协调组织内外部的各种资源，下列要素中一定属于外部资源的是（　　）。

A.人力资源　　B.信息资源　　C.社会大众　　D.财力资源

4.大多数管理学家认为管理的基本职能是（　　）。

A.计划、组织、指挥、激励、控制　　B.计划、指挥、控制、人事

C.计划、组织、领导、控制　　D.计划、领导、激励、控制

5.以下属于管理者人际关系角色的是（　　）。

A.领导者　　B.监督者　　C.传播者　　D.企业家

6.对于管理人员来说，一般需要具备多种技能，如概念技能、人际技能、技术技能等。越是处于高层的管理人员，其对概念技能、人际技能、技术技能的需要，就越是按以下顺序排列（　　）。

A.首先是概念技能，其次是技术技能，最后是人际技能

B.首先是技术技能，其次是概念技能，最后是人际技能

C.首先是概念技能，其次是人际技能，最后是技术技能

D.首先是人际技能，其次是技术技能，最后是概念技能

7.管理者要决策是否收购其他企业，必须考虑到企业现阶段的发展情况和企业外部的环境状况，以及分析和判断可能发生的各种情况。管理者最需要的技能是（　　）。

A.诊断技能　　B.人际技能　　C.概念技能　　D.技术技能

二、多项选择题

1.现代管理的主要职能包括（　　）。

A.计划职能　　B.组织职能　　C.创新职能　　D.控制职能

E.激励职能　　F.领导职能　　G.协调职能

2.管理的二重性是指（　　）。

A.管理的科学性　　B.管理的社会属性　　C.管理的艺术性　　D.管理的自然属性

3.管理学的研究方法包括（　　）。

A.归纳法　　B.试验法　　C.演绎法　　D.常识法

三、判断题

1.效率的核心在于“正确地做事（Do things right）”，而效果强调“做正确的事（Do right things）”。因此，效率与效果之间的差别可表述为：效率是使组织实现预定的目标，而效果是使组织资源最优化。（　　）

2.不同行业和不同公司之间存在明显的差异，因此，不同公司的管理职能不存在共性。（　　）

3.管理主要的目的是使资源成本最小化，因此管理最主要的是追求效率。（　　）

4.企业内部环境包括竞争对手、消费者、供应商、政府机构等。（　　）

5.试验法特别适合于研究高层的或宏观上的管理问题，如投资决策问题。（　　）

四、简答题

1.什么是管理？怎样理解管理的含义？

2.管理的基本职能有哪些？各基本职能之间有何关系？

3.一个有效的管理者需要扮演哪些角色？分别举例说明。

4.为什么说管理既具有科学性又具有艺术性？

5.分析管理学的研究内容及其研究方法。

五、案例分析题

王鑫是一家生产小型机械设备的企业的分公司经理。每天王鑫都会列出一张工作计划清单，将他当天要处理的事情写在上面。在工作计划上，有的事情是总部上级打电话要求他处理的，而另外一部分则是他在现场巡视过程中发现或者下级汇报的一些事情。

他的公司每天 24 小时连续工作，各班次的监督人员被要求在当班结束时提交一份报告，说明该班次开展了什么工作，产生了什么问题。王鑫第二天上班的第一件事情就是审查这些作业报告。看完前一天的报告后，王鑫通常要开一个早会，会上决定对报告中所反映的问题采取什么解决措施。

另外，王鑫也会参加一些其他会议，会见来厂的访客。他们中有些是供应商或潜在供应商的销售代表，有些则是企业的客户。此外，访客中有时也会有一些来自地方、省、国家政府机构的工作人员。有时候，总部管理人员和王鑫的直接上司也会来企业考察。当陪同这些来访者参观的时候，王鑫常常会发现一些问题，并将这些问题列入工作计划清单中。

有一天，王鑫同往常一样来到公司。他发现自己明显无暇顾及长期计划工作，而这些活动是他改进工厂的长期生产效率所必须做的。他似乎总是在处理某种危机，他不知道哪里出了问题。为什么他的工作状态总是这么紧张呢？

问题：

1.从管理职能的角度对王鑫的工作进行分析。

2.如何改进工作方式以缓解王鑫紧张的工作状态?

延展阅读

孙子兵法与管理学

纵观《孙子兵法》十三篇，从中我们可以发现“谋略”二字是这部著作的一个关键词。《孙子兵法》将法家、兵家的思想运用到了极致。作为管理者，我们也要有谋略，只有有了谋略，我们才可以在激烈的竞争中取胜，才可以统领我们的队伍，使之更好地为我所用。

《谋攻篇》里，孙子曰:“是故百战百胜，非善之善者也。不战而屈人之兵，善之善者也。故上兵伐谋。其次伐交。其次伐兵。其下攻城。攻城之法，为不得已。”这里，孙子说，谋略很重要，用计谋退兵，才是兵家之大胜。

《计篇》里，孙子曰:“将者，智、信、仁、勇、严也。”作为一个将领，首先要有智慧，有了智慧才可以拥有信、仁、勇、严，方可带好队伍，取得战争的胜利。

《地形篇》里，孙子曰:“视卒如婴儿，故可与之赴深溪;视卒如爱子，故可与之俱死。厚而不能使，爱而不能令，乱而不能治，譬若骄子，不可用也。”

吴起是春秋战国时期一名著名的军事家，有一个关于他的故事，与孙子上面的话有着相同的含义。一士兵，战时大腿受伤化脓，吴起见此情况，亲自为士兵吸脓疗伤。当这个消息传到士兵母亲那里时，士兵母亲泣不成声，有人就不解了:这是好事啊，为什么伤心啊?士兵母亲解释说，我的丈夫也是在战争中受伤化脓了，吴起将军同样为他吸脓疗伤，之后，他在战场上奋力卖命，结果战死沙场，我现在伤心的是我儿子同样会卖命战死沙场啊!

孙子的话和这个故事，告诉了我们一个管理学的道理，那就是以人为本，坚持人性化管理。现代的管理，不能只强调粗放型的制度管理，我们要把制度化管理与人性化管理相结合，这才是现代管理的理念。

《形篇》里，孙子曰:“昔之善战者，先为不可胜，以待敌之可胜。不可胜在己，可胜在敌。故善战者，能为不可胜。不能使敌之可胜。此篇又曰:故善战者，立于不败之地，而不失敌之败也。是故胜兵先胜而后求战，败兵先战而后求胜。”

这些话告诉我们一些管理学的道理。我们在管理别人时先要管好自己。现今的管理，强调自身管理的重要性。人格和榜样的力量是无穷的。以身作则很重要。

孙子兵法开篇就写道:“一曰道，二曰天，三曰地，四曰将，五曰法。”更进一步解释“道者，令民与上同意也，故可以与之死，可以与之生，而不畏危。天者，阴阳、寒暑、时制也。地者，高下、远近、险易、广狭、死生也。将者，智、信、仁、勇、严也。法者，曲制、官道、主用也。”

孙子在这里，说出了战争的五个要素，在五个要素里，孙子又把道放在第一位。道是什么?道就是正义和仁义，就是大智慧。道，运用到管理学上，即把人的利益放在首位，坚持以人为本，这才是管理学的大道理。

项目二　管理理论发展与演变

学习目标

1.了解各个时期的主要管理思想；
2.理解与掌握主流的管理理论及其产生的背景；
3.逐渐形成与完善自己的管理体系的架构；
4.了解科学管理理论的主要贡献；
5.解释霍桑试验对管理的重要性；
6.掌握现代管理理论的发展；
7.理解当代管理理论的新发展。

思维导图

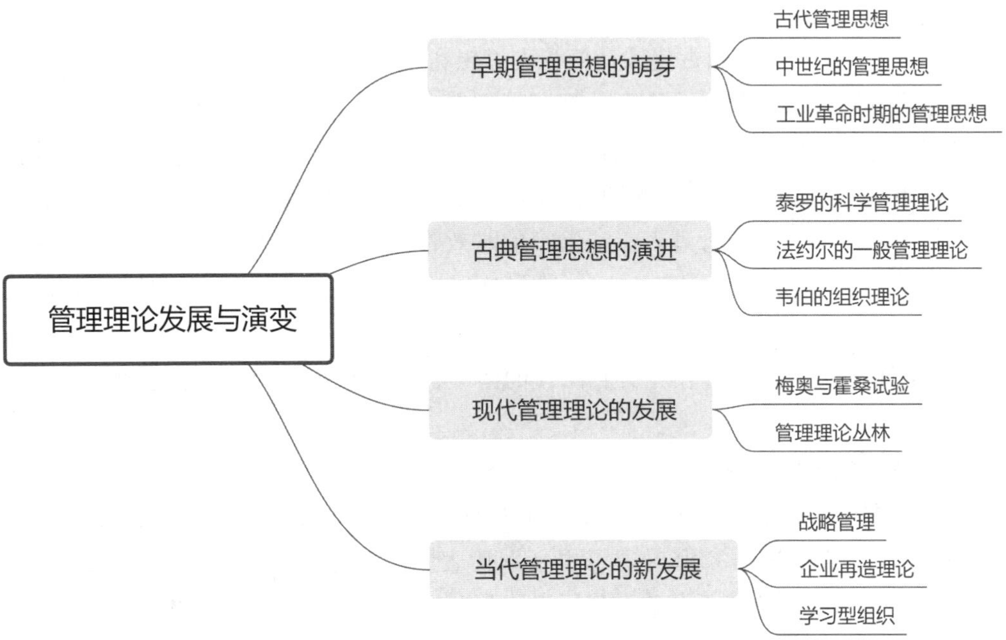

导入案例

厂长的困惑

李伟是一家冷冻食品厂的厂长，该厂专门生产一种高奶油含量的冰淇淋。在过去四年中，每年销售量都稳步递增，但今年情况发生了变化。到 8 月份，累计销售量比去年同期下降17%，生产量比计划量减少15%，缺勤率比去年高出20%，迟到早退现象也有所增加。

李伟认为此情况可能与管理有关。于是，他就去学习管理理论，受到很大启发，并着手付诸实践。他赋予下属员工更多的工作和责任，并通过赞扬和赏识来激励下属。结果事与愿违，员工的积极性非但没有提高，反而对老板的做法强烈不满，认为他是在利用诡计剥削员工。

思考与讨论

李伟的办法为什么没有效果？如果你是李伟，你将采取什么措施解决目前企业存在的问题？

任务一　早期管理思想的萌芽

一、古代管理思想

我国古代的管理思想及理论框架基本形成于先秦至汉代这一时期。许多古代经典著作，如《老子》《孙子兵法》《韩非子》《论语》《道德经》《九章算术》《三国演义》和《红楼梦》等，充分反映了我国古代成功的管理思想和经验。《老子》主要体现了无为而治和人本管理等思想；《孙子兵法》主要体现了管理者在人事、决策、环境、组织等方面的战略思想；《韩非子》主要体现了管理者的统御谋略思想；《论语》《孟子》《荀子》主要体现了管理者如何处理人际关系的谋略思想；《三国演义》主要体现了管理者的创造性管理思维；《红楼梦》主要体现了管理者以法治家的时效管理思想；而《九章算术》则是我国古代培训管理人员的手册，其中三分之二的题目可与财政或工程官员职能相对应，堪称两千年前世界管理数学之最。

古代管理思想主要体现在先秦到汉代的诸子百家思想中，如儒家、道家、法家和兵家等。

（一）儒家的管理思想

儒家思想的代表人物是孔子、孟子和荀子等，孔子是儒家思想的创始人，思想核心是“仁”和“礼”。孟子是儒家思想理想主义派代表，核心思想是“仁政”，主张“政在得民”。荀子是儒家现实主义派代表，继承并发展早期儒学的“礼乐”思想，并吸纳了法家的法治思想，主张礼法并重。儒家管理思想的核心是“治人”。

1. 以人为本

强调以人为本的管理思想不失为古今中外均被看好的管理智慧。“仁者爱人”是儒家思想的逻辑起点和理论支撑。“仁”实际上就是如何对待人，如何处理人与人之间关系的道德学说。管理活动中很重要的一个方面就是处理人与人之间的关系，管理者要善于营造有利于组织发展的人际关系和文化环境。“仁”的核心意义是“爱人”，“爱人”中既包含对人的尊敬、谦恭和亲热之情，又包含推己及人的相互理解等仁爱思想。“爱人”体现出人道的原则，以及管理实践中的感情投资。

本质上来说，儒家思想就是以“仁”为本，“仁者也，人也，合而言之，道也”（《孟子·尽心下》）。“仁”者“人”也，儒家管理思想纯粹就是以“人”为本的管理思想。“道者，非天之道，非地之道，人之所以道也。”（《荀子·儒效》）因此，儒家之道就是人道。

孟子说：“民为贵，社稷次之，君为轻。”从天下国家的立场来看，民是基础，是根本，民比君更加重要。从管理的角度来看，管理者应该重视员工。那么，如何表现出“以民为贵”呢？孔子说：“惠则足以使人。”也就是说，给民众以恩惠，就能很好地指使民众。为此，孔子提出“庶”和“富”两项主张。“庶”就是要使民众繁衍生息，而“富”就是要使民众不仅限于生存下去，还要丰衣足食。儒家的管理思想从“人”这个中心展开。注重民生、民心和民信是儒家管理思想的重要取向。

2. 德治

孔子以儒家道德至上论为基础提出“修己以安人”的管理目标。在儒家看来，管理又可分为两方面：管理者“修己”的自我管理和“安人”的管理目的。从管理角度去理解，“修己”是手段，而“安人”才是管理的真正目的。以“修己”作为管理的主要方法，一方面，“是故君子先慎乎德。有德此有人，有人此有土，有土此有财，有财此有用。德者本也，财者末也。”提醒管理者一定要注重自身的品德修养。另一方面，管理者只有不断地提高自身修养，才能在员工面前起到领导的示范作用，才能赢得下属的尊重和信任。唐太宗李世民曾说过：“尧舜率天下以仁，而人从之；桀纣率天下以暴，而人从之。下之所行，皆从上之所好。”意思是说，尧舜以仁义治天下，人们都跟随他行善；桀纣以残暴治天下，人们都跟随他作恶。下属所做的，都是跟随上司的喜好。其实，就是一句话，上级希望部属有什么样的表现，就要在他们面前做出同样的表现。从儒家角度看，管理的“安人”是立足于自我管理基础之上的，其内容包括修身、齐家、治国、平天下。要想把企业治理好，就得先从自我修养开始做起。

3. 以和为贵

在儒家文化中，“和”既是管理的目的，也是管理的方法。正所谓“天时不如地利，地利不如人和”。“人和”是指组织内部的沟通与理解，组织与外部环境的和谐。和谐的组织环境是管理者进行有效管理的重要保证。孔子强调“君子和而不同，小人同而不和。”他主张在无关原则的小事上，要重和睦，不要小题大做，闹不团结。实际上这和毛泽东的“以斗争求团结则团结存；以退让求团结则团结亡”，有异曲同工之妙。群体间的竞争应是“争”中有“和”，“和”中有“争”。管理就是处理管理主体与管理客体之间的矛盾，因此“内和外争”的组织才具有强大的发展潜力。

4. 中庸

“中庸之为德也，其至矣乎！”意思是说，中庸作为促进人际和谐、实现良好道德的一种法则，是再好不过的了。孔子的本意是，无论做人、处世，还是办事都不能过分，要“执其两端，用其中于民”。从管理学角度解析，中庸即中道、适度、不偏不倚，即在管理活动中，保持各方力量的均衡，恰到好处。但这种均衡不是固定不变的，而是一种动态变化过程中的均衡。因为管理活动本身就是一种动态过程，其涉及的人、财、物等因素，在不同的时间和空间维度上会呈现出不同的效果，是一个不断变化的过程。这就对管理者提出了较高的要求。管理者在管理中不要执着于某一方面，而应正确处理各种矛盾冲突，随时随地保持管理的正常进行。

5. 礼治

孔子强调“克己复礼为仁，一日克己复礼，天下归仁焉”。这里的“复”是符合的意思。“非礼勿视，非礼勿听，非礼勿言，非礼勿动”。“礼”是人们的行为规范，即规章制度，不符合礼制规定的，不能看、不能听、不能说、不能动。孔子主张：“以仁率礼，内仁外礼”，也就是管理实践中所讲的情理结合，在正确方针指导下建立良好的管理制度。

（二）道家的管理思想

道家的基本思想强调顺应自然、以柔克刚，这就决定了其管理思想的“柔道”特色。道家管理思想的基本精神是以“道”为中心，讲究“道法自然”“无为而治”。道家思想的创始人是老子。老子是我国古代伟大的哲学家和思想家，主张“无为而治”的管理思想，存世的著作有《道德经》。道家思想的另一个代表人物是庄子，庄子与老子并称为“老庄”，他们的哲学思想体系被思想学术界尊为“老庄哲学”。庄子的代表作《庄子》受封为《南华经》，主张天人合一、清静无为。

1. 无为而治的管理原则

老子说：“道常无为而无不为，取天下常以无事，及其有事，不足以取天下。”（《道德经》）。“无为”并不是什么事情都不做，而是顺其自然的意思。老子的“无为”是作为一个政治管理原则提出的，他认为“法令滋彰，盗贼多有”，因此国家要减少颁布法令规章，强调要“政简刑轻”，反对以繁复苛重的法律手段治理国家。道家认为，按照“无为”的原则办事和管理，天下就没有不能治好的事，管理就一定能上轨道，取得预期的成效。正所谓“为无为，则无不治”。而庄子的“无为”，其理由是万物（也包括所有人）都是自由自在的时候才能接近幸福，管制越多，规矩越多，就越失去自我，也就越失去幸福。所以任何非自然的规矩，都是束缚人的枷锁，使人幸福指数降低。

2. 善下的用人思想

“善用人者为之下”，这里的“善”是“善于”和“最会”的意思，这句话是说，善于用人的人，必先有谦下之德。领导者若高高在上，自高其智，目中无人，则有智者必不肯为其忠诚效力。

“上善若水，处下不争”是老子倡导的在处理人际关系，尤其是处理领导与被领导关系时的基本方略。对于人与人、国与国的关系，老子一贯主张“居后”“处下”，认为这是处理人与人、国与国关系所普遍适用的原则。这就要求管理者在名利面前谦虚退让，淡泊名利，力求做到克己奉公、大公无私。老子虽然主张“处下不争”，但他并没有否认“争”的存在与目的性。这是道家的一种管理方略。“处下”是为了更好地居上，“不争”则是为了更好地争得。这就是道家所强调的“不争而善胜”。

（三）法家的管理思想

法家是中国历史上提倡以法制为核心思想的重要学派。商鞅是前期法家最突出的代表人物。秦国法家以商鞅改革材料为内容，形成《商君书》。后期法家的代表人物是集法家之大成的思想家韩非子，他的杰出贡献主要是在政治学术思想方面，创立了自己独特的思想体系。韩非子著有《韩非子》一书。

1.“以法治国”的行政管理思想

法家以法治国思想的主要内容是严刑厚赏，“赏厚而信，刑重而必”。所谓“以法治国”，就是把“法”作为治理国家的准则，“君必有明法正义”“治国无其法则乱”。法家认为“仁义不足以治天下”“圣王者，不贵义而贵法”，而且必须做到：“法必明，令必行”，以及“刑无等级”“不失疏远，不违亲近”。而“法治”的核心则在于加强中央集权的君主专制制度，即韩非子所说的“事在四方，要在中央；圣人执要，四方来效。”即“尊主”才能“明法”“崇法”。

2.“富国以农”的经济管理思想

法家把农业看作富国的唯一途径，“百人农一人居者，王；十人农一人居者，强；半农半居者，危。”在法家看来，农业即国民经济，国民经济即农业，两者完全是等同的。法家首先提出农战政策，“耕战合一”“寓兵于农”。农战实施的目的就是实现“富国强兵”。为了发展农业，法家重本抑末，否定工商业，“仓廪之所以实者，耕农之本务也，而綦组、锦绣、刻画为末作者富。”

3. 贤能并举的人事管理思想

法家提倡贤能并举的人事管理思想，“所举者必有贤，所用者必有能”。“官贤者量其能，赋禄者称其功”。韩非子认为，世人的天性既然都是趋利避害的，那么实行严格的赏罚制度是最有效的管理手段。他说：“闻古之善用人者必循天顺人而明赏罚。循天，则用力寡而功立；顺人，则刑罚省而令行；明赏罚，则伯夷、盗跖不乱。如此，则白黑分矣。”韩非子主张尽国之才，尽人之智，“力不敌众，智不尽物，与其用一人，不如用一国。”

（四）兵家的管理思想

兵家是中国先秦、汉初研究军事理论，从事军事活动的学派，其思想是古代汉族军事思想的精华。兵家是诸子百家之一。关于兵家的起源，有人认为兵家源自道家；有人认为兵家源自法家。据《汉书·艺文志》记载，兵家又分为兵权谋家、兵形势家、兵阴阳家和兵技巧家四类。兵家的代表人物有春秋时的孙武、司马穰苴，战国时的孙膑、吴起、白起，汉初时的张良、韩信等。今有兵家著作《孙子兵法》《孙膑兵法》《吴子》《六韬》《尉缭子》《握奇经》等。兵家著作中含有丰富的朴素唯物论和辩证法思想。兵家的管理思想以“谋略”或“运筹”为中心，强调“人谋”，要求“谋定而动”。

1. 目标管理

《孙子兵法》强调：“善用兵者，屈人之兵而非战也，拔人之城而非攻也，毁人之国而非久也。必以全争于天下，故兵不顿而利可全，此谋攻之法也。”真正善于用兵的人，使敌人屈服，占领敌人的城池，毁灭敌人的国家，可以不必让军队长期作战而付出惨重的代价，但一定要向全胜的目标努力。所以这样的人一定能够做到：在军队不受挫折的前提下使目标利益能够保全。孙武的“全胜而非战”的思想，是兵家目标管理思想的最高境界。

2. 战略管理

孙武认为“上兵伐谋，其次伐交，其次伐兵，其下攻城”。用兵的上策是以谋略胜敌，其次是通过外交手段取胜，再次是使用武力战胜敌人，最下策是攻城。在这里，孙武强调了战略致胜的重要性。

3. 行政管理

为取得战争的胜利，兵家提出“令之以文，齐之以武”的行政管理原则和方法。所谓“文”，就是“仁”，即反复对被管理者进行政治道义教育，包括怀柔和重赏，使之亲附；所谓“武”，就是“法”，即用法纪手段约束被管理者，包括强迫和严刑，使之畏服。管理者采用文武兼施、刑赏并重的办法治理军队，就能使“上下同欲”。先文后武，文武结合，才能管理好军队。为了实施“文武”结合的原则，须采用以下具体做法：第一，要仁爱士兵；第二，要赏罚分明；第三，要严格管教士兵。

4. 信息管理

管理的过程，从本质上说，就是不断地从外界获得信息，并对其进行变换、传递、处理、比较、分析、识别、判断和提取的过程。关于信息的作用，孙子提出了“知彼知己者，百战不殆；不知彼而知己，一胜一负；不知彼，不知己，每战必殆”。在信息的采集上，孙子在《用间篇》指出：“用间有五：有因间，有内间，有反间，有死间，有生间。五间俱起，莫知其道，是谓神纪，人君之宝也。”“五间之事，主必知之，知之必在于反间，故反间不可不厚也”。

5. 人才管理

孙武说：“故善战者，求之于势，不责于人，故以择人而任势。”所谓“择人而任势”，就是要求军事指挥员重视选用人才，利用形势，以战胜敌人。善于指挥打仗的将帅，他的主导思想应放在依靠、运用、把握和创造有利取胜的形势上，而不是去苛求手下的将士，这样他就能从全局态势的发展变化出发，选择适于担当重任的人才，从而取得决定全局胜利的主动权。正因为如此，所以要更加重视将帅的选拔和使用。孙武的具体主张有两点。第一，择人任势，以德择将。将帅要具备“智、信、仁、勇、严”五个条件。第二，用人不疑，信任部下。将帅有才能，主君就要放手让他施展才华。

案例 2-1

马云：儒家思想是中国最牛的企业管理思想

2016 年 10 月 20 日下午，阿里巴巴集团董事会主席马云在清华大学经管学院 EMBA 班做了一次分享："我从多年以前开始觉得如果阿里有一天能够成功的话，必须在中国的文化里面找到自己的根基。"

企业如人，需要文化的根与文化的魂。中国文化里面的哪些东西会成为企业的根与魂？马云说，道家讲的"无为而治"很有道理。"无为"是什么意思？就是你明知道没有结果仍然坚持去做。人想透一点，不管你多牛，来的地方不同，去的地方都一样——火葬场。从企业成立第一天起就要想好关门的那一天，但是仍然要快快乐乐地过好每一天。道家永远讲究和谐——跟自然的和谐。

马云说："儒家思想是中国最牛的关于企业管理的思想。但是，如果你在竞争之中没有道家思想，也没有机会赢。如果公司发展到一定程度，你不懂得儒家思想的组织体系建设，你就没有机会能够持久。"

中国企业家的文化基因决定了做企业有不一样的方式，那就是保持良好的心态以及百折不挠的精神，在竞争中尊重对手，会战者不怒。做企业面对的是巨大的市场，巨大的竞争，以及员工、客户、股东、政府监管，是各种各样不可预测的未来。"所以如果没有良好的心态，没有强大的文化，就不知道自己要什么，该放弃什么。"

"'教育'和'学习'是两个不同的词，'教'的是知识，'育'的是文化，'学'是学习知识，'习'是犯错误，是一种想象力，是一种文化。"马云说，"所以'教育'和'学习'是两个概念，'育'和'习'是对文化来说的，'教'和'学'是对知识结构来说的，从小学、中学，到大学的教育，未来三十年是学习能力的竞争，是创新能力的竞争。"

二、中世纪的管理思想

（一）中世纪初期的管理思想

本书通过以下几个代表人物的论述，表述管理思想在中世纪初期的发展。

1.阿尔法拉比

阿尔法拉比是公元 10 世纪时中东的一位哲学家和百科全书著作家。在他的著作中有许多关于管理思想的论述。如他在讲到管理一个王国时，曾论述管理者应有的品质和集思广益的必要。他指出，一个模范国家中的最高首领或亲王，或整个世界的首脑应该具备这样一些品质：高深的智慧、出色的记忆力、雄辩、坚定而不懦弱、坚持善行、热爱正义、爱好学习、追求真理、痛恨虚伪、节制饮食和娱乐，以及轻视财富。如果不能在一个人身上找到所有这些品质，那就应该寻找一下，是否有两个人或更多的人合起来具有这些必需的品质，如果有，那么就由他们来共同治理。

阿尔法拉比在他的论述中指出了一名管理者应该具有的品质。

2.格札里

格札里是阿拉伯的神学哲学家。他的主要著作是《关于哲学家、哲学家的倾向和哲学家的垮台的想法》。在这本书中，他对当时阿拉伯的经院哲学提出挑战。他还写了许多关于宗教、哲学和供帝王咨询的著作。他曾在供帝王咨询的书中指出："世界之王必须具有四种品质：公正、有智慧、有耐心和谦虚。也就是说，一名优秀的领导者应该是一位公正、有智慧、有耐心和谦虚的人。

3.帕西奥利

从 14 世纪开始，欧洲等地随着商品经济的发展，有关管理活动和管理思想的著作逐渐增多。在民间存在着许多有关工商活动和贸易的记录。这些著作和资料，体现出大量的管理经验和管理思想，其中最值得注意的是帕西奥利的著作。

帕西奥利是意大利的一位修道士。他学识渊博，涉及数学、神学、建筑学和军事策略等多个领域。在他的著作中包含着许多有关管理的思想。他在著作中指出，必须关心企业内部的管理控制。他建议，要把备忘录、日记账和分类账编上号码并注明日期，所有的交易文件都要详尽完备并长期存档，定期核查，以便及时了解和控制现金和存货的状况。事实上，帕西奥利阐述了一种早期的管理信息系统。

（二）中世纪中期的管理思想

1.威尼斯商人的管理经验

历史学家弗雷德里克·莱恩在其著作《威尼斯商人安德烈亚·巴巴里戈》中介绍了威尼斯商业的繁荣景象和管理经验，其重点是威尼斯商业当时所采用的企业组织类型和会计制度。

1）企业组织类型

当时的企业组织有合伙企业和合资企业两种类型。合伙企业主要用于工商业公司；合资企业则用于一次性交易、矿藏勘探或冒险事业。

合伙企业通常由一个拥有大量资本的人同一个资本较少的人合伙组成，在合伙契约中详细记载了合伙期限等相关约定。合伙期限一般为 3~5 年，也可以延长。有的合伙企业组织严密、高度集权，如佛罗伦萨的梅迪西合伙企业是家族式合伙企业。但一般的家族企业仅仅由兄弟们把继承来的遗产合在一起，组织松散而分权。这种家族企业有时成为一种联合投资信托公司和控股公司，拥有不动产、政府债券、商品、应收账目等巨额财产，有很大的经济和政治影响力。

合资企业由两个以上的所有者组成，每个人只负有限责任。合资企业中的每个股东按资本份额分摊企业的费用和利润。合资企业中还有一种存款人（类似于现代股份公司中的股东），同企业的经营状况没有直接的利害关系，只是为了获得利息而投资。合资企业在国际贸易中常常利用一种收取手续费的代理商，把商品委托给他们销售，按利润额或交易额付给一定百分比的手续费。代理商又可委托其他代理商代销。这些代理商向合资企业提供国外商业中心的消息，使合资企业成为一个国际信息中心。合资企业采取松散的组织形式，在完成某些交易后就宣告解散，及时把资金转移到其他合资企业或代理商那里去，以便适应供求变化的形势，获取更多的利润，在竞争中处于有利的地位。

2）作为管理措施的会计制度

由于威尼斯商人的商业和财务活动日益发展，作为管理措施的会计制度也逐步建立和发展起来。复式簿记制度于 1340 年就应用于热那亚的银行界，其后逐渐推广到佛罗伦萨、威尼斯等地。通过对当时一些商人所用账簿的分析，可以看出，复式簿记当时主要应用分类账。日记账的主要作用是作为法律制度的依据。他们先把所有的交易都记在流水账上，再记入日记账，然后再过到分类账上去。这样，如果由于被盗、失火、船舶失事等意外事故而遗失分类账，仍可利用日记账补上丢失的分类账项目。当时的簿记方法有一些也同现代会计制度相符合。如把布拿去染色时，在账上记一笔“被加工的织物”，相当于现在的“在制品”。在做试算表以前，先把某些重要账目归并起来，以便简化报表。当时还使用了损益账户。在有些账簿中，还可找到有关成本会计的资料。

2.威尼斯兵工厂的管理经验

莱恩在《文艺复兴时期的船舶和造船业者》一书中介绍了 15 世纪和 16 世纪时威尼斯造船厂（即兵工厂）的管理经验。威尼斯为了保护它日益增长的海上贸易，在 1436 年建立了政府的造船厂，以改变依靠私人造船厂的情况。到 16 世纪时，威尼斯的兵工厂成为当时最大的工厂，占有陆地和水面面积 24.28 万平方米，所雇佣的工人达一两千人。威尼斯兵工厂在管理方面提供了许多有用的经验，主要包含领导工作、部件储存、装配线生产、部件标准化、会计控制、存货控制、成本控制和人事管理八个方面。

（三）中世纪后期的管理思想

中世纪后期管理思想代表者主要有以下两位。

1. 托马斯·莫尔（Sir Thomas More，1478—1535）

莫尔爵士是英国空想社会主义的创始人，著名的政治活动家和学者。他曾担任英国下议院议长、英国大法官，1535 年因拒绝宣誓承认英国国王为英国教会最高领袖而被处死。

莫尔于 1516 年写成的主要著作《乌托邦》，首次系统地阐述了空想社会主义的基本思想，同时也阐述了许多与管理有关的思想。莫尔的著作表明他认识到管理的重要性，并提出了许多有启发性的管理改革的思想。

他认为，在未来的理想社会中，实行财产公有制，人民住在城市里从事手工业生产，并分批到农业区去义务劳动，没有游手好闲的人。每人每日劳动 6 个小时，业余时间学习文化和研究科学。各种行业是按劳动专业化和最大限度地利用人力资源的原则来进行划分的。

2. 尼可罗·马基雅弗利（Niccolò Machiavelli，1469—1527）

马基雅弗利是意大利的政治思想家和历史学家。他主张结束当时意大利的政治分裂，建立一个统一而强大的君主国。他有很多著作，其中最有名的是《君主论》《罗马史论》和《佛罗伦萨史》等。他在这些著作中论述了许多管理方面的原则。

1）领导者必须依靠群众

所有的政府，不论是君主制、贵族制，还是民主制，其持续存在都依赖于群众的支持。君主可能通过武力或继承而登上王位，但要牢固地控制国家，还必须得到群众的支持。他的这种主张事实上是权力接受论，即权力的根源是自下而上，而不是自上而下。

2）组织要有内聚力

一个君王要维持组织的统一，就必须使得组织具有内聚力。组织内聚力的一个关键因素是使人民知道他们可以信赖自己的君王，知道君王期望他们做什么。这种主张事实上是"责任明确性原则"。如果没有稳定的法律只有多变的政策，那么整个国家很快就会陷入一种混乱的状态。人民应该明确知道，如果犯了罪，无论如何也无法逃避惩罚。人民也应该知道，犯了何种罪将会接受何种惩罚。君王应该到他征服的领土去访问并生活一段时间，以便加强组织的内聚力。

3）要讲究领导方法

有两种类型的领导者：一种是自然型或天生型，另一种是后天获得型，即通过学习获得领导技能。一个君王如果不是天生的领导者，就要努力学习掌握领导（管理）的技能。

一个君王应该鼓舞人民从事伟大的事业，特别是当他的国家受到敌人攻击时，他应该努力振奋人民的精神，使人民能够在他的领导下从事战斗。

君王应该注意所有的集团，同他们打成一片，以自己的博爱和仁慈为他们树立榜样，但始终要维持尊严。君王作为一个好的管理者，应该奖赏有益于城市和国家的人，应该保证他的公民不会无缘由被剥夺自己的物品，以此来鼓励公民从事自己的职业和完成自己的使命。

当机会来到时，君王应该知道如何利用机会，正像绝大多数成功的管理者那样。他还应该能够识别时代的潮流并适应它。他应该能够清楚地识别忠诚于他的贵族和只是追求个人利益的贵族，能够认识这两种人，并使他们都有利于自己。

4）要采取各种办法使组织存在下去

任何组织的主要目标之一是使自己存在下去。一个君王应该像罗马人那样，经常警惕混乱状态，以便在混乱发生时及时予以扑灭。当他的王国处于存亡关头时，君王有权采取严酷的措施。

三、工业革命时期的管理思想

（一）詹姆士·斯图亚特（1712—1780）

詹姆士·斯图亚特是英国重商主义的后期代表之一。他以政治经济学教程的形式系统地阐述重商主义的观点。他的主要著作《政治经济学原理研究》出版于1767年，比亚当·斯密的《国民财富的性质和原因的研究》早9年。斯图亚特先于亚当·斯密提出了劳动分工的概念，论述了工人由于重复操作而获得灵巧性。

他比泰罗早100多年指出了工作方法研究和刺激工资的实质。他指出，"如果给一个人规定了每日的劳动数量，他就会以一种固定的速度工作，永远不去改进他的工作方法；

如果是按件计薪，他就会想方设法增加其产量。”斯图亚特就用这点来解释古代和现代工业管理之间的差异。

（二）亚当·斯密（1723—1790）

亚当·斯密是英国工厂手工业开始向机器大工业过渡时期的经济学家，是古典经济学的杰出代表和理论体系的建立者。他最重要的著作《国民财富的性质和原因的研究》于1776年出版。他研究经济问题的出发点是人的本性。他认为，每个人的一切活动都受“利己心”的支配，人人都追求个人利益。这种个人利益的追求者就是“经济人”。

亚当·斯密在他的著作中也谈到管理的许多中心问题。他以针的制造为例，论述了劳动分工及其经济效果。他指出，有了分工，同数劳动者就能完成比过去多得多的工作量。其原因主要有以下三个方面。

（1）劳动者的技巧因专职于某一项工作而进步。

（2）由一种工作转到另一种工作，通常会损失不少时间。有了分工，就可以免除这种损失。

（3）许多简化劳动和缩减劳动的机械，使一个人能够做许多人的工作。

亚当·斯密还讲到管理中的控制职能。他说，如果要真正地控制一个人，就必须使他为自己的工作成绩对某个人负责，而他对这个人则无法施加任何重大的影响。

（三）阿克赖特（1732—1792）

阿克赖特是18世纪英国棉纺工业的发明家和企业家。他于1768年发明水力纺纱机，并于1769年建立了最早使用机器的水力纺纱厂。以后，他又对水力纺纱机做了一些改进，并于1790年将蒸汽机引进他的工厂中使用。

阿克赖特作为棉纺工业中的企业家，在大型生产的人力、资金、材料和机器的组织，以及协调和计划等方面显示出杰出的才能，促进了大企业的发展。他是当时先进管理实践的一个典型，是应用高效管理原则的一个先驱者。他在连续生产，厂址计划，机器、材料、人员和资金的协调，工厂纪律，人事管理，劳动分工等方面都有所贡献。

（四）威廉·肯尼汉（1849—1919）

威廉·肯尼汉是苏格兰的经济学家，于1882年出版了《英国工业和商业的发展》。在此书中，他论述了管理职能的重要性。他指出，某些精明制造业者的成功，应归功于熟悉制造业的实际业务，亲自进行监督，以及勤勉。可见他对管理的指挥和监督职能是很重视的。

机器大工业的建立，改进了材料的管理，但材料和作业方法仍没有标准化，因而产品的质量参差不齐。当时没有科学的生产控制，工厂主通过压低计件工资，以便获得更多的利润。为了压制工人的反抗，工厂主一般采用高压式的监督手段。

当时的某些工厂还认识到进行计划的好处，如苏格兰的卡隆铁工厂在1759年就进行了厂房设置计划。在该厂中，有计划地安排每样事物（甚至包括位置），以便在冶炼和铸铁时能以最高的效率进行生产。

思政园地

四个自信

2016年7月1日，习近平总书记在庆祝中国共产党成立95周年大会上明确提出：中国共产党人“坚持不忘初心、继续前进”，就要坚持“四个自信”，即“中国特色社会主义道路自信、理论自信、制度自信、文化自信”。

虽然现代管理理论来自西方，但是我国的优秀传统文化中也包含着丰富的管理思想。中华优秀传统文化在传承性、独立性、民族性、时代性方面具有独特的优势，比如“修身、治国、齐家、平天下”作为一种价值取向，体现了中国人对人生的积极进取精神，是一种积极有为的人生哲学。中华文化瑰宝内涵丰富，只有重视中国传统文化，才能让有着悠久文化传统的文明古国再度焕发新颜，使我们的国家跻身于世界强国之林。

任务二　古典管理思想的演进

一、泰罗的科学管理理论

（一）科学管理思想的提出

出生于美国的弗雷德里克•温斯格•泰罗（Frederick Winslow Taylor，1856—1915）被称为“科学管理之父”。他出身于律师家庭，年轻时本打算继承父业，但受视力严重下降的影响，不得不放弃在哈佛大学法学院学习的机会，去工厂当学徒。他的大部分时间是在宾夕法尼亚州的米德韦尔和伯利恒钢铁公司度过的——从一名普通工人到领班、工长，最后晋升为总工程师，他对于工人的处境、劳动状况有着丰富的实践体验，并由此引发了对提高工人的劳动效率以改变企业现状的思考。若想理解这种思考，就有必要了解他亲眼目睹的现象：①工人和管理者没有明确的责任概念；②实际上不存在有效的工作标准；③工人们故意慢条斯理地干活；④管理者做决定都是凭预感和直觉；⑤在给工人分配任务时，管理者很少或完全不考虑他们的能力和才能是否适合从事该项工作；⑥更严重的是，管理者和工人之间存在着固有的对立。针对这些现象，泰罗提出了科学管理思想，要求人们按正确的方法工作，不断学习。人们可以因为高效率工作而获得更多的物质财富和成就感。

1911年，泰罗的《科学管理原理》一书出版，书中阐述了科学管理（Scientific management）理论，它的内容很快被世界范围的管理者们普遍接受。泰罗的理论和研究活动，确立了他作为科学管理之父的地位。

（二）泰罗科学管理理论的主要内容

泰罗提出的科学管理理论主要包含以下五个方面的基本内容。

1.工作定额

为了制定出有科学依据的“合理的日工作量”，泰罗进行了时间和动作研究。方法是把工人的操作分解为基本动作，再对尽可能多的工人测定完成这些基本动作所需的时间。同时选择最适用的工具和机器，确定最适当的操作程序，消除错误和不必要的动作，将最后得出的最有效的操作方法作为标准。最后，将完成这些基本动作的时间汇总，加上必要的休息时间和其他延误时间，就可以得到完成这些操作的标准时间，据此制定一个工人的“合理的日工作量”，这就是所谓的工作定额原理。

2.标准化

使工人掌握标准化的操作方法，使用标准化的工具、机器和材料，并使作业环境标准化，这就是所谓的标准化原理。

泰罗在伯利恒钢铁公司做过有名的铁锹试验。当时公司的铲运工人拿自家的铁锹上班，这些铁锹各式各样、大小不一。堆料场中的物料有铁矿石、煤粉、焦炭等，每个工人的日工作量为 16 吨。泰罗经过观察发现，由于物料的密度不一样，一铁锹的负载也不同。如果是铁矿石，一铁锹有 38 磅[①]；如果是煤粉，一铁锹只有 3.5 磅。那么，一铁锹到底负载多大才合适呢？经过试验，最后确定一铁锹 21 磅对于工人是最适合的。根据试验的结果，泰罗针对不同的物料设计不同形状和规格的铁锹。以后工人上班时都不需要自带铁锹，而是根据物料情况从公司领取特制的标准铁锹，极大地提高了工作效率。这是工具标准化的典型案例。

3.能力与工作相适应

为了提高劳动生产率，必须挑选第一流的工人。第一流的工人是指：能力最适合做某一项工作而且也愿意去做该项工作的人。根据能力把他们分配到相应的岗位上并进行培训，教会他们科学的工作方法，使他们成为第一流的工人。

4.差别计件工资制

泰罗认为，工人磨洋工的一个重要原因是薪酬制度不合理。计时工资不能体现劳动量。计件工资虽能体现劳动量，但工人担心劳动效率提高后雇主反而会降低工资率。针对这些情况，泰罗提出了一种新的薪酬制度——差别计件工资制。所谓“差别计件工资制”，是指计件工资率随完成定额的程度而上下浮动，其内容包括以下三条。

（1）制定有科学依据的工作定额。

（2）鼓励工人完成或超额完成工作定额。如果工人完成或超额完成工作定额，则定额内的部分连同超额部分按比正常单价高 25%计酬；如果工人完不成定额，则按比正常单价低 20%计酬。

（3）工资支付的对象是工人而不是职位，即根据工人的实际工作表现而不是根据工作类别支付工资。

5.计划职能与执行职能相分离

泰罗认为应该用科学的工作方法取代经验工作方法。经验工作方法是指根据个人经验来决定每个工人的操作方法、工具等。科学工作方法是指根据试验和研究结果来决定每个

---

① 1 磅≈0.45 千克

工人应该采用什么操作方法、使用什么工具等。

为了采用科学的工作方法，泰罗主张把计划职能同执行职能分开，由专门的计划部门承担计划职能，由所有的工人和部分工长承担执行职能。计划部门的具体工作包括：①进行时间和动作研究；②制定科学的工作定额和标准化的操作方法，选用标准化的工具；③拟定计划，发布指示；④对照标准，控制实际的执行情况。

除了泰罗之外，弗兰克（Frank）和莉莲·吉尔布雷斯（Lillian Gilbreth）、亨利·L.甘特（Henry L. Gantt）等对科学管理理论的发展和完善也做出了重要贡献。

（三）泰罗科学管理理论的优缺点

泰罗的科学管理有助于提高生产效率，尽可能发掘员工潜能。

然而，泰罗把工人当作会说话的机器，工人只能按照管理人员的命令工作，在体力和技能上受最大限度的压榨，泰罗把人看作纯粹的“经济人”。这点不符合当今的管理理念，缺乏相应的管理伦理。

（四）泰罗科学管理理论的意义

（1）它冲破了传统的落后的经验管理办法，将科学标准引入了管理领域，并且创立了一套具体的科学管理方法来代替单凭个人经验进行作业和管理的旧方法。

（2）采用科学的管理方法和操作程序，使生产效率提高了二到三倍，推动了生产力的发展，适应了资本主义经济在这个时期发展的需要。这是管理理论上的进步，也为管理实践开创了新局面。

（3）由于管理职能与执行职能的分离，企业中开始有一些人专门从事管理工作。这就使管理理论的创立和发展有了实践基础。

案例 2-2

泰罗的科学管理理论与富士康

富士康科技集团是中国台湾鸿海精密集团的高新科技企业，1974 年成立于中国台湾省台北市，总裁为郭台铭。富士康科技集团现拥有 120 余万名员工及全球顶尖的客户群，主要生产电脑、通信设备、消费电子产品、汽车零组件和通路等。它是全球最大的电子产业专业制造商，为苹果和惠普等知名 IT 企业提供代工，2009 年居《财富》全球企业 500 强第 109 位。

然而，自 2010 年 1 月 23 日到当年 5 月 27 日，短短不到半年时间里，富士康连续发生了 14 起员工跳楼事件，将富士康推向了舆论的风口浪尖。在媒体和国人的强烈谴责声中，富士康管理层被迫做出了一些防范措施，如提高基本工资、加强员工心理健康教育、住宿区安装“防跳网”等，但依然没有阻止“连跳”事件的发生。随后又于 2012 年发生了两起员工跳楼事件。

有人认为企业员工跳楼其主要责任在于员工，企业也是受害者，不应归因于企业。也有的人认为这是因为富士康的管理制度过于压榨员工。有一种说法更是将富士康的“16

跳”归咎于泰罗的科学管理理论。

富士康采用严格的标准化管理制度，主要体现在以下三个方面。

1. 生产时间

富士康实行“黑白两班倒”，白班工作时间是 8：00—20：00，夜班则正好相反。

2. 产量指标

富士康以秒来计算工人完成每道工序的时间，并以此安排工人的生产量。

3. 人力资源结构

富士康的组织结构呈现金字塔状，居于“塔顶”的高层管理者制定战略，中层管理者负责分配和监督，底层的员工面临的则是高度分解、专业化、重复性很高的高强度劳动任务。

将富士康“16 跳”归咎于泰罗的科学管理理论也不尽其然。实质上，富士康的董事长郭台铭是军人出身，崇尚铁腕管理，他强悍的个性深刻影响着企业文化，也渗透在企业管理的各个角落。富士康所奉行的是“军事化管理”或“准军事化管理”，强化了泰罗的科学管理。

从富士康事件可以折射出以下两方面的问题。

1.“经济人”假设忽视了员工的其他社会需求

“经济人”假设忽略了人类动机的多样性，仅仅以机械的模式看待员工，把员工当成冰冷的生产工具——活的机器，从而淡化人的社会属性。如果企业仅仅从经济的角度出发，开展经营活动，那类似富士康的“连跳”事件将不会只是一个特例。

2.任何管理理论都不能照本宣科

明茨伯格在《管理领域伟大的离经叛道者》一书中，曾指出“千万别复制美国式管理，这简直就是一种愚蠢的自杀行为。在过去数十年，美国培养了很多优秀的企业管理者，但是在未来依旧沿袭过去的美国式管理，将是一场灾难。”由于泰罗的科学管理起源于工厂现场作业试验，因此存在偏重实际操作、强调个体工作效率、对人的关注有偏颇、忽视企业的整体功能等局限性。

二、法约尔的一般管理理论

（一）一般管理理论的提出

亨利•法约尔（Henri Fayol，1841—1925），出生于法国，1860 年从圣艾帝安国立矿业学院毕业后进入康门塔里-福尔香堡（Comentry Fourchambault）采矿冶金公司，成为一名采矿工程师，不久他被提升为该公司一个矿井的经理，1888 年出任该公司的总经理。1916 年，法国矿业协会的年报公开发表了他的著作《工业管理与一般管理》，这本著作是他一生管理经验和管理思想的总结，形成了古典组织理论的基本框架，法约尔因此与泰罗共同成为古典管理理论的开山之人。法约尔的研究侧重于从中高层管理者的角度去剖析具有一般性的管理。法约尔的管理理论虽以大企业为研究对象，但除了可应用于工商企业外，还可应用于政府、教会、慈善机构和军事组织等，因此，被称为“一般管理理论”或

"行政管理理论"。

（二）一般管理理论的管理原则

法约尔指出，管理是一种普遍存在于各种组织的活动，这种活动对应着计划、组织、指挥、协调和控制等五种职能。对于如何履行这些管理职能，法约尔给出了一般管理的十四条管理原则。

（1）分工。这主要是指在技术工作和管理工作中进行专业化分工。

（2）权力与责任。权力是指"指挥他人的权以及促使他人服从的力"。在行使权力的同时，必须承担相应的责任，不能出现有权无责和有责无权的情况。更为重要的是法约尔区分了管理者的职位权力和个人权力，前者来自个人的职位高低，后者是由个人的品德、智慧和能力等个人特性形成的。一个优秀的领导人必须两者兼备。

（3）纪律。法约尔认为纪律应包括两个方面，即企业与下属人员之间的协定和人们对这个协定的态度及其对协定的遵守情况。法约尔认为纪律是一个企业兴旺发达的关键，没有纪律，任何一个企业都不能兴旺繁荣。

（4）统一指挥。组织内任何一位员工只能服从一个上级并接受他的命令。

（5）统一领导。为达成相同的目标，只能有一个领导和一个计划。

（6）个人利益服从集体利益。集体的目标必须包含员工的个人目标，但个人和小集体的利益不能超越组织的利益。

（7）员工报酬。报酬制度应当公平，对工作成绩和工作效率优良者给予奖励，激发员工的工作热情，但奖励应有一个限度。

（8）集权与分权。提高下属重要性的做法是分权，降低这种重要性的做法是集权。要根据企业的性质、条件和环境、人员的素质来恰当地决定集权和分权的程度。

（9）等级链与跳板。等级链是指"从最高层的权威管理人员到最低层管理人员的等级系列"。它表明权力等级的顺序和信息传递的途径。为了保证命令的统一，不能轻易违背等级链，请示要逐级进行，指令也要逐级下达。有时这样做会延误信息，鉴于此，法约尔设计了一种"跳板"，便于同级之间的横向沟通。但在横向沟通前要征求各自上级的意见，并且事后要立即向各自上级汇报，从而维护统一指挥的原则。

（10）秩序。秩序是指"有地方放置每件东西，每件东西放在该放置的地方，有职位安排每个人，且每个人都被安排在合适的职位上"。

（11）公平。在待人上，管理者必须做到"善意与公平结合"。

（12）员工稳定。培养一个人胜任目前的工作需要花费时间和金钱。所以，人员特别是管理人员的经常变动对企业很不利。

（13）创造性。在尽力完成工作目标的前提下，领导者和员工都应该具有并发挥首创精神。

（14）集体精神。在组织内部要形成团结、和谐与协作的氛围。

三、韦伯的组织理论

马克斯·韦伯（Max Weber，1864—1920）对西方古典管理理论的确立做出了杰出贡献。韦伯提出，庞大的社会经济组织，需要有更严密的管理办法和组织体制。韦伯将这种以“合理合法权威”为基础的组织体制称为官僚体制。在他看来，这是一种最有效的组织形式，对现代社会的复杂组织来说是最理想的。

韦伯的组织理论主要包含三方面内容。

（一）理想的行政组织体系

行政组织体系又称为官僚政治或官僚主义，它并不带有贬义。韦伯的原意是通过职务或职位而不是通过个人或世袭地位来管理。要使行政组织发挥作用，管理应以知识为依据进行控制，管理者应有胜任工作的能力，应该依据客观事实而不是凭主观意志来领导，因而这是一个有关集体活动理性化的社会学概念。

韦伯的理想行政组织结构可分为三层，其中最高领导层相当于组织的高级管理阶层，行政官员相当于中级管理阶层，一般工作人员相当于基层管理阶层。企业无论采用何种组织结构，都具有这三层的框架。

至于“理想的行政组织体系”中所谓“理想的”，并不是指最合乎需要的，而是指组织“纯粹的”形态。在实际生活中，可能出现各种组织形态的结合或混合，但韦伯为了进行理论分析，需要描绘出一种理想的形态。作为一种规范典型的理想的行政组织体系，它有助于说明从小规模的创业性管理向大规模的职业性管理的过渡。其之所以是理想的，是因为具有以下特性。

（1）任何机构组织都应有确定的目标。

（2）组织目标的实现，必须实行劳动分工。

（3）按等级制度形成一个指挥链。

（4）在人员关系上，他们之间是一种指挥和服从的关系。

（5）每一个职位的人员都是经过挑选的。也就是说，他们必须经过考试和培训，接受一定的教育，并获得一定的资格。特定的职位决定需要什么样的人员。人员必须是称职的，同时也是不能被随便免职的。

（6）人员实行委任制。所有的管理人员都是委任的，而不是选举的（有一些特殊职位的人员必须通过选举产生的除外）。

（7）管理人员管理企业或其他组织，但他不是这些企业或组织的所有者。

（8）管理人员有固定的薪金。对于管理人员有明文规定的升迁制度，有严格的考核制度。

（9）管理人员必须严格地遵守组织中的法规和纪律，这些规则不受个人感情的影响，而适用于一切情况。

（二）权力的分类

韦伯指出，任何一种组织都必须以某种形式的权力为基础，才能实现其目标，只有权力才能变混乱为有序。如果没有这种形式的权力，其组织的生存都是非常危险的，就更谈不上实现组织的目标了。权力可以消除组织的混乱，使得组织的运行有秩序地进行。

韦伯把这种权力划分为三种类型。第一种是理性的、法定的权力。它指的是依法任命，并赋予行政命令的权力，对这种权力的服从是依法建立的一套等级制度，这是对特定职务或职位的权力的服从。第二种是传统的权力。它是以古老的、传统的、不可侵犯的和执行这种权力的人的地位的正统性为依据的。第三种是超凡的权力。这种权力是建立在对个人的崇拜基础上的。

（三）理想的行政组织的管理制度

韦伯认为，管理就意味着以知识和事实为依据来进行控制。“领导者应在能力上胜任，应该依据事实而不是随意地来领导。”他指出：最纯粹的应用法定权力的形态是应用于一个行政组织管理机构的。只有这个组织的最高领导者由于占有、被选或被指定而接任权力职位，才能真正发挥其领导作用。每一个管理层人员都应按下列准则被任命和行使职能。

（1）他们在人身上是自由的，只是在与人身无关的官方职责方面从属于上级的权力。

（2）他们明确按照规定的职务等级系列组织起来。

（3）每一种职务都有法律意义上的职权范围。

（4）根据契约受命，即原则建立在自由选择之上。

（5）以技术条件为依据来挑选候选人。

（6）他们有固定的薪金作为报酬，绝大多数有权享受养老金，雇佣当局只有在某些情况下（特别是在私营组织中）才有权解雇这些管理层人员，但这些管理层人员则始终有辞职的自由。工资等级基本上是按等级系列中的级别来确定的。

（7）这个职务是任职者唯一的或至少是主要的工作。

（8）它成为一种职业，存在着一种按年资或成就或两者兼而有之的升迁制度。升迁由上级的判断来决定。

（9）工作中管理层人员完全同“行政管理物资”分开，并且不能滥用职权。

（10）他在行使职务时受到严格而系统的纪律的约束和控制。

任务三　现代管理理论的发展

一、梅奥与霍桑试验

梅奥（George E. Mayo，1880—1949）原籍澳大利亚，后移居美国。作为心理学家和管理学家，他主持了1924—1932年在芝加哥西方电气公司霍桑工厂进行的一系列试验（即霍桑试验，如图2-1所示）。

图 2-1　霍桑试验

（一）霍桑试验的四个阶段

1.工作场所照明试验（1924—1927 年）

选择一批工人，并把他们分成两组：一组是试验组，变换工作场所的照明强度，使工人在不同照明强度下工作；另一组是对照组，照明强度不变。这一试验的目的是探索照明强度对生产率的影响。试验结果表明，照明强度的变化对生产率几乎没有什么影响。这说明：①工作场所的照明强度对工人生产率的影响微不足道；②由于试验牵涉因素众多，难以控制，且其中任何一个因素都可能影响试验结果，因而无法精确衡量照明对工人产量的影响。

2.继电器装配室试验（1927—1928 年）

从这一阶段起，梅奥亲自参加了试验。研究人员选择 5 名女装配工和 1 名女画线工，让她们在一间单独的工作室内工作。另外再指派 1 名观察人员加入这个小组，记录室内发生的一切，以便对影响工作的因素加以控制。在工作期间，这些女工们可以自由交流，观察员对她们的态度也很和蔼。

在试验过程中，研究人员分期改善女工们的工作条件，如改进材料供应方式、增加工间休息次数、供应午餐和茶点、缩短工作时间、实行集体计件工资制等。这些条件的变化使女工们的产量上升了。一段时间后，取消了工间休息、午餐和茶点，并恢复了每周工作六天的工作时间，然而，她们的产量并没有下降。

通过这一试验，梅奥发现，其他因素对产量的影响并不大，而监督和指导方式的改善可以促使工人改变工作态度并增加产量。于是，梅奥决定进一步研究工人的工作态度和可能影响工人工作态度的其他因素。

3.大规模访谈（1928—1931 年）

研究人员在全公司范围内进行了一次多达 2 万人次的大规模的访问和调查。结果发现，影响生产力的最关键因素是人际关系，而不是待遇和工作环境。每个工人的工作效率不仅取决于他们自身的情况，还与其所在小组中的同事有关。任何一个人的工作效率都会受同事们影响。

4.接线板接线工作室试验（1931—1932 年）

接线板接线工作室有 9 名接线工、3 名焊接工和 2 名检查员。在这一阶段，梅奥发现了很多有趣的现象。

（1）大部分成员都自行限制产量。公司规定的工作定额为每天焊接 7 312 个接点，但工人们只完成 6 000~6 600 个接点，原因是担心公司再提高工作定额，也怕因此造成一部分人失业，他们这样做也是为了保护工作速度较慢的同事。

（2）工人对不同级别的上级持有不同的态度。他们把小组长看作小组的成员。对于小组长以上的上级，级别越高，工人对他越尊敬，但同时工人对他的顾忌也越多。

（3）成员中存在小派系。工作室里存在派系，每个派系都有自己的行为规范。谁要加入这个派系，就必须遵守这些规范。派系中的成员如果违反了这些规范，就要受到相应的惩罚。

（二）人际关系学说

梅奥对霍桑试验进行了总结，并出版了《工业文明中人的问题》一书。在书中，梅奥阐述了人际关系学说，主要包括以下几点内容。

1.工人是社会人，而不是经济人

科学管理学派把人看作经济人，认为金钱是刺激人们工作积极性的唯一动力。梅奥则认为，工人是社会人，除了物质需求外，还有社会、心理等方面的需求，因此不能忽视社会和心理因素对工人工作积极性的影响。

2.企业中存在着非正式组织

企业成员在共同工作的过程中，相互间必然产生共同的感情、态度和倾向，形成共同的行为准则和惯例。这就构成一个体系，称为“非正式组织”。非正式组织以它独特的感情、规范和倾向，左右着其成员的行为。古典管理理论仅注重正式组织的作用是有欠缺的。非正式组织不仅存在，而且与正式组织相互依存，对生产率有重大影响。

3.生产率主要取决于工人的工作态度以及他和周围人的关系

梅奥认为提高生产率的主要途径是提高工人的满足度，即工人对社会需求，特别是人际关系的满足程度。如果满足度高，工作的积极性、主动性和协作精神就强，生产率就高。

二、管理理论丛林

1980 年，孔茨在《再论管理理论的丛林》一文中指出，管理理论发展到现在至少已经有了 11 个学派。在茂密的管理理论丛林中，这 11 个学派分别是：管理过程学派、人际关系学派、群体行为学派、合作社会系统学派、社会技术系统学派、决策理论学派、系统学派、管理科学学派、经验学派、管理者工作学派和权变学派。

（一）管理过程学派

管理过程学派又称为传统学派或管理职能学派，其创始人是法约尔。20 世纪 50 年代以后，其主要代表人物是孔茨。这个学派认为，管理是一种在正式组织中（由管理者）通过别人，并同别人一起去完成工作的过程；通过对这个过程的研究，就可以总结出一些基本的原理和规律性的东西，并由此形成一种管理理论。这种管理理论以管理职能作为基本框架，用一些能指导管理实践的概念、原则、方法、制度和程序把有关知识汇集起来，形成管理的科学理论体系。而在对这些问题进行研究时，可以吸收其他学科如数学、运筹学、系统论、信息论、控制论、社会学、心理学、经济学、政治学、生产技术学等的相关知识来充实自己，而这些学科的简单加总永远形不成真正的管理学，它们只能为管理理论的发展提供有用的思想、工具和手段。

（二）人际关系学派

该学派的根本出发点是：管理是通过人来完成某些事情的活动，因此，研究管理必须着重于人与人之间的关系。这个学派的主张者注重对组织中人与人之间的关系进行研究。他们以个人心理学作为研究的理论基础，研究具有社会心理性质的个人行为的动机；进而指出，处理好组织中人与人之间的关系是组织中的管理者必须理解和掌握的一种技巧。

（三）群体行为学派

群体行为学派与人际关系学派关系密切，但前者更侧重于研究群体中个人的行为，而不是纯粹的人际关系。该学派的学者们以社会学、人类学和社会心理学作为自己的理论基础来研究组织中的群体行为，因此，他们又被称为“组织行为学”的研究者。他们的研究内容主要包括：组织中的非正式组织对正式组织行为的影响、组织中个人的从众行为、组织中的信息沟通等。

（四）合作社会系统学派

这个学派与人类行为学相近，二者都注重对人的研究，在一定程度上，可以把它看作对人际关系学派和群体行为学派的修正。该学派把组织中的人看成有各种社会和心理愿望和需要的人，而组织就是由许多具有这种社会和心理需要的人及其行为所形成的合作社会系统。因此，组织成效的高低，就取决于组织中个人的成效高低及人们相互之间合作的成效，其中，组织的管理者是实现必要的个人努力和成员间有效合作的关键。所以，这个学派的学者从分析组织中管理者的工作出发，着重研究组织中的管理者在这个合作系统中如何才能有效地维护和协调这个系统。

（五）社会技术系统学派

这个较晚发展起来的学派的创始人是英国的特里斯特（E. L. Trist）。他和他的同事认为，组织是由技术系统和社会系统形成的社会技术系统，个人的态度和行为都受到人们在其中工作的技术系统的巨大影响。因此，管理不能光研究社会系统，而要把社会系统和技术系统结合起来考虑。他们提出：“一个从社会技术系统观点考虑的、尽力从组织的社会和技术两个方面来改进组织的变革，将创造出一个既能使生产效率更高又能使组织中成员更为满意的工作系统。”他们的研究重点主要放在技术与人及其工作的密切联系方面。

（六）决策理论学派

该学派的基本出发点是“管理是以决策为特征的，管理的本质就是决策”。该学派代表人物是卡内基梅隆大学的教授赫伯特·西蒙（Herbert Simon）和詹姆斯·马奇（James G. March）。他们在社会系统学派的理论基础上，吸收了行为科学理论、系统理论、运筹学和计算机科学的知识，形成了这个新的管理理论学派。

（七）系统学派

系统理论的发展使得许多学者强调在管理的研究中应用系统方法。根据系统的思想，人们把组织看成一个由许多子系统形成的系统，而这个系统又是环境大系统中的一个分系统，它与后者进行各种资源的交换。一个有效的管理者，就要使组织内部的各个子系统互相协调，同时又要使组织系统能够适应环境，获得有效的生存和发展。在一定程度上可以说，系统学派的成立，意味着管理理论的研究者们对系统这一管理思想的广泛接受。

（八）管理科学学派

这个学派的学者认为，管理是一个合乎逻辑的过程，研究者可以把这个过程用数学模型来加以描述和表达，也可以用数学方法求解这个模型的最优解。所以，该学派又被称作数学学派，其主张大都把研究重点放在建立管理的数学模型和求解最优解的问题上。而必须明确的是，数学模型和数学分析方法是管理研究中的方法和工具，仅此而已。

（九）经验学派

经验学派的代表人物是德鲁克（其主要著作有《管理实践》《管理：任务、责任和实践》《有效的管理者》）和欧内斯特·戴尔。该学派开展研究的理论前提是通过对管理者在个别情况下成功和失败的经验教训进行研究，让人们懂得在将来相应的情况下如何运用有效的方法来解决现实中的管理问题。因此，这个学派的学者把对管理理论的研究集中于对实际管理工作者的管理实践活动的研究上。他们通过分析实例或案例，总结出一些一般性的结论来向管理者或学习管理学的学生传授，使他们也能从中学习到管理的知识和技能。

（十）管理者工作学派

管理者工作学派又称经理角色学派，代表人物是加拿大的亨利·明茨伯格（H. Mintzberg）。该学派主张对经理人员的实际工作情况进行考察，以发现经理人员在现实中的活动规律，并以此纠正纯粹的管理理论所造成的理解偏差。为了描述所有经理人在进行实务工作时的种种活动，明茨伯格定义了三大类十种角色。孔茨这样评价明茨伯格的研究：“观察管理者实际上在做什么是很有用处的。”但是，现在的研究成果对于建立一个更完善、更符合实际的实务性的管理理论而言，尚长路漫漫。

（十一）权变学派

该学派的学者认为，不存在最好的、能适应一切情况的、一成不变的管理方法或理论，一切只能权变，即应权宜之需而变，因时而变，顺势而为。这意味着，管理者应根据不同的环境采用不同的管理方法和手段。

思政园地

科学家精神——向“共和国勋章”获得者致敬

袁隆平：他一生致力于杂交水稻技术的研究、应用与推广，发明“三系法”粗型杂交水稻，成功研究出“两系法”杂交水稻，创建了超级杂交稻技术体系，为我国粮食安全、农业科学发展和世界粮食供给做出杰出贡献。

屠呦呦：她60多年致力于中医药研究实践，带领团队攻坚克难，研究发现了青蒿素，解决了抗疟治疗失效难题，为中医药科技创新和人类健康事业做出巨大贡献。

黄旭华：他隐姓埋名几十年，为我国核潜艇事业奉献了毕生精力，为核潜艇研制和跨越式发展做出卓越贡献。在某次深潜试验中，他置个人安危于不顾，作为总设计师亲自随产品深潜到极限。

孙家栋：他是我国人造卫星技术和深空探测技术的开创者之一，担任月球探测一期工程总设计师，为我国突破卫星基本技术、卫星返回技术、地球静止轨道卫星发射和定点技术、导航卫星组网技术和深空探测基本技术做出卓越贡献。

任务四　当代管理理论的新发展

一、战略管理

（一）战略管理理论的产生

战略管理理论起源于20世纪的美国，它萌芽于20年代，形成于60年代，在70年代得到大发展，80年代受到冷落，90年代又重新受到重视。

从战略管理理论发展的冷热变化过程来看，人们对战略管理的认识经历了一个比较曲折的过程。50、60年代，二战后的美国在经济上出现了空前的繁荣，随之而来的则是竞争的加剧。到了70年代，国际上政治、经济又出现了动荡，企业生存和发展越来越艰难。在这种新的竞争环境下，企业深切地感到，以前那种低价必胜的原则必须改变了。要获得持续的生存和发展，企业必须从战略的高度思考问题。随着部分企业多样化（产品多样化、市场多样化、投资区域多样化等）经营的成功，一些企业家认为应该走向多样化经营这样的“战略之路”来保护自己。但是，到了80年代，“软化热”“优势热”导致“战略热”降温，加之分析性战略方法使一些企业陷入财务型经营，部分企业战略应用不当导致失败等原因，战略管理理论一度受到冷落。然而，到了90年代，人们又开始反思战略管理理论，因为他们发现许多企业经营七八年就倒闭了，许多产业都成了短命产业。追其缘由，短命的根源在于缺乏战略管理，缺少长远发展的战略规划。

（二）战略管理理论的观点

1965年，美国著名的战略学家安索夫在其著作《企业战略》一书中开始使用“战略管理”一词，将战略从军事领域拓展至经济管理活动。对于战略管理的看法有两大学派：

行业结构资源学派和内部资源学派。管理大师明茨伯格将战略管理划分为十个学派：设计学派、计划学派、定位学派、企业家学派、认识学派、学习学派、权力学派、文化学派、环境学派和结构学派。

战略管理理论的主要观点如下。

1.资源配置战略管理

安索夫 1963 年离开实业界进入学术界，提出了资源配置战略管理理论，且因成果显著，获得“公司战略之父”的美誉。其核心理论是以环境、战略、组织这三个因素作为支柱，构建战略管理理论的基本框架。企业的资源包括人力资源、实体财产和资金，或者在企业内部进行调整，或者从企业外部来筹集。

2.竞争战略管理

迈克尔•波特（Michael E. Porter）提出了企业竞争战略理论。波特对竞争战略理论的发展做出了非常重要的贡献。1980 年波特的《竞争战略》一书的出版，大大地推动了有关竞争战略的讨论。随后在 1985 年出版的《竞争优势》一书成了另一个里程碑。波特描绘了在行业竞争中决定规模的五种力量模型，即潜在竞争者进入的能力、供应商议价能力、替代品威胁、购买者议价能力、与现有竞争对手的竞争能力。根据五力模型分析的结果，波特提出了三种竞争战略思想：总成本领先战略、差异化战略和专业化战略。

3.目标战略管理

美国管理学家肯尼斯·安德鲁斯（Kenneth Andrews）在 1971 年出版的《公司战略的概念》一书中提出了目标战略管理，认为目标是第一位的，企业的目标几乎决定了一切。在拟订计划以前，要对以下四个方面的因素加以分析。

（1）环境中的机会——组织可能做些什么。

（2）组织拥有的能力与资源——组织实际能做些什么。

（3）经营管理上的兴趣和愿望——组织要做些什么。

（4）对社会的责任——组织应做些什么。

二、企业再造理论

（一）企业再造理论的含义

企业再造也称为“再造工程”。它是 1993 年开始在美国出现的关于企业经营管理方式的一种新的理论和方法。迈克·哈默与詹姆斯·钱皮是该理论的创始人，他们在 1993 年出版的《再造企业——工商管理革命宣言》中指出，企业再造是指为了在衡量绩效的关键指标上取得显著改善，从根本上重新思考、彻底改造业务流程。其中，衡量绩效的关键指标包括产品和服务质量、顾客满意度、成本、员工工作效率等。可以从以下四个方面来理解企业再造的含义。

1.企业再造需要从根本上重新思考已经形成的基本信念

企业对长期以来在经营中所遵循的基本信念，如分工思想、等级制度、规模经营、标准化生产和官僚体制等进行重新思考，需要打破原有的思维定势，进行创造性思维。企业通过重新思考这些问题，对经营企业的策略和手段加以审视，找出其中过时和不当的因素。

2.企业再造是一次彻底的变革

企业再造不是对组织进行肤浅调整修补，而是要进行脱胎换骨式的彻底改造，抛弃现有的业务流程、组织结构和陈规陋习。

3.企业通过再造工程有望取得显著的进步

企业再造是根治顽疾的一剂“猛药”，有望取得“大跃进”式的进步。

4.企业再造从重新设计业务流程着手

业务流程是企业以输入各种原料和顾客需求为起点，以创造出对顾客有价值的产品（或服务）为终点的一系列活动。在一个企业中，业务流程决定着组织的运行效率，是企业的生命线。在传统的企业组织中，分工理论决定着业务流程的构造方式，但同时带来了一系列弊端。企业再造之所以要从重新设计业务流程着手，是因为原有的业务流程是组织低效率的根源所在。

（二）企业再造理论的适用性

什么样的企业才需要“再造”呢?

从已有经验看，需要进行再造的企业大体可分为以下三大类。

1.问题丛生的企业

这类企业问题丛生，除了进行再造之外，别无选择。这些企业需要从头至尾，彻底进行改造。20 世纪 70 年代的美国电报电话公司和 80 年代的福特汽车公司便是典型的例子。

2.目前业绩不坏，却潜伏着危机的企业

这类企业，就当前的财务状况来看，还算令人满意。但是，展望前景，却有“风雨欲来”之势。比如，新的竞争者纷纷出现、顾客需求正在急剧变化、政府即将出台新的产业政策等，这一切环境因素都有可能在转眼之间使企业辛辛苦苦创下的业绩化为乌有。这类企业应当高瞻远瞩，当机立断，及早进行改造。

3.正处于事业发展高峰的企业

这类企业虽然正处于蓬勃发展的高峰，但是雄心勃勃的管理阶层并不安于现状，决心大幅度超越竞争对手。这类企业将再造看成大幅度超越竞争对手的重要途径，他们精益求精、追求卓越，不断提高竞争标准，构筑竞争壁垒。

企业再造理论不仅适用于改造企业，其基本思想也适用于行政事业单位的改革。如：政府部门的工作程序、学校的学生入学管理办法、医院的患者就医程序等，都可以用重整流程的办法进行改革，这也显示了企业再造理论的发展前景。

（三）企业再造理论遇到的问题

企业再造理论在欧美企业中受到高度重视，因而得到迅速推广，带来了显著的经济效益，涌现出大批成功的范例。在企业再造取得成果的同时，另一部分学者也在探讨企业再造理论在企业实施中高失败率的原因。目前企业再造理论在实施中易出现的问题主要有以下三点。

（1）流程再造未考虑企业的总体经营战略思想。

（2）忽略作业流程之间的联结作用。

（3）未考虑经营流程的设计与管理流程的相互关系。

总体来说，企业再造理论顺应了通过变革创造企业新活力的需要，这使越来越多的学者加入到流程再造的研究中来。作为一个新的管理理论和方法，企业再造仍在继续发展。

三、学习型组织

彼得·圣吉（Peter M. Senge）1947 年生于芝加哥，在其代表著作《第五项修炼：学习型组织的艺术与实务》中提出了学习型组织理论，指当面临剧烈改变的外在环境时，组织应力求精简、扁平化、终生学习、不断自我组织再造，以维持竞争力。彼得·圣吉因此而成为“学习型组织之父”，于 1992 年被美国《商业周刊》推崇为当代最杰出的新管理大师之一。

（一）学习型组织理论的提出

20 世纪 80 年代以后，信息革命、知识经济时代进程加快，企业竞争环境急剧变化，传统的组织模式和管理理念呈现出很多问题。因此，研究企业组织如何适应新的知识经济环境，成为世界企业界和理论界的热点话题。

彼得·圣吉在研究中发现，1970 年名列美国《财富》500 强的大公司，到了 20 世纪 80 年代已有 1/3 销声匿迹。这些不寻常的现象引起彼得·圣吉的思考。通过研究发现，是组织智障妨碍了组织的成长，并最终导致组织衰败。组织智障指的是组织或团体在学习及思维方面存在障碍。这种障碍最明显地表现在：组织缺乏一种系统思考的能力。这个障碍对组织来说是致命的，许许多多的企业便因此走向衰败。彼得·圣吉认为，要使企业茁壮成长，必须建立学习型组织，以此来克服组织智障。

（二）学习型组织理论的内容

学习型组织是指通过培养弥漫于整个组织的学习气氛、充分发挥员工的创造性思维能力而建立起来的一种有机的、高度柔性的、扁平的、符合人性的、能持续发展的组织。在学习型组织中，每个人都要参与识别和解决问题，使组织能够进行不断的尝试，改善和提高它的能力。学习型组织的基本价值在于解决问题，与之相对应的传统组织设计的着眼点是效率。在学习型组织内，雇员参与问题的识别，这意味着雇员要懂得顾客的需求。雇员还要解决问题，这意味着雇员要以一种独特的方式将一切问题综合考虑以满足顾客的需求。学习型组织理论包含以下内容。

（1）组织成员拥有一个共同的愿景。

（2）组织由多个创造性个体组成。

（3）组织成员善于不断学习。

（4）组织结构为扁平式结构。

（5）组织采用自主管理模式。

（6）组织的边界将被重新界定。

（7）员工家庭与事业的平衡。

（8）领导者的新角色。

（三）学习型组织的建立

彼得•圣吉指出企业应成为一个学习型组织，并提出了建立学习型组织的四条标准。

（1）人们能不断检验自己的经验。

（2）人们有生产知识。

（3）大家能分享组织中的知识。

（4）组织中的学习和组织的目标息息相关。

此外，他还提出了建立学习型组织的技能，即五项修炼：自我超越、改善心智模式、建立共同愿景、团体学习和系统思考。圣吉还指出，在学习型组织之中，领导者是设计师、仆人和教师。

知识测试

一、单项选择题

1.提出以“仁政”为核心的管理思想体系学派是（　　）。

A.道家学派　B.儒家学派　C.法家学派　D.兵家思想

2.古典管理理论阶段的代表性理论是（　　）。

A.科学管理理论　B.战略管理理论　C.双因素理论　D.权变理论

3.最先提出“标准化”原理的管理学家是（　　）。

A.温斯洛·泰罗　B.亨利·法约尔　C.马克斯·韦伯　D.埃尔顿·梅奥

4.首先提出“工人不是单纯的‘经济人’而是‘社会人’”的代表人物是（　　）。

A.温斯洛·泰罗　B.亨利·法约尔　C.马克斯·韦伯　D.埃尔顿·梅奥

5.“管理的十四项原则”是由（　　）提出来的。

A.韦伯　B.泰罗　C.梅奥　D.法约尔

6.下列哪项是学习型组织的本质特征？（　　）

A.善于不断学习　B.扁平式结构

C.自主管理　D.组织由多个创造性个体组成

二、多项选择题

1.儒家的主要管理思想是（　　）。

A.以人为本　B.修己安人　C.以和为贵　D.礼治

E.无为而治

2.道家的主要管理思想是（　　）。

A.以民为本　　B.无为而治的管理原则
C.善下的用人思想　　D.中庸
E.法治

3.通过“霍桑试验”得出的结论有（　　）。
A.职工是“社会人”　　B.企业中存在“非正式组织”
C.新型的领导能力在于提高职工的满足度　　D.存在着“霍桑效应”

4.波特五力分析模型由（　　）构成。
A.潜在竞争者进入的能力　　B.供应商议价能力
C.替代品威胁　　D.购买者议价能力
E.现有竞争对手的竞争能力　　F.公司内部的竞争能力

5.从已有经验看，（　　）需要进行企业再造。
A.问题丛生的企业　　B.目前业绩不坏，却潜伏着危机的企业
C.正处于事业发展高峰的企业　　D.初创企业

6.在彼得•圣吉提出的学习型组织理论中，领导者需要扮演哪几种角色（　　）。
A.教师　　B.仆人　　C.设计师　　D.首脑
E.联络人

三、判断题

1.一般管理理论是由“科学管理之父”泰罗首先提出来的。（　　）

2.社会在发展，新的管理理论不断涌现。所以，面对今天企业中存在的管理问题，泰罗的科学管理理论已经彻底过时了，对现今的管理实践不再起到任何的指导意义。（　　）

3.法约尔最大的贡献是完整地提出了科学管理的系统理论。（　　）

4.企业再造需要从根本上重新思考业已形成的基本信念，即对长期以来企业在经营中所遵循的基本信念如分工思想、等级制度、规模经营、标准化生产和官僚体制等进行重新思考。（　　）

四、简答题

1.中国古代管理思想的主要观点有哪些?
2.泰罗的科学管理原理的主要内容有哪些?
3.法约尔提出了哪些管理职能和管理原则?
4.人际关系学说的主要论点有哪些?
5.孔茨提出了西方管理理论的哪些学派?

五、案例分析题

曾经有 7 人住在一起，每天共喝一桶粥。关键是，僧多粥少。那如何分呢?一开始，他们随机指定一个人负责分粥。没过几天就发现，这个人每次都给自己分得最多。于是，

大家就决定换人，并推举一个道德高尚的人来分粥。起初，这个人还能做到公平分粥。但是，权力产生腐败。日子一久，他也开始为自己和对自己溜须拍马的人多分。因此，所有人就开始挖空心思讨好他，搞得整个团队乌烟瘴气。显然，这种方法还是行不通。后来，他们指定一个分粥人和一个监督人。起初也比较公平，但后来分粥的人竟与监督的人从权力制约走向“权力合作”，于是只有这两个人能吃饱，这种方法也失败了。后来，大家谁也信不过，干脆轮流主持分粥，每人一天。虽然看起来能够做到公平，但是每人一周中有6天是饿肚子，只有1天吃饱了，并且还有粥剩下。这种方法造成了资源浪费。再后来，他们民主选举一个3人分粥委员会和一个4人监督委员会，实行集体领导，形成相互监督和制约。公平分粥是做到了。但是，监督委员会经常提出议案，分粥委员会又据理力争，每次粥凉了，粥还没有分好，此方法效率太低。最后，大家想出来一个方法——每人轮流值日分粥，但分粥的人最后领粥。令人惊奇的是，结果每次7碗粥都是一样多，就像用科学仪器量过的一样。因为，每个分粥的人都知道，如果每个碗里的粥不同，他肯定只能拿到最少的那一碗粥。

上面的小故事给了你哪些管理学方面的启示？你认为，上面的小故事体现了什么样的管理思想？

延展阅读

中国传统管理思想的逻辑脉络论略

人类的存续和发展无疑是建立在特定的社会分工与合作机制之上的。无论何种形式的分工与合作，管理实践活动必然贯穿其中。社会的经济、政治与文化机制决定了与其相符的管理思想及实践活动。

特别值得注意的是，一个社会的历史文化传统深深地嵌入管理理念与实践活动之中，它塑造了管理思想及实践活动的个性。因此，不同的文化造就了其管理活动各自不同的特质。中国古代管理思想历史积淀深厚且独具特色，它并不作为一门学科受到思想家的专门关注，而主要孕育在哲学、道德及政治意识形态的体系之中，并表现为各种不同的治国方略，主要涉及权力主体合法性的证明、权力运行有效性的探讨以及权力作用客体的界定等问题。深入剖析中国传统治国方略思想对于发掘中国古代管理思想的逻辑演进不无裨益。

值得注意的是，我们很难将西方管理学研究涉及的概念、原则或方法等系统化的理论研究范式套用在研究中国古代管理思想上。因为，某个学科的研究范式、研究视角抑或表述模式都有其特定的知识话语作为支撑。因此，我们必须立足于管理学的共性即那些普遍性的规律，同时也要正视中国管理思想背后的特殊的知识话语系统，从恰当的理论视角切入，探究和审视它的理论个性和思想特质，以求为中国的管理思想提供一种合适的理论阐释。

传统意义上的管理活动指一种人与人的社会关系——管理与服从。权力的正当性证明自然成为解释这一社会关系的首要问题。中国古代思想构建出一整套关于权力的来源、维持及转移的证明体系。

“人治”思想作为中国传统管理思想的主流意识，寻求管理主体（抑或称之为权力主体）角色的合法性必然要从“人”入手。人的“德性”成为首先需要探讨的问题。人的德性首先要合乎天道，从民意中感应天道。早在周代，人们在总结商代灭亡的经验教训时意识到：“昔殷先哲王，迪畏天，显小民，经德秉哲”，到后来，“天降丧于殷，罔爱于殷，惟逸。天非虐，惟民自速辜”。“自成汤至于帝乙，罔不明德恤祀……惟天不畀不明厥德，凡四方小大邦丧，罔非有辞于罚”。从这样的语句中不难看出，周代的统治者比商代的统治者更进一步地认识到所谓合乎天道的德性实质上就是要顺乎民意。所谓“迪畏天，显小民”，就是要求统治者应从民意中揣悟天命，只有怀保小民才能受到天的佑助。敬天保民的道德感成为统治者必须具备的德性观念。汉代董仲舒“天人合一”论对于中国古代君权合法性的论证产生了深远影响。他说：“天者，百神之大君也”，“君人者，国之元”。继而，“圣人何其贵者？起于天，至于人而毕”。于民众而言，君王代表上天管理人间。因此，“唯天子受命于天，天下受命于天子。”至此，董仲舒的论证仍未逃离“君权神授”的范围。值得注意的是，他尤其关注论证君主因何得以与天相感应。在他看来，君主治理天下必须遵守天的法则。君主的德性应与天道相契合，否则就会遭到“天谴”。在当时，天灾常与人祸相伴行。当出现天灾人祸时，君主就应当检讨自己的行为是否偏离了天道。反言之，君主亦可以从体恤民情中感应天意。总之，君权受命于天，君主的德性要与天道相一致构成了董仲舒“天人合一”的完整逻辑。

人的德性还表现在人性与个人修为之中。儒家思想尤其关注人性和个人修为，并以此论说统治者与被统治者之间的权力关系问题。孔子将“仁”作为其哲学的核心概念：第一，爱人者为仁。“樊迟问仁。子曰：‘爱人。’”爱人是仁的基本内容。特别是统治者，爱人尤其重要。第二，克己复礼为仁。严格地约束自己的行为并使之符合礼的规范是人具有仁德的表现。第三，厚重淳朴也是仁的特征之一。所谓“智者乐山，仁者乐水”，善良的品质与智慧相比而言，孔子认为品德更为重要。优良的道德品质是统治者进行管理活动的资格，也是每个人参与社会生活的基本要求。

孟子人性“四端论”和“王道”学说比较系统地阐释出统治者的德性与权力合法性之间的内在关联。恻隐之心、羞恶之心、辞让之心、是非之心的总合，谓之“四端”。人执此“四端”即彰显本性的良善。他强调，“是以惟仁者宜在高位，不仁而在高位，是播其恶于众也”。他尤其重视君主的德性，因为统治者是否具有良善的品质对于国家统治来说非常重要。怀揣仁爱良善之心进行统治便是行“王道”，权力的合法性从根本上说源于“王道”。“王道”的一个判准即是“与民同忧同乐”。君主要关心民众的福祉，“乐民之乐者，民亦乐其乐；忧民之忧者，民亦忧其忧”。能做到君民同喜同忧就是施行王道的具体体现。君主的德性决定了民心向背，民心向背决定了政治秩序的稳固与否。孟子通过这样的推理从人性角度验证权力合法性问题。

纵观整个中国思想历史，对于德性问题的讨论从未休止过。先秦以后，比较具有代表性的还有唐代韩愈“性三品”说，宋代理学大师朱熹“天理人欲”之辩等。总之，中国古代思想，尤其是作为主流意识形态的儒学思想，特别强调权力主体在德性上的超人禀赋，并以此获得道德合法性的理由，甚至可以这样讲：德性是中国传统社会中的首要价值，而统治者的德性则关乎整个王朝的兴衰运祚。

中国古代管理活动的主要特色是“人治”与“治人”的高度结合。它是由农业经济、君主专制体制、宗法伦理规范等一系列经济、政治及文化因素共同作用的结果。清醒地认识这个特征对于解释今日中国管理活动中的某些问题颇具启发意义。只有批判性地回溯过去方可客观地认识当下。所谓批判绝非全面否定，而是理性地扬弃。中国古代管理思想于今有益之处当然要推崇和继承；而那些不适应今日之需要的观念我们也应怀抱尊敬之心将它们留在历史的印迹里。因为，人类智识的增量本就源自这种批判性的继承过程。

资料来源：王光，《中国传统管理思想的逻辑脉络论略》（节选），载《北华大学学报（社会科学版）》，2012 年第 1 期。

模块二 计划与决策能力

项目三 计划与目标

学习目标

1. 了解计划的概述。
2. 熟悉计划体系的内容。
3. 熟悉目标的分类、目标设定的方法。
4. 掌握计划的制订流程和方法。
5. 掌握预算编制的程序及全面预算编制的方法，理解预算管理。
6. 了解目标管理的含义、特点、流程和目标管理方式的选择。

思维导图

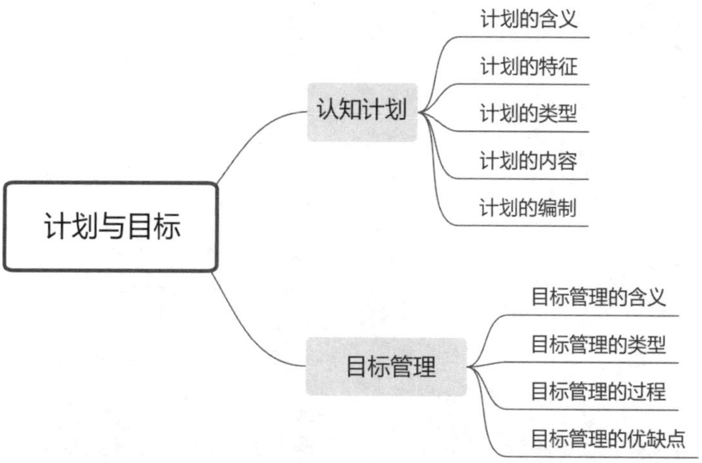

导入案例

十分钟提高效率

美国某钢铁公司总裁舒瓦普向一位效率专家利请教："如何更好地执行计划？"利声称可以给舒瓦普一样东西，在10分钟内能把他公司业绩提高50%。接着，利递给舒瓦普一张白纸，说："请在这张纸上写下你明天要做的6件最重要的事。"舒瓦普用了约5分钟时间写完。利接着说："现在用数字标明每件事情对于你和公司的重要性次序。"舒瓦普又花了约5分钟做完。利说："好了，现在这张纸就是我要给你的。明天早上你一到公司就把纸条拿出来，做第1件事也就是最重要的事，不管其他的事，只做第1件事，直到完成为止。然后用同样办法对待第2件事、第3件事……直到下班为止。即使只做完1件事，那也不要紧，因为你总是在做最重要的事。你可以试着每天这样做，直到你相信这个方法有价值时，请将你认为的价值填在支票上寄给我。"

1个月后，舒瓦普给利寄去一张2.5万美元的支票，并在他的员工中普及这种方法。5年后，当年这个不为人知的小钢铁公司成为世界最大的钢铁公司。

思考与讨论

1. 为什么总裁舒瓦普有计划却难以执行？效率专家利的方法的关键点在哪里？

2. 效率专家利认为"即使只做完一件事，那也不要紧，因为你总是在做最重要的事"。你认为制订计划光是做最重要的事够吗？

3. 效率专家利执行计划的方法使这个不为人知的小钢铁公司成为世界最大的钢铁公司。为什么计划能有这么大的作用？

任务一　认知计划

一、计划的概念

计划职能是一项最基本的管理职能，它在管理的各项职能中居于主导地位。

计划工作有广义和狭义之分。广义的计划工作，是指包括制订计划、执行计划和检查计划执行情况的全过程。狭义的计划工作，主要是指制订计划。

计划的程序包括：分析环境——预测未来——制定目标——设计与抉择方案——编制计划——反馈计划执行情况。

二、计划的特征

计划具有以下特征。

（1）目的性。每一个计划都是为了实现组织的战略和目标。

（2）主导性。计划工作处于其他管理职能的首位，并且它贯穿于管理工作的全过程。组织、人事、领导和控制等工作都是围绕着计划工作展开的。

（3）普遍性。计划是组织内每一位管理者都要做的事情。也就是说，无论是高层还是中层、基层管理人员，都需要做计划工作。

（4）创造性。计划工作总是针对需要解决的新问题和可能发生的新变化、出现的新机会而做出决策。

案例 3-1

碧桂园集团的开发计划管理

碧桂园集团，总部位于广东佛山顺德，是中国最大的新型城镇化住宅开发商。碧桂园集团采用集中及标准化的运营模式，业务包含物业发展、装修、物业管理、物业投资、酒店开发和管理等。碧桂园提供多元化的产品以切合不同市场的需求。各类产品包括联体住宅及洋房等住宅区项目以及车位及商铺。同时，碧桂圆亦开发及管理若干项目内的酒店，提升房地产项目的升值潜力。碧桂园是全国知名的房地产开发企业，2017 年上半年，更是以超过 2 800 亿元的销售额位列全国行业榜首。在业界，碧桂园一直以快速和规模开发房地产项目而著称，开发一个项目，从拿地到销售仅需 6 个月，而行业的开发周期一般在 10 个月左右。这种快速回笼资金的高效开发模式得益于碧桂园对其项目的开发计划管理。

简单地说，集团项目开发计划管理体系采取分层分级管理模式，基于“抓一级、控一级、看一级”的逻辑思路，对项目计划体系进行“逐级分解、分层监控”，即：项目三级计划根据项目二级计划的时间节点进行分解，项目二级计划根据项目一级计划的时间节点进行分解，且不得超出上一级计划节点工期。集团运营中心组织确定项目一级、二级计划节点，项目总经理按照项目一、二级计划节点要求编制各节点起始时间。根据这种逐级分解的计划体系，能够有效地把握开发节点，缩短整个项目开发周期，实现现金流快速回正。

三、计划的类型

计划工作中最重要的任务除了组织目标的确定外，就是计划的制订了。计划的种类很多，可以按不同的标准进行分类。主要分类标准有：计划的重要性、职能等。但是依据这些分类标准进行划分，所得到的计划类型并不是相互独立的，而是密切联系的，比如短期计划和长期计划、战略计划和作业计划等。

1.按照计划内容的表现形式分类

哈罗德·孔茨和海因茨·韦里克按照计划内容的表现形式，从抽象到具体把计划分为一种层次体系：使命、目标、战略、政策、程序、规则、方案和预算，如图 2-1 所示。

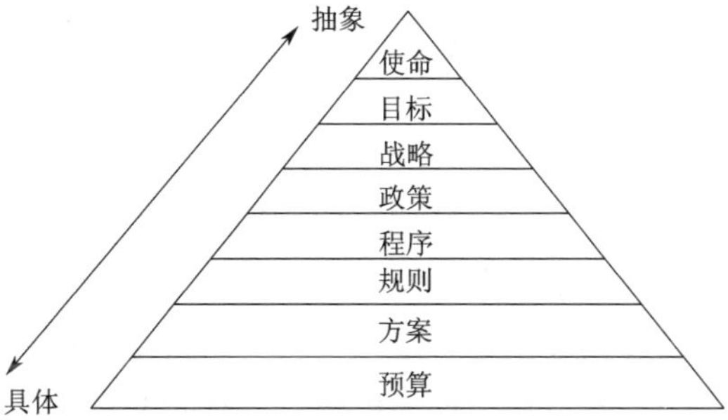

图 2-1　计划的层次体系

使命又称目的，是社会赋予组织的，即一个组织是干什么的和应该干什么。比如，学校的使命是教书育人，法院的使命是解释和执行法律，医院的使命是治病救人等。不同的组织表现为不同的使命，这也是一个组织存在的基本理由。

目标即组织目标和各部门的目标。

战略是指为达到组织总目标而采取的行动和利用资源的总计划。

政策是指指导或沟通决策思想的全面的陈述书或理解书，是指导组织成员决策的一般准则。政策允许对某些事情有酌情处理的自由。

程序是指详细列出完成某类活动的切实方式，并按时间顺序对必要的活动进行的安排。与战略不同，程序是行动的指南，而非思想的指南；与政策不同，程序不给予行动者自由处置的权力。

规则是指在具体场合和具体情况下，容许或不容许采取某种特定行动的规定。政策有一定的灵活性，规则没有这种灵活性。

方案又称工作计划，是针对某一特定行动的综合性计划，包括步骤、方法、顺序、进度、资源安排等。项目计划往往是工作计划的一部分。

预算是指用数字表示预期结果的一种计划。数字可能是财务性的，可以是货币的，也可以是非货币的。

2.按照计划的层次分类

战略计划，即对组织全部活动所作的战略安排，具有长远性、全局性和较大弹性。

战术计划，指局部性、阶段性的计划，多用于指导组织内部某些部门的共同行动。

作业计划，指给定部门或个人的具体行动计划、支持战术计划等。

3.按照计划的职能分类

业务计划，是组织的重要计划，涉及“物、供、产、销”。

财务计划，涉及“财”，研究如何从资本提供和利用上促进业务活动的有效进行。

人事计划，涉及“人”，分析如何为业务范围维持或扩大提供人力资源的保证。

4.按照计划活动的内容分类

综合计划，涉及组织的多部门、多方面的活动，是总体性计划。

专业计划，涉及组织内部某方面活动的计划，例如生产计划、销售计划等。

项目计划，即组织针对某个特定项目所制订的计划，例如新产品研发计划。

5.按照计划的期限分类

1）长期计划

人们一般习惯于把五年以上的计划称为长期计划。企业战略管理水平提高的标志是长期计划的制订。制订企业长期计划，企业可以根据长远发展的需要收集战略信息、发现将来的机会和威胁，以便为长远项目做好一定的准备。很多企业的长期计划主要集中于核心战略问题。成功企业的实践表明，长期计划主要是目标本身的内容，而不是量化数字。从计划制订和执行的整个过程来看，长期计划要经过编制预算和项目计划来实施。预算的编制只是将已成形的计划方案进一步落实到资源分配的次要环节。

2）中期计划

一年以上，五年之内的计划称为中期计划，它比长期计划更为具体和详细。它主要起协调长期计划和短期计划之间关系的作用。长期计划以问题、目标为中心。中期计划则以时间为中心，具体说明各年度应达到的阶段性目标和应开展的工作。

3）短期计划

时间跨度在一年及一年以内的计划称为短期计划。它比中期计划更为具体和详尽。它主要说明计划期内必须达到的目标以及具体的工作要求，要求能够直接指导各项活动的开展。企业中的年度利润计划、销售计划、生产计划等都是短期计划的例子。

6.按照计划的约束力分类

按照计划的约束力分类，计划可分为指令性计划和指导性计划。指令性计划，例如国家重点工程由上级主管部门下达的有行政约束力的计划。指导性计划，例如由上级主管部门下达的具有参考作用的计划。

案例 3-2

销售员的故事

有个同学举手问老师：“老师，我现在从事销售行业，我的目标是在一年内赚 100 万元！请问我应该如何制订计划来实现我的目标呢？”

“我们来看看，你要为实现自己的目标做出多大的努力。根据我们的提成比例，要想获得 100 万元的佣金大概要完成 300 万元的业绩。一年要完成 300 万元的业绩，一个月就要完成 25 万元的业绩，一天就要完成 8 300 元的业绩。”老师说。

“每一天若要完成 8 300 元的业绩，大既要拜访多少个客户？”老师接着问他，“大概要拜访 50 个客户。”“那么一天要拜访 50 个客户，一个月要拜访 1 500 个客户，一年呢？就需要拜访 18 000 个客户。”

这时老师又问他：“请问你现在有没有 18 000 个 A 类客户？”他说“没有。”“如果没有的话，就要靠陌生拜访。你平均一个客户要谈上多长时间呢？”他说：“至少 20 分钟。”老师说：“每个客户要谈 20 分钟，一天要谈 50 个客户，也就是说你每天要花 16 个小时以上在与客户交谈上，还不算路途时间。请问你能不能做到？”他说：“不能。老师，我懂了，这个目标不是凭空想象的，是需要凭着一个能达成的计划而定的。”

思考与讨论

思考目标与计划之间的关系，简单阐述你的想法。

四、计划的内容

5W1H 代表的 6 个方面清楚地描述了计划的内容，具体如下。

What ——做什么：要明确组织的使命、战略、目标，以及行动计划的具体任务和要求，明确一个时期的中心任务和工作重点。

Why ——为什么要做：论证组织的使命、战略、目标和行动计划的可能性和可行性，也就是要提供计划制订的依据。

Who ——由谁做：计划不仅应明确规定目标、任务、地点和进度，还要规定各组织、各部门以及各人员任务，分工明确。

Where ——在哪儿做：规定计划实施的地点，考虑环境条件及所限制的因素，以便合理安排计划实施的空间组织和布局。

When——何时做：规定计划实施中各项工作的考试和完成的进度，以便进行有效的控制和对能力及资源进行平衡。

How——怎样做：制定实施计划的措施，以及相应的政策和规定，对资源进行合理分配和集中使用，对人力、生产能力进行平衡，对各种派生计划进行合理平衡等。

案例 3-3

计划与变化

一位朋友向管理学者王先生请教说：“我在公司推行规范化管理，计划管理是很重要的一个内容，可是许多计划总是中途夭折，请问怎么解决这个问题？”

王先生说，中国有句古话是“计划赶不上变化”。一项计划之所以中途夭折，往往是变化在其中起作用，而这种变化一般都是计划时的不严密造成的。我们制订计划时的依据一般都来源于自身的经验，而这种经验往往会因特殊情况的存在而失去其必然性。经常坐出租车的人都有过这样的经历，上车后驾驶员有时会问：“从哪条路走？最短的，还是最快的？”按我们自身的经验，最短的路肯定就是最快的路，可实际情况却并不是这样。随着车辆的增加，道路建设跟不上，几乎每个城市都有堵车的现象，而捷径往往是车辆较多、交通较为拥挤的道路。

我们在这样的捷径上行车甚至比绕道行车花费的时间更多，这就是为什么最短的路不是行驶最快的路。假如我们在计划行程的时候已经充分考虑到了这一因素，我们的计划在实施过程中就不会出现问题。因而，计划的周密性是计划得以顺利实施的基础，假如计划时许多因素确实无法估计，我们可以留出一定空间，在执行时根据实际情况加以选择。如果计划本身是科学、合理的，只是因突发性事件影响了计划的实施，我们可以根据实际情况及时修改计划，力求降低计划改变成本。

思考与讨论

在“计划赶不上变化”的情况下，为什么还要制订计划？

五、计划编制过程

（一）资料收集

收集资料是计划确定的前提。计划工作的第一步就是了解组织目前所面临的外部环境特点以及组织内部已经具备的资源和能力条件。

1. 资料的范围和内容

1）外部和内部情况收集

企业外部情况包括组织所面临的一般环境和具体环境条件，尤其是产品市场条件和要素市场条件。企业内部情况包括投在厂房和设备方面的资金、企业经营的方针和政策、前期主要规划和销售预测等。

2）定量和定性资料收集

定量资料是指原始数据是用数值表示的资料，比如：销量、价格、利润等。定性资料是指原始数据不能用数值表示，只能用文字叙述的资料，比如：经营状况、员工工作能力等。

3）可控和不可控因素分析整理

在组织面对的环境因素中有些是可控的，有些是不可控的，如人口增长、未来价格水平、税收和财政政策属于不可控因素，如企业的市场开拓、产品研发、产品投放等属于可控因素。对于可控因素，企业可以在计划中制定出具体措施和策略，对于不可控因素，则需要制定相应的应变办法。

2. 资料收集应注意事项

资料收集应注意以下事项。

（1）注意关键性的因素。资料收集应重点把握计划的前提条件，明确对计划的完成最具影响力的因素。

（2）对一些重要的不可控因素，应预先设想各种应对措施，并以此拟订相应的计划。如针对价格上涨或下跌、政治和经济事件的发生及各种可能性，企业有必要准备好应急计划。

（3）计划的前提条件应一致。不同的计划是在不同的前提条件下制订的，这要求在公司总部的组织下，对各分公司或各部门、各单位的前提条件进行分析研究、综合概括，保证它们之间彼此协调一致，以确保全公司的计划都按照同样的基调来进行制订。

（二）明确目标

确定组织目标，这一阶段是计划工作的实质。一项计划的制订首先必须明确目标。战略计划主要侧重于组织目标的制订，而行动计划所针对的则必然是组织目标体系中的某一方面的具体目标，或者是战略计划中所提出的实现组织目标所必须进行的某项活动。

1. 目标制定的步骤

（1）根据对内外环境条件的调查和分析，确定组织的目标。

（2）进一步调查研究，明确计划的具体前提条件。准确地把握组织生存和发展所面临的机会与威胁。

（3）提出多种可供选择的方案，经过比较分析，确定最优或最满意方案。计划方案选择的基本原则是既要符合计划目标的要求，又要与所设定的那一套计划前提条件相一致。

2. 目标制定的原则

制定目标要遵循 SMART 原则。

S（Specific）——目标要清晰、明确。

M（Measurable）——目标要量化。

A（Attainable）——目标要通过努力可以实现，不能过低或过高。

R（Relevant）——目标要和工作相关。

T（Time bound）——目标要有时限性，要在规定的时间内完成，时间一到，就要看结果。

3. 分解目标，形成合理的目标体系

1）目标体系的结构

目标的分解有两类：一是从空间上分解，分解落实到各个部门、各个活动环节乃至每一个人，形成目标的空间结构；二是从时间上分解，将长期目标分解为各个阶段的分目标，形成目标的时间结构。

目标结构描述了组织中较高层次或较长时期的目标（总体目标或长期目标）与较低层次或较短时期的目标（部门、环节、个人的目标或各阶段的目标）相互间的指导及保证关系。具体地说，在目标的空间结构中，总体目标应该对部门目标的制定起指导作用，而部门目标反过来则对整体目标的实现起保证作用；同理，在目标的时间结构中，长期目标应该对短期目标的制定起指导作用，而短期目标则应成为长期目标实现的保证。在目标分解过程中进行目标结构的合理性分析，应当着眼于研究较低层次或较短时期的目标对较高层次或较长时期的目标的保证能否落实，即分析组织在各个时期具体目标的实现能否支持和保证长期目标的达成，分析组织的各个部门的具体目标的实现是否能使组织整体目标的实现获得可靠的保证。只有使上下左右以及前后时期的目标相互衔接、彼此协调，才可能形成一个完整的目标体系。通过目标的分解、落实，就可以明确组织的各个部门未来各个时期具体的任务以及完成这些任务应达到的具体要求。

2）制定分部门及分阶段的目标的必要性

（1）通过对目标的分解，把任务落到实处，以保证组织内部各方面行动的一致性。

（2）充分协调运用组织的各种资源。

（3）形成一种目标一致的有秩序的工作状态。

（4）明确员工的努力方向。

（5）形成管理控制的详细指标体系。

（三）综合平衡

综合平衡即不同结构、时间、空间任务之间的平衡。由目标结构决定或与目标结构对应的组织各部分在各时期的任务要做到相互衔接与相互协调。任务之间的平衡包括时间上的平衡和空间上的平衡。时间上的平衡是组织在各阶段任务之间的有机衔接，以确保组织的长远目标在各个阶段分目标的合理分配。空间上的平衡是组织各个部分的目标要保持合理的比例，从而能保证组织的整体活动协调地进行。

组织活动与资源供应的平衡，确保组织在适当的时间筹集到适当品种、数量和质量的资源，从而保证组织活动能连续地、稳定地进行。

在不同环节、不同时间的目标与能力的平衡，确保组织的各个部分能够在任何时间都有足够的能力去完成规定的任务。由于内外环境条件经常发生变化，因此在任务与能力平衡的同时，还应留有一定的余地，确保目标在一定条件下可作相应的调整。

（四）行动方案制订

确定目标以后，就要从现实出发分析实现目标所需解决的问题，可按照决策过程，确定所要进行的各项工作。在各项工作明确之后，通过对各项工作之间相互关系和先后次序的分析，即可画出行动路线图。

（五）落实人选和明确责任

在所要进行的各项工作任务明确以后，就要落实每项工作由谁负责、由谁执行，由谁协调、由谁检查。同时，要制定相应的奖惩措施，明确规定完成任务有何奖励，完不成任务又有何惩罚，使计划中的每一项工作落实到部门和个人，并有切实的保证措施。

（六）制定进度表

各项活动所需时间，取决于该项活动所需的客观持续时间，所涉及的资源的供应情况及其可以花费的资金。活动的客观持续时间是指在正常情况下完成此项工作所需的最少时间。例如，酿酒需要一定的发酵时间，从原材料投入到生产出成品需要一定的生产时间等。在一般情况下，工作计划时间不能少于客观持续时间。实际工作时间的多少还受到工作所需资源的供应情况的影响，如所需资源能从市场上随时获得，则工作计划时间约为客观持续时间加上一个余量；如所需资源的获得需要经过一段时间，则计划时间也要在客观持续时间上再加上获得资源所需的时间。另外，同样的一项工作，如可不计成本，则可通过采用先进的技术、增加人力等缩短工作时间；而资金不足，则会影响工作进展。所以，在一定条件下，计划时间与工作成本成反比。根据以上三方面的情况，即可决定每项工作所需的时间。前后相连的各项工作时间之和即为完成此项任务或实现此项目标所需的总时间。

（七）资源分配

资源分配主要涉及需要哪些资源、各需要多少及何时投入、各投入多少等问题。一项计划所需要的资源及资源数量可根据该项计划所涉及的工作要求确定，不同的工作需要不同性质和不同数量的资源。根据各项工作对资源的需求、各项工作的轻重缓急和组织可供资源的多少，就可确定资源分配给哪项工作和分配数量。每一项工作所需资源何时投入、各投入多少，则取决于该项工作的行动路线和进度表。在配置资源时，计划工作人员要注意不能留有缺口，但要留有一定的余地，即必须保证工作所需的各项资源，并且要视环境的不确定程度留有一定的余量，以保证计划的顺利实施。

案例 3-4

王厂长的会议

王厂长是佳迪饮料厂的厂长，8 年的创业历程，真可谓艰苦创业、勇于探索的过程。全厂上下齐心合力，同心同德，共献计策为饮料厂的发展立下了不可磨灭的汗马功劳。但最令全厂上下佩服的还数 4 年前王厂长决定购买二手设备（国外淘汰生产设备）的举措。饮料厂也因此挤入国内同行业强手之林，令同类企业刮目相看。今天王厂长又通知各部门主管及负责人晚上 8 点在厂部会议室开会。部门领导们都清楚地记得 4 年前在同一时间、同一地点召开会议，王厂长做出了购买进口二手设备这一关键性的决定。在他们看来，又有一项新举措即将出台。

晚上 8 点会议准时召开，王厂长庄重地讲道：“我有一个新的想法，我将大家召集到这里是想听听大家的意见或看法。我们厂比起 4 年前已经发展了很多，可是，比起国外同类行业，我们的生产技术、生产设备还差得很远。我想，我们不能满足于现状，我们应该力争世界一流水平。为了达到这一目标，我们必须从硬件条件入手，即引进世界一流的先进设备，这样一来，我们的人员、我们的技术等会一起前进。我想这也并非不可能，4 年前我们不就是这样做的吗？现在厂的规模扩大了，厂内外事务也相应地增多了，大家都是各部门的领导及主要负责人，我想听听大家的意见，然后再做决定。”

会场一片肃静，大家都清楚地记得，4 年前王厂长宣布引进二手设备的决定时，有近 70%的成员反对，即使后来王厂长谈了他近 3 个月对市场、政策、全厂技术人员、工厂资金等厂内外环境的一系列调查研究结果后，仍有半数以上的人持反对意见，10%的人持保留态度。这是因为当时很多厂家引进设备后，由于不配套和技术难以达到等因素，均使高价引进的设备成了一堆闲置的废铁。但是王厂长在这种情况下仍采取了引进二手设备的做法。事实表明这一举措使佳迪饮料厂摆脱了企业由于当时设备落后、资金短缺所陷入的困境。二手设备那时价格已经很低，但在我国尚未被淘汰。因此，佳迪厂也由此走上了发展的道路。

王厂长见大家心有余悸的样子，便说道："大家不必顾虑，今天这一项决定完全由大家决定，我想这也是民主决策的体现，如果大部分人同意，我们就宣布实施这一决定；如果大部分人反对的话，我们就取消这一决定。现在大家举手表决吧"。

于是会场上有近70%的人投了赞成票。

思考与讨论

1. 王厂长的两次决策过程合理吗？为什么？
2. 如果你是王厂长，在两次决策过程中应做哪些工作？
3. 影响决策的主要因素是什么？

任务二　实施目标管理

导入案例

爱丽丝和猫的对话

"请你告诉我，我该走哪条路？"爱丽丝说。

"那要看你想去哪里。"猫说。

"去哪儿无所谓。"爱丽丝说。

"那么走哪条路也就无所谓了。"猫说。

（资料来源：刘易斯·卡洛尔:《爱丽丝漫游仙境记》）

管理启示

一个人，无论做什么事情，都要有一个目标。有目标，你才知道自己想要到哪里去，有目标，你才能获得别人的帮助。如果一个人连自己想要去哪里都搞不清楚，再高明的人也无法给你指出出路。德鲁克认为：先有目标才能确定工作，所以"企业的使命和任务，必须转化为目标"。

一、目标管理的含义

目标管理是在泰罗的科学管理和行为科学理论基础上形成的一套管理制度。1945年，德鲁克首先提出了"目标管理和自我控制"的主张。他认为，通过目标管理就可以对管理者进行有效的管理。之后，他又在此基础上发展了这一主张，认为"企业的目的和任务，必须转化为目标"，企业的各级主管必须通过这些目标对下级进行领导，以此来达到企业的总目标。如果每个职工和主管人员都完成了自己的分目标，则整个企业的总目标就有可能达到。与此同时，还有许多先驱者对目标管理也同样做出了重大贡献，在此基础上形成了目标管理制度。目标管理在美国应用非常广泛，而且特别适用于对主管人员的管理，所以被称为"管理中的管理"。

目标管理是指组织的最高领导层根据组织面临的形势和社会需要，制定出一定时期内组织经营活动所需达到的总目标，然后层层落实，要求下属各部门主管人员以至于每个职工根据上级制定的目标，分别制定目标和保证措施，形成一个目标体系，并把目标的完成情况作为各部门或个人考核的依据。简单来讲，目标管理是将组织总目标层层分解，由上、下级一起制定各部门、各成员的具体目标，并以这些具体目标为指导，评价部门或成员的贡献。

二、目标管理的类型

（一）突破性目标

组织所要实现的目标高于其常规目标，成果达到前所未有的水平，这样的目标即突破性目标。例如，20 世纪 50 年代初，索尼追求的是“成为全球最知名的企业，改变日本产品在世界上的劣质形象”。今天的索尼公司，将目标定位在“体验发展技术造福大众的快乐”。

（二）控制性目标

按照现有实际能力制定，仅是维持现状的目标称为控制性目标。例如，公司年初把维持公司去年的销量作为年度计划。

三、目标管理的过程

每个组织的性质不同，目标管理的步骤也不尽相同。一般地，目标管理可以分为以下几步。

1.确定目标体系

实行目标管理，首先要建立一套完整的目标体系。组织的最高管理层首先要制定年度内组织经营活动要达到的总目标，然后经过上下协商，制定下级以及个人的分目标。组织内部上下左右各自都有具体的目标，从而形成一个目标体系。目标也可由下级部门或职工自行提出，由上级批准。下级要参与上级目标的制定工作。

2.明确责任

目标体系应与组织结构相吻合，从而使每个部门都有明确的目标，每个目标的责任都应具体到人。然而，组织结构往往不是按组织在一定时期的目标而建立的，因此，在按逻辑展开目标和按组织结构展开目标之间，时常会存在差异。其表现是，有时从逻辑上看，一个重要的分目标却找不到对此负全面责任的管理部门，而对于组织中的有些部门却很难为其确定重要的目标。这种情况的反复出现，可能最终导致对组织结构的调整。从这个意义上说，目标管理还有助于搞清组织机构的作用。

3.组织实施

目标既定，主管人员就应放手把权力交给下级成员，而自己去抓重点的综合性管理。完成目标主要靠执行者的自我控制。在明确目标之后，作为上级的主管人员还像从前那样事必躬亲，便违背了目标管理的主旨，不能获得目标管理的效果。当然，这并不是说，主管人员在确定目标后就可以撒手不管了。主管人员的管理应主要表现在指导、协助、提出问题、提供情报以及创造良好的工作环境方面。

4.检查和评价

对各级目标的完成情况，要事先规定出期限，定期进行检查。检查的方法可灵活地采用自检、互检和责成专门的部门进行检查。检查的依据就是事先确定的目标。对于最终结果，应当根据目标进行评价，并根据评价结果进行奖罚。评价之后，目标管理进入下一轮循环过程。

四、目标管理的优点和缺点

（一）目标管理的优点

目标管理会给组织内易于度量和分解的目标带来良好的绩效。对于那些在技术上具有可分性的工作，由于责任、任务明确，目标管理常常会起到立竿见影的效果；而对于技术不可分的团队工作则难以实施目标管理。

目标管理有助于改进组织结构的职责分工。力图将组织目标的成果和责任划归一个职位或部门，容易产生授权不足与职责不清等缺陷。

目标管理启发了自觉，调动了职工的主动性、积极性、创造性。目标管理由于强调自我控制、自我调节，将个人利益和组织利益紧密联系起来，因而提高了士气。

目标管理促进了意见交流和相互了解，改善了人际关系。

（二）目标管理的缺点

在实际操作中，目标管理也存在许多明显的缺点，主要表现在以下方面。

（1）目标难以制订。组织内的许多目标难以定量化、具体化；许多团队工作在技术上不可解；组织环境的可变因素越来越多，变化越来越快，组织的内部活动日益复杂，使组织活动的不确性越来越大。这些都使得对于组织的许多活动都难以制定数量化目标。

（2）目标管理的哲学假设不一定都存在。Y 理论对于人类的动机作了过分乐观的假设，实际中的人是有“机会主义本性”的，尤其是在监督不力的情况下。因此，在许多情况下，目标管理所要求的承诺、自觉、自治气氛难以形成。

（3）目标商定可能增加管理成本。目标商定要上下沟通、统一思想是很费时间的；每个单位、个人都关注自身目标的完成，很可能忽略了相互协作和组织目标的实现，滋长本位主义、临时观点和急功近利倾向。

鉴于上述分析，在实际中推行目标管理时，除了掌握具体的方法以外，还要特别注意把握工作的性质，分析其分解和量化的可能性；提高员工的职业道德水平，培养合作精神，建立健全各项规章制度，注意改进领导作风和工作方法，使目标管理的推行建立在一定的思想基础和科学管理基础上；要逐步推行，长期坚持，不断完善，从而使目标管理发挥预期的作用。

案例 3-5

目标能激发活力

曾经有人做过这样一个试验：组织甲、乙、丙三组人，让他们沿着公路步行，分别向10公里外的三个村子行进。

甲组跟着向导走，不知道去哪个村子，也不知道路途有多远。这个组刚走了两三千米就有人叫苦了，走到一半时，有些人开始愤怒了。他们抱怨为什么要大家走这么远，何时才能走到。有的人甚至坐在路边，不愿再走了，越往后走，人的情绪越低，七零八落，溃不成军。

乙组知道去哪个村庄，也知道路途有多远，但是路边没有里程碑。人们只能凭经验大致估计需要走多长时间。这个组走到一半时才有人叫苦，大多数人想知道他们已经走多远了。比较有经验的人说："大概刚刚走了一半儿路程"，于是大家又一起拥着向前走；当走到4/5路程的时候，大家的情绪又开始低落，觉得疲惫不堪，而路程似乎还长着呢。当有人说快到了的时候，大家又振作起来，加快了脚步。

丙组最幸运。大家不仅知道所去的是哪个村子，它有多远，而且路边每1 000米处都有一块里程碑。人们一边走一边留心看着里程碑，每看到一个里程碑，大家便有了一阵小小的满足。这个组的情绪一直很高涨，走了七八千米以后，大家确实觉得都有些累了，但他们不仅不叫苦，反而开始大声唱歌、说笑，以消除疲劳。最后的两三千米，大家越走情绪越高涨，速度反而加快了——因为他们知道，他们要去的那个村子就在眼前了。

思考与讨论

该试验对我们的启示是什么？

思政园地

一带一路战略

"一带一路"是"丝绸之路经济带"和"21世纪海上丝绸之路"的简称，2013年9月和10月由中国国家主席习近平分别提出建设"新丝绸之路经济带"和"21世纪海上丝绸之路"的合作倡议 。依靠中国与有关国家既有的双多边机制，借助既有的、行之有效的区域合作平台，一带一路旨在借用古代丝绸之路的历史符号，高举和平发展的旗帜，积极发展与沿线国家的经济合作伙伴关系，共同打造政治互信、经济融合、文化包容的利益共同体、命运共同体和责任共同体。

知识测试

一、单项选择题

1.管理活动的本质是（　　）。

A.对人的管理　　B.对物的管理　　C.对技术的管理　　D.对资金的管理

2.首先把目标管理作为一套完整的管理思想提出的是（　　）。

A.泰罗　　B.梅奥　　C.赫伯·特西蒙　　D.彼得·德鲁克

3.长达五年或以上的组织计划是哪一类典型的计划？（　　）

A.短期计划　　B.中期计划　　C.长期计划　　D.总体计划

4.目标管理的最突出特点是（　　）。

A.成果管理和自我控制　　B.过程管理和全面控制

C.计划与执行相分离，被利用的资源较少　　D.自我考评和全面控制

技能训练

一、案例分析

案例一：

A 公司陈总经理对一次培训印象深刻，很受启发，于是决定在公司里推行其中的管理办法。陈总经理明白各职能部门的重要性，他亲自为各部门制定工作目标，并且口头承诺达标与否的相应奖惩。但是，第二天部门主管就集体表示无法接受这些目标。陈总经理为此感到很困惑。

结合目标管理的相关知识分析陈总经理的做法存在哪些问题，并提出改善意见。

案例二：

有个同学举手问老师："老师，我的目标是想在一年内赚 100 万元！请问我应该如何制定我的目标呢？"

老师便问他："你相不相信你能达成？"他说："我相信！"老师又问："那你知不知道要通过哪个行业来达成？"他说："我现在从事保险行业。"老师接着又问他："你认为保险业能不能帮你达成这个目 标？"他说："只要我努力，就一定能达成。""我们来看看，你要为自己的目标做出多大的努力。根据提成比例，100 万元的佣金大概要做出 300 万元的业绩。一年 300 万元业绩，那么一个月要做出 25 万元的业绩，每一天要做出 8 300 元的业绩。"老师说。"假设每一天做出 8 300 元的业绩，大概要拜访多少客户？"老师接着问他。"大概要拜访 50 个客户。""那么一天要拜访 50 个客户，一个月就要拜访 1 500 个客户；一年呢？就需要拜访 18 000 个客户。"

这时老师又问他："请问你现在有没有 18 000 个 A 类客户？"他说没有。"如果没有

的话，就要靠陌生拜访。你平均一个人要谈上多长时间呢？”他说：“至少 20 分钟。”老师说：“每个人要谈 20 分钟，一天要谈 50 个人，也就是说你每天要花 16 个小时以上与客户交谈，还不算路途时间。请问你能不能做到？”他说：“不能。老师，我懂了。这个目标不是凭空想象的，是需要凭着一个能达成的计划而定的。”

请思考：根据该故事，分析目标与计划的关系。

案例三：

1.海尔的腾飞

从濒临倒闭的集体小厂发展壮大成为知名的跨国企业，2002 年海尔实现全球营业额 711 亿元，是 1984 年的 20 000 多倍；2002 年，海尔跃居中国电子信息百强企业榜首。海尔发展战略创新分为三个阶段：①名牌战略阶段；②多元化战略阶段；③国际化战略阶段。这促使 2002 年海尔品牌价值评估为 489 亿元，海尔跃居中国第一品牌。美国《家电》杂志统计显示海尔是全球增长最快的家电企业，并对美国企业发出了“海尔击败通用电气”这样的警告。美国《财富》杂志选出的“美国以外全球最具影响力的 25 名商界领袖”中，其首席执行官张瑞敏排在第 19 位。张瑞敏登上了哈佛大学商学院讲台。

2.疯狂扩张的代价

中联公司成立于 1992 年，是经国务院批准注册的国有大型公司。公司组建伊始，他们在全国各地迅速地注册公司，短短一年时间之内，注册二级公司 20 多个，三级公司 50 多个，四级公司更是遍布全国。偌大的一个公司，竟没有像样的主业支撑，没有知名的品牌挑台，再加上内部管理混乱，致使资金周转困难，债台高筑，对下属公司的管理失控，陷入了全面危机。1997 年，国务院不得不对该公司进行全面清理整顿。一个曾红极一时的国有大型公司倒下了。

请思考：你认为海尔与中联公司成败的关键是什么？

二、项目训练

实训目标

（1）培养学生的创造性思维。

（2）培养学生制订计划能力与分析评价能力。

（3）培养学生沟通能力。

实训内容与要求

（1）将全班分成 A、B 两组，并相对而坐，围成圆圈。

（2）教师每十分钟发放一个题目（也可以抽签）。

（3）第一节课由 A 组制订计划，B 组分析评价计划；第二节课 A、B 两组互换角色。

（4）教师公布题目后，负责制订计划的一组用抢答的方式确定制订计划者，经过 5~10 分钟的准备后提出一个简要的计划。

（5）制订计划的重点：①注重创造性思维；②注重方案运筹，形成基本合理的可行方案。

（6）计划提出后，另一组成员对该计划进行评论，指出其合理之处、存在的问题和不足；制订计划小组人员可对计划作进一步补充和解释说明。

（7）每一个题目的展示和评价大约进行十分钟，总共利用大约两节课时间。

实训成果与检测

（1）通过竞争获得制订计划权，计 1 分；计划制订较好，计 2 分。

（2）分析评价方态度积极，观点正确，计 1 分；表现突出、反驳有力，计 2 分。

（3）发言一般，计 1 分；发言较好，计 2 分；计划好，评价也好，计 3 分。

（4）课程结束后上交书面资料（即计划提纲）。

附：计划题目

（1）如果你是班长，怎样抓好班级建设，请草拟一份计划书。

（2）请为本班策划一次周末联欢活动，草拟计划书。

（3）计划在 3 · 15 消费者权益日举办一次街头宣传活动，请你制作一份策划书。

（4）如果你想承包一家校园超市，你怎样经营策划？

（5）请你为校园“十大歌手大赛”进行策划。

（6）请你为学院学生会体育部将要进行的足球比赛作一份计划书。

（7）最近某班频繁发生违纪现象，请对此制定一个整顿纪律的工作方案。

（8）假如你所在的寝室同学之间关系不和，寝室卫生较差，你作为新寝室长将如何改变这种局面？

（9）学生会举行校内大规模校园文化活动，需要你去拉赞助，请制订一份工作方案。

延展阅读

张瑞敏怒砸冰箱的故事

1985 年，一个值得提及的国企厂长是张瑞敏，他在这一年的作为至今被奉为中国企业管理史上的经典案例。

张瑞敏是一年前来到青岛日用电器厂上任厂长的。这是一家濒临破产的国营企业，生产一种名为“白鹤”的洗衣机，销路不佳。张瑞敏到来之前，一年内一连换了三任厂长，都无法将企业带出亏损泥潭。作为青岛市家电公司副总经理，他只能顶上去，否则再无其他合适人选。

1984 年 12 月的一天，35 岁的张瑞敏到任，没想到迎接他的竟是 53 张请调报告。工厂里臭气熏天，只有一条烂泥路，每逢下雨天，“必须用绳子把鞋绑起来，不然就被烂泥拖走了”。旷工之严重，甚至到了“10 点钟时随便在大院里扔一个手榴弹也炸不死人”的地步。

张瑞敏使出浑身解数整顿生产秩序。他制定 13 条规章制度，如“不准在车间随地大小便”“不准迟到早退”“不准在工作时间喝酒”“不准在车间内吸烟”“不准哄抢工厂物资”等。一名员工没把新厂长放在眼里，大摇大摆扛走一箱原料，当天中午就被开除了，从此无人再敢作乱。

张瑞敏调整经营策略，退出并不擅长的洗衣机领域，转而生产电冰箱，还将厂名变更为“青岛电冰箱总厂”。

1985 年的一天，有朋友想买一台电冰箱，到厂里挑了很久，勉强找到一台没有毛病的产品。朋友走后，张瑞敏下令将库房里的 400 台冰箱拉出来全面检查，发现 76 台存在各种各样的缺陷。他把全厂职工集合起来，问大家该怎么处理，一台新冰箱价格 800 多元，直接报废实在浪费。有人提议，反正不影响使用，索性低价销售，退一步讲，这也是业内潜规则。

张瑞敏义正言辞地说：“我要是允许把这 76 台冰箱卖了，就等于允许你们明天再生产 760 台这样的冰箱。”接着，张瑞敏下令，将 76 台冰箱全部砸掉，“谁干的谁来砸”。工人们不舍，毕竟一台冰箱是他们两个月的工资，张瑞敏见状亲自抡起大锤，砸下第一锤，很多人流下泪来。

面对此情此景，张瑞敏语气坚定地说：“过去大家没有质量意识，所以出了这起质量事故。这是我的责任。这次我的工资全部扣掉，一分不拿。今后再出现质量问题就是你们的责任，谁出质量问题就扣谁的工资。”自此，“质量”二字在青岛冰箱总厂员工心中落地生根。

三年后，该厂产品在全国评比中获得国家质量金奖，这是电冰箱行业取得的第一枚质量金牌。彼时，青岛电冰箱总厂已更名为“青岛琴岛海尔股份有限公司”，“海尔”二字来自合作伙伴德国利勃海尔。

多年后，被问及 1985 年怒砸冰箱的动机，张瑞敏这样说：“1984 年我到西德考察，当地产品精湛的工艺给了我极大的冲击，我问自己，我们中国人并不比德国人笨，难道我们就不能做得和他们一样好吗？”正是在张瑞敏的坚持下才促成与利勃海尔的合作，从后者引入技术。

时至今日，海尔集团已成国内企业管理标杆，而张瑞敏挥锤的画面被永久定格在一张相纸上，透过泛黄的画面，那些追寻管理进步的后来者仍能从中感受到当年质量觉醒的勇气。

（资料来源：百度文库）

项目四　决策理论及其方法

学习目标

1.了解决策的类型。

2.理解决策的程序。

3.掌握决策的方法。

思维导图

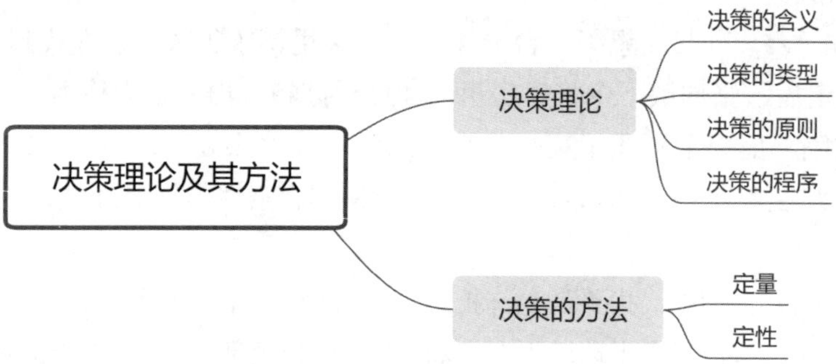

导入案例

不裂手的秘方

庄子给惠子讲了一个故事：宋国有一个人，家里有个不裂手的秘方。在大陆北方天冷的时候，手很容易冻裂，乡下的人就晓得用些羊油、猪油擦在手上，手就不会裂了。天冷的时候从户外刚刚走到屋里烤火，千万不要摸鼻子，否则鼻子就会整个掉下来，也不觉得痛的，等身上暖和起来了，血液流出来，才会觉得痛。像鼻子掉了、耳朵掉了，那都是真实的事。有了这个家传的秘方，在冬天里不生冻疮，手上皮肤不会裂开，所以这家人，凭了这个秘方，世世代代以漂布为生。现在年轻人没有看过，我们小时候，自己家里的布织了以后要漂白，染布也要漂，漂布要站在流水中漂，人光着脚在水里站上半天一天的，要是冬天冻都要冻死。所以用了这个“不裂手之药”再去漂布太好了。在南方还有一种药，冬天吃过这种药后，可以脱光衣服跳到深海里，几个钟头都不觉得冷，然后上来穿衣服正好，如果吃了药不到冰冷的水里泡着，人是要烧死的。

这个故事里，另外一个人经过此地，听说了这个秘方，要求以“百金”——也许相当于现在一百万美元的价值，购买这个秘方。于是这家人开了一个家庭会议，认为保存了祖传的秘方也没有什么了不起，最多给人家漂布，靠做苦工吃饭，而且每个月做下来也赚不了多少钱，只够生活而已，现在一下子就能卖这么多钱，全家人从此就发财了，于是决定把秘方卖了。

这个人买了秘方以后干什么呢？到南方去游说吴王。吴国地处海边，打仗要练海军作水战，他游说吴王成功，做了吴国的海军司令，替吴国练兵。到了冬天，和越国作战，吴国的海军涂了他的药，不怕冷，不生冻疮，大败越国，他因此立了大功，被封了一块土地归他收税。

思考与讨论

读了该故事你有什么启示？

任务一 熟悉决策的理论

一、决策的含义及特征

在日常生活和工作之中，无论是个人还是组织，几乎每时每刻都在做出决策。狭义的决策是对几种可行性方案进行选择的过程；广义的决策是为解决某一问题或达到某一目标，在充分掌握和分析有关信息的基础上，用科学的方法拟订并评估多种方案，从中选出一个合理方案的过程。决策就是在组织外部环境及内部条件约束下，为实现组织特定目标，从所拟定的若干个备选方案中选出较为满意的方案并付诸实施的管理过程。

从决策的概念中可以看出，决策有以下特征。

（1）决策要求有明确而具体的决策目标。

（2）决策要求以了解和掌握信息为基础。

（3）决策要求有两个以上的备选方案，以便比较选择。

（4）决策要求对控制的方案进行综合分析和评估。

（5）决策追求的是“满意”标准。

二、决策的理论

关于决策的理论主要有以下几种。

（一）完全理性决策论

完全理性决策论又称客观理性决策论。代表人物有英国经济学家杰里米·边沁、美国科学管理学家弗雷德里克·温斯洛·泰勒等。他们认为人是坚持寻求最大价值的经济人。经济人具有最大限度的理性，能为实现组织和个人目标而做出最优的选择。其在决策上的表现是：决策前能全盘考虑一切行动，以及这些行动所产生的影响；决策者根据自身的价值标准，选择有最大价值的行动作为对策。这种理论只是假设人在完全理性下决策。

（二）连续有限比较决策论

该理论的代表人物是西蒙。他认为人的实际行动不可能完全理性，决策者是具有有限理性的“行政人”，不可能预见一切结果，只能在供选择的方案中选出一个满意的方案。“行政人”对行政环境的看法简单化，往往不能抓住决策环境中的各种复杂因素，而只能看到有限几个方案及其部分结果。事实上，理性程度对决策者有很大影响，但不应忽视组织因素对决策的作用。

（三）理性、组织决策论

该理论的代表人物有美国组织学者詹姆斯·马奇。他承认个人理性的存在，并认为由于人的理性受个人智慧与能力所限，因而个人必须借助组织的作用。通过组织分工，每个决策者可以明确自己的工作，了解较多的行动方案和行动结果。组织给予个人一定的引导，使决策有明确的方向。组织运用权力和沟通的方法，使决策者便于选择有利的行动方案，进而增加决策的理性。而衡量决策者理性的根据，是组织目标而不是个人目标。

（四）现实渐进决策论

该理论的代表人物是美国的政治经济学者查尔斯·林德布洛姆。他的理论的基点不是人的理性，而是人所面临的现实，并对现实所作渐进的改变。他认为决策者不可能拥有人类的全部智慧和有关决策的全部信息，决策的时间、费用又有限，故决策者只能采用应付局面的办法，在“有偏袒的相互调整中”做出决策。该理论要求决策程序简化，决策实用、可行并符合利益集团的要求，力求解决现实问题。这种理论强调现实和渐进改变，受到了行政决策者的重视。

（五）非理性决策论

该理论的代表人物有奥地利心理学家西格蒙德·弗洛伊德和意大利社会学家维尔弗雷多·帕累托等。该理论的基点既不是人的理性，也不是人所面临的现实，而是人的情欲。他们认为人的行为在很大程度上受潜意识的支配，许多决策行为往往表现出不自觉、不理性的情欲，表现为决策者在处理问题时常常感情用事，从而做出不明智的安排。

案例 4-1

第二次世界大战期间，美国作为盟军的大后方和军火生产基地，担负着沉重而艰巨的军火生产运输任务，美国为了把武器尽量多、尽可能快地运往西欧前线，就连商船也加入了运载军火的行列。为了使这些商船免受德军飞机的封锁和攻击，美海军指挥部决定在商船上安装高射炮。但是，过了一段时间发现，这些高射炮的战绩很令人失望，竟然没有击毁一架敌机。于是，海军指挥部有人提出没有必要在商船上安装高射炮的问题。

针对这一问题，盟军海军运筹小组研究后发现，把在商船上安装高射炮这一决策的目标定为击毁敌机是不妥当的。这一决策的正确目标，应是确保商船自身安全，尽量减少被击沉的商船数量，从而保证军火供给。虽然安装在商船上的高射炮没有击毁一架敌机，但实践证明，它在减少商船损失，保证军火供给上却是卓有成效的。因此，美国海军指挥部最终否决了“不在商船上继续安装高射炮”的错误意见，而实施了在商船上继续安装高射炮的正确决策，从而保证了盟军的军火运输。试想，如果盟军海军运筹小组不进行深入研究而在错误的决策目标指引下采用“不在商船上继续安装高射炮”的决策，那么，盟军的军火供给肯定会遭到德军严重破坏。

思考与讨论

目标与决策的关系是怎样的?

三、决策的类型

（一）按决策层次范围与性质的不同分类

按决策层次范围与性质的不同，决策可分为战略决策、管理决策和业务决策三种类型。

1.战略决策

这是对事关组织未来生存与发展的全局性、长期性、决定性的大政方针方面的决策。它的特点主要表现为：①关系组织全局；②实施时间较长，对组织比较长远的决策具有指导作用；③风险性较大，常常依赖于决策者的直觉、经验和判断力。战略决策对组织而言是对重大问题的决策，如经营目标、经营方针、新产品开发、投资等的决策。对于战略决策要求决策者抓住问题的关键，不是注重细枝末节的面面俱到。

2.管理决策

管理决策又叫战术决策或策略决策，它是对组织中人、财、物等有限资源进行调动或改变其结构的决策，是为了实现战略决策而做出的带有局部性的具体决策。它直接关系着为实现战略决策所需要的资源的合理组织和利用。如营销计划与营销策略组合，产品开发方案、组织机构调整等。

3.业务决策

业务决策又称日常管理决策，它是组织为了解决日常生产和业务活动中的决策，旨在提高工作效率而做出的决策。它具有琐细性、短期性和日常性等特点。它往往是与作业控制结合起来的。

（二）按决策活动的表现形式分类

按决策活动的表现形式，决策可分为程序化决策与非程序化决策两种类型。

1.程序化决策

程序化决策又称常规决策，是指具有一定程序、模式及标准的例行决策。如企业中财务和统计报表的定期编制与分析，这类决策可以规定出一定的程序，建立决策模式，按规定的程序、方法和标准进行处理。随着电子计算机技术的发展，越来越多的此类决策由计算机进行了处理，使决策者节约了时间和精力。

2.非程序化决策

非程序化决策是不经常出现的偶然性决策，没有既定的程序及模式为依据。这类决策由于缺乏准确可靠的统计数据和资料，在很大程度上依赖于决策者的知识、经验、洞察力和创造性思维。一般来说，高层管理者所作的决策多属于此类决策，如企业经营方针的制定、组织变革、新产品开发、新技术引进等。由于该类决策具有很强的主观性，决策风险也较大，因此非程序化决策对管理者，特别是高层管理者提出了更高的素质要求。许多组织一方面积极组织管理者进行素质教育，提高决策者的非程序化决策的能力，另一方面尽量积累各方面的经验，使非程序化决策向程序化决策方向转化。

（三）按决策所面临的条件分类

按决策所面临的条件，决策可分为确定型决策 、风险型决策与不确定型决策三种类型。

1.确定型决策

各种可选的方案和条件都是已知的和肯定的，而且各种方案未来的预期结果也是非常明确的，在这种情形下，决策只要比较各个不同方案的结果，就可以做出选择，这种类型的决策即确定型决策。解决这类决策问题，一般可利用一些定量方法进行决策，如线性规划、动态规划、经济批量模型、盈亏平衡点分析等方法。

2.风险型决策

各种备选方案都存在着两种以上的自然状态，决策者不能知道哪些自然状态会发生，但可以测定每种自然状态发生的概率。在这种情况下，决策者无法肯定未来的情况，无论选择哪种方案都有一定的风险，这也是组织经常碰到的决策问题。对于此类决策问题，决策者通常根据期望值对各备选方案的优劣性进行评价，一般可以利用决策树、决策表（概率矩阵）等方法来解决。这种类型的决策称为风险型决策。

3.不确定型决策

各种备选方案都存在着两种以上的自然状态，决策者不能知道哪些自然状态会发生，而且也不能测定各种自然状态发生的概率。由于存在许多不可控的因素，不能肯定每种方案的执行结果，决策者主要凭自己的经验、感觉和估计做出决策。这种决策称为不确定型决策。在组织中，大多数重要决策和战略性决策都属于此类决策。

（四）按决策的起始点分类

按决策的起始点，决策可分为初始决策和追踪决策两种类型。

1.初始决策

初始决策是指在对组织内外环境认识的基础上，对从事某种活动或从事该种活动的方案所进行的初次选择。

2. 追踪决策

追踪决策是指由于环境的变化或组织对环境认识发生了变化，在初始决策的基础上，对组织活动方向、内容或方式的重新调整。组织中大部分决策都属于追踪决策。与初始决策相比，追踪决策有如下特征。第一，回溯分析。回溯分析回应就是对初始决策的形成机制与环境条件进行客观分析，列出须改变决策的原因，以便有针对性地采取调整措施。第二，非零起点。追踪决策所面临的条件与对象都不是处于初始状态，而是随着初始决策的实施受到了某种程度的改造、干扰和影响。第三，双重优化。追踪决策不仅要优于初始决策，而且要在能够改善初始决策实施效果的各种可行方案中，选择最优或最满意的决策方案。

（五）按决策目标分类

按决策目标，决策可分为单目标决策与多目标决策两种类型。

1.单目标决策

单目标决策是指只用一个目标来评价和选择方案的决策。由于组织所要求达到的目标只有一个，因此对决策方案的选择的依据也只有一个。

2.多目标决策

多目标决策是指同时用两个以上的目标来评价和选择方案的决策。由于组织所要求达到的是一系列相互联系的多目标，因此在进行决策时，必须统筹考虑组织的各项要求。多目标决策有两个特点：一是所做出的决策不是一个，而是一组；二是这一组决策不仅是相关的，而且前一项决策会直接影响后一决策的做出。

此外，还有一些其他的分类，如按决策时间，可分为长期决策、中期决策和短期决策；按决策主体，可分为组织决策和个人决策；按决策依据，可分为经验决策和科学决策等。

案例 4-2

老 鼠 开 会

据说从前有一群老鼠召开会议，商量如何制定对付其天敌——猫的战略。会议运用“头脑风暴”的创造性技法，不拘一格广开言路，大家献计献策，结果提出了各种各样的建议。在提出的所有建议中，有一条最受欢迎，就是在猫的脖子上挂一个铃铛，因为这样一来无论猫走到哪里，铃铛就会响到哪里，而老鼠只要听到铃铛声就可以在猫出现前跑掉，藏到它们的洞中去。乍一听这一建议真是妙不可言，从而博得老鼠们的热烈掌声。这时一只一直坐在那闷声不响的年迈的老鼠突然站起来说，要提一个非常简单的问题，那就是在座的究竟有谁堪当给猫挂铃铛的重任呢?

思考与讨论

该故事要说明什么问题?

四、决策的原则和程序

决策应当是经过优选的符合客观规律的过程。在进行决策时，必须遵守一定的基本原则，以保证其科学性。此外，决策的制定与实施不是一个主观随意的行为，必须按一定的科学步骤来运行。

（一）系统原则

应用系统理论进行决策，是现代科学决策必须遵守的首要原则。决策过程是一个由许多相互制约、相互联系的要素所构成的有机整体。按照系统原则的要求制定决策，首先，应贯彻“整体大于部分之和”的原理，坚持整体思想，统筹兼顾，全面安排，各要素和单个目标的发展要以整体目标最优化为准则；其次，强调系统内外各层次、各要素、各项目之间的相互关系要协调、平衡、配套，系统完整，能够构成最大的综合能力；最后，要建立反馈系统，实现决策实施运行过程中的动态平衡。

（二）信息原则

信息是决策的基础。在现代决策中，只有掌握大量的信息，才能系统地对信息进行归纳、比较、选择，提炼对决策有用的信息。信息工作的质量越高，越真实可靠，收集的信息越充分完整，决策基础就越坚实，其科学化程度就越高。组织要加强对决策的信息来源、信息渠道、信息加工处理等方面的管理。组织应有较广泛的信息源，以防止信息渠道的迂回、阻塞；尤其对信息的加工和分析，要保证其准确、完整、及时，使之成为决策的依据。

（三）可行性原则

决策能否成功，取决于主客观等方面的成熟度。科学决策不仅要考虑市场组织发展的需要，还要考虑组织外部环境和内部条件各方面是否有决策实施的可行性。决策是为了实施，如果做出的决策不能付之于实施，就不能达到预期的目标。这样的决策就毫无意义。因此，应在反复分析与平衡企业内外部环境的基础上，制定合理可行的方案，保证决策的可行性。

（四）满意原则

由于决策者不可能掌握很充分的信息和做出十分准确的预测，对未来情况也不能完全肯定，因此，决策者不可能做出“最优化”的决策，而只能做出认为“满意”的选择。它包括以下内容。

（1）决策追求的不是使组织及其期望值达到理想的状态，而是使它们能够得到切实的改善，实力得到增强。

（2）备选决策方案不是越多越好，越复杂越好，而是要达到能够满足分析对比和实现目标的要求，能够较充分抓住外部环境提供的机会，并能较好地利用内部资源。

（3）决策方案选择不是要避免一切风险，而是要对可实现决策目标的方案进行权衡，做到“两利相权取其大”“两弊相权取其小”。

（4）反馈原则。这实际上是为了保证决策的科学性。环境和市场不断变化，原来制定的决策也要随之做出相应的调整。在决策付诸实施的过程中，决策者应密切关注主客观条件的发展变化，重视信息反馈，并据此不断地做出调整，不断提高决策的质量。

五、决策的步骤

决策是一个动态的过程，它是由一系列前后相互关联又相互独立的步骤组成的（图4-1）。一般来说，决策过程通常可分为如下几个步骤。

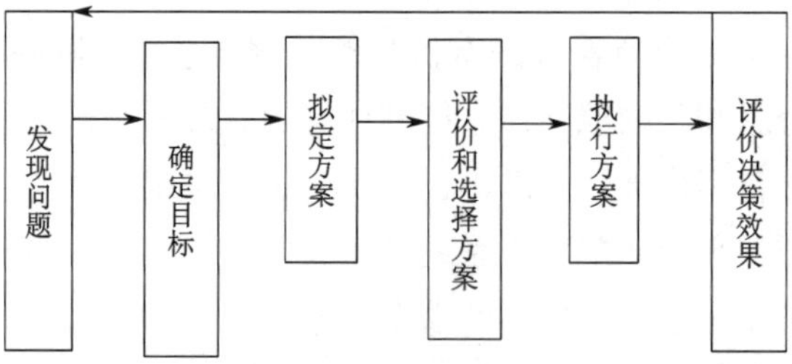

图 4-1 决策过程

（一）发现问题

决策必须是在发现问题并对问题有准确认识的基础上进行的。由于客观事物的复杂性和人的主观认识的局限性，问题发现往往并不容易。因此，决策者应深入实际，仔细研究，及时掌握组织运行中的各项信息，并力求全面、动态、系统、准确、有效，并对其中出现的异常现象进行深入的研究和分析，找出症结所在，并以此作为决策的出发点。此外，当环境发生显著变化时，组织内往往会出现一些新的问题，需要决策者做出决策，加以解决。在此基础上，将事物应有现象与实际情况作对比，或将理想状态与现实状态作对比，找出差距，发现问题，以便及时决策。

（二）确定目标

决策目标既是决策方案评价和选择中依据的标准，又是衡量决策行动是否取得预期结果的尺度，因此决策目标的确定是十分重要的，对决策目标的确定应慎之又慎。在进行决策目标设计时，应注意以下几点。

1.决策应具有明确性

一般来说，越是近期的目标，越要具体明确，并尽可能数量化，以便于衡量决策的实施效果。对于目标的明确性，要注意两点：第一，目标必须是单义的，即目标只能有一种解释。第二，目标必须可以衡量，可以规定出一个要求达到的数量界限；对于定性的指标，也要尽可能使之量化，或者转化为相关的数量指标来反映它的要求。

2.决策目标应具有系统性

决策目的应具有系统性，也就是要处理好决策目标的层次及结构关系。从纵向来看，决策目标应具有层次性，也就是有总目标和子目标之分。为实现决策的总目标，决策者要按照目标层次的不同，选择低层次的子目标首先实施，然后实施较高层次的目标。从横向来看，同一层次的目标也存在着既相互联系，又可能相互排斥的关系。所以，在设计决策目标时，还要明确目标之间的关系，以避免在决策实施中将组织的主要资源和精力投放到非主要目标的活动中去。

3.决策目标既要有先进性，又要有合理性

决策目标，应该是经过努力可以实现的目标，也就是它具有现实可行性。目标不能过高，否则实现不了，不是合理的目标；目标也不能过低，否则无须经过奋斗就能实现，则不具有先进性。

（三）拟定方案

在研究了现状，取得了相关信息资料和确定决策目标之后，就要制定为实现决策目标可供选择的各种行动方案，即可行方案。这是决策的基础工作。在拟定可行方案时，应注意以下几点。

1.方案的多样性和可行性

多样性是指必须拟定两个以上的方案备选。由于决策条件的复杂性和多样性，要将所有的可行方案都设计出来是不可能的，但我们应尽可能设计出较多的备选方案。可行性是指所拟定的方案都必须是切实可行的。

2.方案应具有互斥性

不同方案应处于并列关系，不可相互替代，不能相互包容，也不能相互补充。方案互斥的目的在于：有比较选择的价值和可能。如果各方案的内容具有包容性或互补性，也就失去了选择的意义。但是，在坚持互斥性的同时，各备选方案之间又应当是可以比较的，如果没有了可比性，同样会带来选择的不便。

3.方案要有创新性

在制订方案时，应有创新性，尽可能设想出一些新颖的决策方案。创新方案的提出是不容易的，这需要决策者有丰富的经验、广博的知识、敏锐的洞察力和敢于创新的精神，能够对问题进行全方位的思考，并掌握一定的现代决策方法和技术。在这一过程中，决策者必须开拓思维，充分发挥想象力，运用各种创造性的思维方法。

（四）评价和选择方案

拟定可行方案是决策的基础，而评价和选择方案是决策的关键。在这一过程中，我们应努力解决好两个根本问题：一是确定合理的评价标准；二是确定科学的选优方法。

1.确定合理的评价标准

对于目标可以计量的方案，如产量、利润等，数量化本身就是它的评价标准。对于目标无法计量的方案，不能用数量来比较，则通常可用下列标准加以衡量。一是价值标准，即以方案对实现目标作用效果大小来评价方案的好坏。这里所指的价值，不仅包括决策方案所带来的以货币计量的价值，还包括决策方案的社会意义。二是满意标准。在理论上，选择方案应选择最优的，即投入最少而收益最大的方案。而在实际上，最优往往是一种理想的状态。由于现实条件的限制，只有“满意”方案。三是期望值标准。对于风险型决策，即一个方案可以产生几种可能结果的情况，可以通过计算期望值的大小来选择方案，期望值大则优。四是时效标准。决策者要不失时机地进行决策，如果一味追求决策百分之百成功而坐失良机，并不是优秀的决策者。以上四种标准，在现实中要根据实际情况灵活运用。

2.确定科学的选优方法

评价方案要从系统观点出发，从全局性、整体利益出发，既要考虑组织的直接利益，又要考虑长远利益和社会、消费者的利益，同时还要注意方案之间的具体差异。方案评选的科学方法通常有三种：一是经验判断法。它是依靠决策者的知识、经验、智慧探索决策因素的规律性，通过直觉来选择方案的方法。二是数学分析法。它是由专家学者借助数学模型进行科学计算后进行方案选择的一种方法。如：盈亏平衡点分析法、线性规划法等。三是试验法。当决策的问题关系重大，但缺乏经验而又无法采用数学模型进行分析时，可先选少数几个典型方案为试点，吸取经验后，再作为最后决策的依据。

（五）执行方案

选出方案后，决策过程并没有结束，决策者还必须使方案付诸实施，这就是执行方案。一个合格的决策者，必须具备两种能力：既要能做出决策，又要有能力化决策方案为有效的行动。为保证方案的实施，应做好以下工作。

（1）做好方案实施的宣传教育工作，使每个员工都了解决策的目标和具体要求，明确自己的任务。

（2）制订符合实际的实施计划，包括：①认真拟定实施决策方案的具体步骤；②制定相应的实施措施与方法；③编制实施行动的程序和日程表等。

（3）建立适当的组织机构。要使组织机构的设置和职责分配适应实施决策方案的需要，同时要把实施方案所需要的人力、物力、财力都动员和组织起来，使各个要素能够充分发挥作用，并形成整体功能。

（4）建立信息反馈和控制系统。要通过信息反馈系统及时获取决策实施过程的信息，把实际执行的效果和预期目标进行比较，一旦发现差异，要及时进行有效控制，保证决策目标的实现。

（六）评价决策效果

决策的最后一个程序是对决策执行的效果进行评价，以确认方案实施后是否真正能够解决问题。如果方案实施后不能达到预期效果，问题依然存在，管理者就要从决策本身进行仔细的分析，研究哪个环节出了漏洞，是否没有正确认识问题，是否对方案评价不正确，是否方案实施不当。这将使管理者追溯到以前制定决策的步骤。如果问题严重，管理者甚至可能需要重新开始整个决策过程或进行追踪决策。

案例 4-3

坐飞机扫雪

有一年，美国北方格外寒冷，大雪纷飞，电线上积满冰雪，大跨度的电线常被积雪压断，严重影响通信。过去，许多人试图解决这一问题，但都未能如愿以偿。后来，电信公司经理应用奥斯本发明的一种出主意的方法，尝试解决这一难题。他召开了一种能让头脑卷起风暴的座谈会，参加会议的是不同专业的技术人员。参会人员必须遵守以下规则。

第一，自由思考。与会者应尽可能解放思想，无拘无束地思考问题并畅所欲言，不必顾虑自己的想法或说法是否“离经叛道”或“荒唐可笑”。

第二，延迟评判。与会者在会上不要对他人的设想评头论足，不要发表“这主意好极了！”“这种想法太离谱了！”之类的“捧杀句”或“扼杀句”。至于对设想的评判，留在会后组织专人考虑。

第三，以量求质。与会者应尽可能多而广地提出设想，以大量的设想来保证质量较高的设想的存在。

第四，结合改善。与会者应积极进行智力互补，在提出自己设想的同时，注意思考如何把两个或更多的设想结合成另一个更完善的设想。

按照这种会议规则，大家七嘴八舌地议论开来。有人提出设计一种专用的电线清雪机；有人想到用电热来化解冰雪；也有人建议用振荡技术来清除积雪；还有人提出能否带上几把大扫帚，乘坐直升机去扫电线上的积雪。对于这种“坐飞机扫雪”的设想，尽管大家心里觉得滑稽可笑，但在会上也无人提出批评。相反，有一工程师在百思不得其解时，听到用飞机扫雪的想法后，大脑突然受到冲击，一种简单可行且高效率的清雪方法冒了出来。他想，每当大雪过后，出动直升机沿积雪严重的电线飞行，依靠高速旋转的螺旋桨即可将电线上的积雪迅速扇落。他马上提出“用直升机扇雪”的新设想，顿时又引起其他与会者的联想，有关用飞机除雪的主意一下子又多了七八条。不到 1 小时，与会的 10 名技术人员共提出 90 多条新设想。

会后，公司组织专家对设想进行分类论证。专家们认为设计专用清雪机，采用电热或电磁振荡等方法清除电线上的积雪，在技术上虽然可行，但研制费用大，周期长，一时难以见效。那种因“坐飞机扫雪”激发出来的几种设想，倒是一种体现创新意识的方案，如果可行，将是一种既简单又高效的好办法。经过现场试验，发现用直升机扇雪真能奏效，一个久悬未决的难题，终于在头脑风暴会中得到了巧妙的解决。

任务二　掌握决策的方法

一、决策的方法

决策的方法有三大类：定量决策方法和定性决策方法及两者相结合的决策方法三大类。企业可根据具体决策问题的性质和特点灵活运用。

（一）定性决策

定性决策方法就是指通过各种有效的组织形式、方法、步骤和环境气氛，充分依靠决策者的知识、经验、能力，来探索所决策事物的规律性，从而做出科学、合理的决策。定性决策方法通常也称为主观决策法。

由于组织所面临的环境复杂，所涉及的问题纷繁复杂，因而很难找出其特有的规律。同时，市场经济的发展，科学技术的日新月异，使组织在决策时的不确定因素大大增加，这些都使很多决策问题难以借助于定量的方法加以解决。另外，目前多数组织的管理水平较低，人员素质不高，设备条件还比较落后，系统决策与控制的普及还有待进一步提高。因此，定性决策在组织决策中占有十分重要的地位。现将主要的几种定性决策方法作简单介绍。

1.经验判断决策法

经验判断决策法又称为经理（领导）人员决策法。它是指组织领导层凭借自己的知识、经验和才智，对决策目标和备选方案做出评价、判断和优选的一种决策方法。这种决策方法有利于集中高层管理者的智慧和经验，利用他们在知识素质、实践经验、判断能力等方面的优势，相互启发，比较评议，抓住实际，做出决定。目前，经验判断决策法是组织较为常用的一种决策方法。经验决策法的组织形式主要有以下三种。

（1）全过程法。组织的负责人或领导班子成员自始至终参与决策的全过程，包括根据组织面临的问题提出决策目标和备选方案，并通过召开领导班子会议，集体进行评价、判断、选择，最后由主要负责人做出决策。

（2）自下而上法。决策过程中，先由组织内部各职能部门提出具体的决策目标和备选方案，再上交到领导层，由领导层在此基础上进行评价和优选，并做出决策。

（3）上下结合法。在决策过程中，先由领导层根据组织内情况提出决策目标，再下发给组织各部门，由各部门根据决策目标，并结合本部门的特点，制定出各种备选方案，最后再由领导层进行评价与选优，做出决策。这种方法又称为“自上而下—自下而上”决策法或“U”型决策法等。

经验判断决策法主要是由组织的领导层参与决策，因而具有以下优点：第一，便于抓住时机，果断决策，灵活性强。第二，由于参与决策的人普遍拥有较高的素质和丰富的决策经验，因而成功的概率较大。这种方法的缺点是具有主观性和片面性，容易受到领导者个人素质和能力的影响。

2.专家论证决策法

专家论证决策法是指组织通过不同的形式，组织有关专家针对决策问题提出的决策目标和备选方案，进行可行性讨论，然后根据专家的意见做出决策的方法。这种方法能够利用专家的专长，对组织所面临的一些关系重大、影响因素众多以及需要进行严密论证、发挥创造性思维的决策问题，做出正确评价和判断，以提高企业决策的科学性。目前常用的专家论证决策方法主要有以下三种。

1）头脑风暴法

头脑风暴法又称智力激励法，是由美国创造学家亚历克斯·奥斯本于 1939 年首次提出、1953 年正式发表的一种激发创造性思维的方法。头脑风暴法的主要操作程序如下。

（1）准备阶段。策划与设计的负责人应事先对所议问题进行一定的研究，弄清问题的实质，找到问题的关键，设定解决问题所要达到的目标。同时选定参加会议人员，一般以 5~10 人为宜，不宜太多。然后将会议的时间、地点、所要解决的问题、可供参考的资料和设想、需要达到的目标等事宜一并提前通知与会人员，让大家做好充分的准备。

（2）热身阶段。这个阶段的目的是创造一种自由、宽松、祥和的氛围，使大家得以放松，进入一种无拘无束的状态。主持人宣布开会后，先说明会议的规则，然后随便谈点有趣的话题或问题，让大家的思维处于轻松、活跃的状态。如果所提问题与会议主题有某种联系，人们便会轻松自如地进入会议议题，效果自然更好。

（3）明确问题。主持人扼要地介绍有待解决的问题，介绍时须简洁、明确，不可过分周全，否则，过多的信息会限制人的思维，干扰思维创新的想象力。

（4）重新表述问题。经过一段讨论后，大家对问题已经有了较深程度的理解。这时，为了使大家对问题的表述能够具有新角度、新思维，主持人或书记员要记录大家的发言，并对发言记录进行整理。通过对记录的整理和归纳，找出富有创意的见解，以及具有启发性的表述，供下一步畅谈时参考。

（5）畅谈阶段。畅谈是头脑风暴法的创意阶段。为了使大家能够畅所欲言，需要制定的规则是：第一，不要私下交谈，以免分散注意力。第二，不妨碍他人发言，不去评论他人发言，每人只谈自己的想法。第三，发表见解时要简单明了，一次发言只谈一种见解。主持人首先要向大家宣布这些规则，随后引导大家自由发言，自由想象，自由发挥，使彼此相互启发，相互补充，真正做到知无不言，言无不尽，畅所欲言，然后将会议发言记录进行整理。

（6）筛选阶段。会议结束后的一两天内，主持人应向与会者了解大家会后的新想法和新思路，以此补充会议记录，然后将大家的想法整理成若干方案，再根据设计的一般标准，诸如可识别性、创新性、可实施性等标准进行筛选。经过多次反复比较和优中择优，最后确定 1～ 3 个最佳方案。这些最佳方案往往是多种创意的优势组合，是大家集体智慧综合作用的结果。

2）歌顿法

这是美国学者歌顿在 1961 年创造的专家会议讨论法。它是针对与会者的心理活动、社会关系及决策问题的保密性而出现的。主持会议者不明讲会议的主题，而是围绕主题提出一些相关问题，或采用类比的方式，暂时隐蔽主要决策问题。例如，要决策整顿老产品、设计与发展新产品问题，而考虑到因推出新产品而引起的组织人事变更可能牵扯与会者的利益，便拿出市场发展趋势问题、材料性能等问题进行讨论，最后再转向主题。这种先从其他方面谈起，最后转回讨论决策问题本身的方法，可使与会者不受限制地发表意见和独立思考。这种方法也称为“提喻法”“综摄法”等。

3）德尔菲法

德尔菲法是 20 世纪 60 年代初美国兰德公司的专家们为避免集体讨论存在的屈从于权威或盲目服从多数的缺陷提出的一种定性预测方法。为消除成员间相互影响，参加的专家可以互不了解，它运用匿名方式多次反复征询专家意见和进行背靠背的交流，以充分发挥专家们的智慧、知识和经验，最后汇总得出一个能比较反映群体意志的预测结果。德尔菲法的一般工作程序如下。

（1）确定调查目的，拟订调查提纲。首先必须确定目标，拟订出要求专家回答问题的详细提纲，并同时向专家提供有关背景材料，包括预测目的、期限、调查表填写方法及其他希望要求等说明。

（2）选择一批熟悉本问题的专家，一般为 20 人左右，包括理论和实践等各方面专家。

（3）以通信方式向各位选定专家发出调查表，征询意见。

（4）对返回的意见进行归纳综合、定量统计分析后再寄给有关专家，如此往复，经过三四轮意见比较集中后进行数据处理与综合得出结果。每一轮时间约为 7 ~10 天，总共约一个月即可得到大致结果。时间过短则因专家很忙难以及时反馈，时间过长则外界干扰因素增多，影响结果的客观性。

这种方法的优点主要是简便易行，具有一定的科学性和实用性，可以避免会议讨论时产生的害怕权威随声附和，或固执己见，或因碍于情面不愿与他人发生意见冲突等弊病；同时也可使大家发表的意见较快收敛，参加者也易接受结论，具有一定程度综合意见的客观性。但缺点是由于专家一般时间紧，回答往往比较草率，同时由于预测主要依靠专家，因此归根到底仍属专家们的集体主观判断。此外，选择合适的专家也比较困难，征询意见的时间较长，对于需要快速判断的预测难以使用等。尽管如此，本方法因简便可靠，仍不失为一种人们常用的定性预测方法。

（二）定量决策

定量决策方法是建立在数学模型基础上的决策方法，它是根据决策目标，把决策问题的变量因素以及变量因素与决策目标之间的关系，用数学模型表达出来，并通过数学模型的求解来确定决策方案。根据决策所面临的条件不同，我们可将决策分为确定型决策、风险型决策和不确定型决策三种。下面分别介绍每种决策常用的定量分析方法。

1.确定型决策

确定型决策就是指每个行动只产生一个确定性结果的决策。因此可以用定量分析得出其最优方案。确定型决策方法很多，如线性规划、目标规划方法。在这里，我们仅介绍最简单、常见的一般方法。

1）盈亏平衡点分析法

众所周知，现代企业的经营目标就是追求利润的最大化。因此在确定的条件下，利润为零的点是行动是否可行的一个分界点。我们通常称这个点为保本点。

我们将企业的成本分为固定成本与变动成本两部分，其中固定成本是指成本总额在一定时期和一定业务量范围内，不受业务量增减变动影响而能保持不变的成本。它们通常是由一些不易调整，使用期限较长的生产要素引起的费用，如办公费、折旧，一般管理人员工资等。与固定成本相反，变动成本是指成本总额在一定时期和一定业务量范围内，其总额随着产销量的变动而变动的成本，如原材料、产品包装费、生产工人工资等。这里应注意，变动成本是对总成本而言的，若从单位产品成本的角度来考察固定成本和变动成本的概念，则恰好相反。因为固定成本在一定的时间内是不变的，单位产品的固定成本就随产销量的增加而降低；而变动成本总额随产销量等比例变化，而对于单位产品而言是固定的。因此，根据固定成本、变动成本与产销量的关系，我们可以确定企业的保本点，即盈亏平衡点。利用盈亏平衡点，我们可求得平衡点的产量，进行生产规模决策，成本决策。

2）经济批量模型

经济批量是经济进货批量的简称，是能使一定时期存货的总成本达到最低点的进货数量。在一个组织里，不同的存货成本项目与进货批量呈现着不同的变动关系。增加进货批量，减少进货次数，虽然有利于降低进货费用与存货短缺成本，但同时会造成储存成本的提高；而减少进货批量，增加进货次数，在使存储成本降低的同时，会导致进货费用与存货短缺成本的提高。

2.风险型决策方法

当各种备选方案都存在着两种以上的自然状态，决策者不能知道哪些自然状态会发生，但可以测定每种自然状态发生的概率，这时相应做出的决策为风险型决策。风险型决策的主要方法为决策收益表法和决策树法。

1）决策收益表法

决策收益表又称决策损益矩阵，该表包括可行方案、自然状态及其概率、各方案的损益值等数据。决策收益表法就是以决策收益表为基础进行决策的方法。它的主要步骤是：①确定决策目标；②根据经营环境对组织的影响预测自然状态，并估计发生的概率；③根据自然状态的情况，充分考虑本组织的实力，拟定可行方案；④根据不同自然状态下的资源条件、经营状况，列出决策收益表；⑤计算各可行方案的期望值；⑥比较各方案的期望值，选择最优方案。

2）决策树法

在风险型决策中，除了可以用决策收益表来进行决策外，还可以用决策树来进行决策。所不同的是，决策树既可以解决单阶段的决策问题，还可以解决决策收益表无法表达的多阶段序列决策问题。决策树（图 4-2）的构成要素如下。

（1）决策点：即所要决策的问题。

（2）方案枝：由决策点引出的直线，每条直线代表一个方案，并由它与状态节点相连。

（3）状态节点：反映各种自然状态所能获得的机会，在各方案枝的末端。

（4）概率枝：从状态节点引出的若干条直线，反映各种自然状态可能出现的概率，每条直线代表一种自然状态。

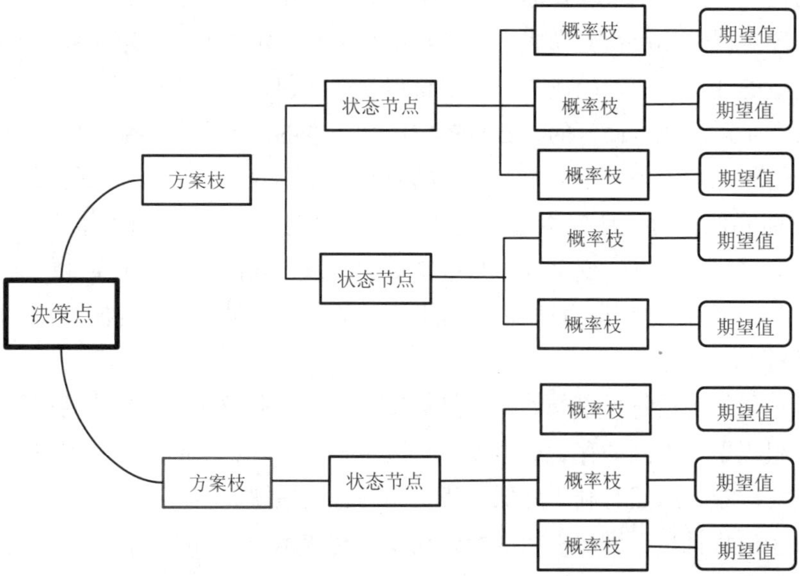

图 4-2　决策树

3.不确定型决策方法

不确定型决策是指各种备选方案都存在着两种以上的自然状态，决策者不能知道哪些自然状态会发生，而且也不能测定各种自然状态发生的概率。对于不确定型决策来说，有一些公认的决策准则，下面结合实例依次说明。

思政园地

科学防治筑牢中国之治——人大代表政协委员谈新冠肺炎防治

2020 年 4 月 8 日零点，湖北武汉灯火璀璨，汽笛鸣响，第一辆客车在夜色中缓缓驶离。经过 76 天的艰苦奋斗，这座城市开始在春天复苏。全世界在瞩目这一刻。此时，从罗马到德黑兰，从巴黎到伦敦，人们仍在经受着病毒蔓延的恐惧。

武汉，刚刚过去的“五一”假期，往日的烟火气又重新出现。公园迎客、景区繁华、商场喧闹，人们做好防护，纷纷走出家门，呼吸着自然的空气，体验着勃勃生机。羡慕而又惊奇的目光频频投来——面对凶猛的疫情,中国为何能果断行动，迅速阻断病毒传播?面对未知的病毒，中国又如何能精准防控，让工作生活秩序加快恢复？这成为疫情笼罩之下的“世界之问”。

科学防控：不放弃任何一个疑似患者，不留下任何一个疏漏

时间回到农历正月初一。这天，中共中央政治局常务委员会召开会议，以习近平同志为核心的党中央提出了坚定信心、同舟共济、科学防治、精准施策的总要求。抗击疫情，是一场与病魔较量的阻击战,也是一场与时间赛跑的科学战。从成立中央应对疫情工作领导小组、向湖北派出中央指导组，到提出外防输入、内防扩散策略，从早发现、早报告、早隔离、早治疗，到集中患者、集中专家、集中资源、集中救治，党领导人民坚持科学防治，打响了疫情防控的人民战争、总体战、阻击战。“科学防治、统一行动，是坚决打赢这场疫情防控阻击战的根本保障。”江西省政协副主席刘晓庄委员深有感触。疫情发生以来,武汉“封城”，全国 30 多个省区市启动重大突发公共卫生事件一级响应，各地基层组织迅速采取疫情防治措施，14 亿人过年不串门，4.2 万余名医务人员奔赴抗疫一线，力求不遗余力调配医疗资源、不放弃任何一个疑似患者、不留下任何一个疏漏。

新冠病毒来势猛、传播快、变化多端、难以捉摸。没有疫苗和特效药，“防 ”是关键。社区是疫情防控第一线。 把社区这道防线守住，就能有效切断疫情扩散蔓延的渠道。一段时间以来，陕西西安市公安局莲湖分局劳动南路派出所郝世玲代表每天腿不停、眼不停、嘴不停，核查、排查、走访，确保社区居民的平安健康。“我们虽然不在医护一线，也没多少物资、钱款可以捐献，但是作为社区民警，我们守护着每一个小家，保护着大家。”郝世玲代表希望像守夜人那样坚守，使社区成为疫情防控的坚强堡垒。

武汉和湖北是疫情防控的主战场。武汉胜则湖北胜，湖北胜则全国胜。以习近平同志为核心的党中央始终深刻把握湖北、武汉与全国“两个战场”的辩证关系，坚持科学防治、精准施策，坚持疫情防控与患者救治并重。

疫情之初，患者激增。医院告急!床位告急!隔离点告急!不能在现有床位里打转转，必须想办法拓展床位。经报请中央同意，中央指导组决定建立新医院。1月23日启动，2月2日交付使用，火神山医院的建设，让人们再次见证了中国速度。赞叹未绝，雷神山医院的落成再度震惊世界。一座座方舱医院，也犹如生命之舱，为患者摆渡温暖和希望。

非常时期，行非常之事，见非常之效。4月24日，湖北重症和危重症患者清零；4月26日，武汉在院新冠肺炎患者清零。至此，湖北省、武汉市疫情防控由应急性超常规防控向常态化防控转变。

科学救治：提高收治率和治愈率，降低感染率和病死率

传染病ICU病房有时静得出奇，只有监护仪数据不断变化，嘀嗒嘀嗒，轻微作响。时间在一秒一秒地流逝。前一秒风平浪静，后一秒惊心动魄。尽管有心理准备，中国工程院院士李兰娟抵达武汉后，仍心急如焚，“刚到ICU的时候已经有200名重症和危重症患者，一天后就上升到400名，过两三天又增加到七八百名”。救治很快有了转机。李兰娟团队带去的“四抗二平衡”等救治模式有了成效——ICU死亡率显著下降。“对生命的尊重，是一个国家强盛的标志”。越是在重大突发公共卫生事件面前，这句话的分量就愈加沉重。尽最大可能挽救更多新冠肺炎患者生命，提高收治率和治愈率、降低感染率和病亡率，是湖北、武汉疫情防控工作的重中之重。

和死神赛跑中，武汉协和医院院长胡豫委员体味到了生命的“速度与激情”。武汉协和医院肿瘤院区和西院区均为危重患者定点医院，重症及危重症患者占比高达87%。“决不放弃任何一线希望”，胡豫委员和他的团队持续加强科研攻关，积极推进托珠单抗、恢复期血浆输注等临床研究。

一手拯救重症患者，一手防止轻症变重症。新冠肺炎是新发病，致病机制不明晰，治疗方法无章可循，临床上更是没有特效药物。怎么办?面对成千上万的患者，天津中医药大学校长张伯礼代表感到“压力山大”。“让轻症尽可能不变成重症是治疗的关键，也是公认的核心评价指标。在轻症患者基数较大时，转重率高低直接决定了重症患者数量的多少。”张伯礼代表一直在琢磨，中医药治病救人延续了几千年，在这次疫情防控中一定能有所作为。

大疫出良方。张伯礼团队和其他中医治疗团队一头扎进古代经典名方，结合临床实践，筛选了一批以“三药三方”为代表的有效方药，中医药扎扎实实打了一场漂亮仗。“中药管用”迅速在国外走红。匈牙利前总理迈杰希·彼得称赞，大量事实证明，中西医结合非常有效。泰国公共卫生部医疗服务厅厅长颂萨表示，中医药在抗疫中发挥了重要作用，疗效明显。

科研攻关：一手统筹病毒溯源研究，一手加快疫苗研发

3月16日20时18分，一个平常无奇的时间，却吸引了全世界的关注。军事科学院军事医学研究院院士陈薇委员团队研制的重组新冠疫苗获批启动展开临床试验。疫情防控是物理阻隔，科学研发是化学根除，两轮并驱，方能彻底终结疫情。疫情发生以来，全国科技战线积极响应党中央号召，科技部、卫健委等 12 个部门组建科研攻关组，确定临床救治和药物、疫苗研发、检测技术和产品、病毒病原学和流行病学、动物模型构建等 5 大主攻方向，为打赢疫情阻击战提供有力科技武器。

国之急，民之需，科技战线跑出最大加速度。

——上海交通大学迅速成立防控科研工作组，多部门联动推进科研工作安全高效开展；依托多学科综合交叉和科技人才优势，围绕和对接疫情防治需求，全力开展科研攻关，加快推进科技成果的临床转化和实际应用。上海交通大学党委书记杨振斌委员表示，作为科研攻关重要力量的高校，更应积极发挥人才和学科优势，加大前沿科技攻关力度，掌握核心技术成果，创新科技成果转化，聚焦科研内涵式发展。

——四川大学华西医院积极组织全省专家全面分析疫情防控的难点及关键技术，率先制定全省科研攻关方向，快速突破集中攻关，开展了一系列抗击疫情应急研究项目。四川大学华西医院院长李为民代表坦言：“疫情发生后，我国能够在较短时间内明确病毒、研发诊断试剂、开发疫苗、药物临床试验，为抗击新冠肺炎发挥了重要作用。”如果把疫情防控比作各国治理能力的一次大考，中国拿到的是闭卷考试，面对的是未知题型，却在大考中交出优异答卷。

一个多月，就初步遏制了疫情蔓延势头；两个月左右，将本土每日新增病例控制在个位数以内；三个月左右，取得了武汉保卫战、湖北保卫战的决定性成果。坚定信心、同舟共济、科学防治、精准施策，成就了中国之“治”。世界卫生组织总干事谭德塞评价说，中国第一时间对外介绍有关情况，第一时间对外分享病毒基因序列，第一时间对外开展抗疫合作，“在全球抗疫的行动中，中国再次成为国际标杆”。

（来源：光明网）

知识测试

1.何谓决策，何谓追踪决策，追踪决策有哪些特点？

2.组织决策为什么要根据满意原则来评价和选择方案？

3.决策过程中应遵循哪些原则？

延展阅读

俞敏洪的创业之路

新东方教育集团的巨大成功成就了俞敏洪神话。很多人称他为“留学教父”“教师首富”。但万通集团董事局主席冯仑先生的一句话却颇有意味：“新东方的成长秘诀：三流文人+痞子精神。”特别是这个“痞子精神”，概括得尤为精到。俞敏洪对此也不讳言，他认为创业者要想成事，就要有一点置之死地而后生的痞子精神。

提起俞敏洪，相信当今大部分年轻人都知道。在一些国内大学生、留学人员和白领的心中，他的形象就像神一样，他们“崇拜”他。曾有人抱怨，俞敏洪的“粉丝”甚至不许别人用“中性的语言”来描述他。据估算，在海外的中国留学生里，有70%是新东方的学员。在国内，要是大学生没有听过俞敏洪的演讲，更被看成是落伍者。在当代中国知识分子的“下海”大潮中，俞敏洪有着标志性的意义。2006年，新东方在美国上市，身为新东方创始人的俞敏洪财富陡增，成了“中国最富有的老师”。在这个“神话”的背后，俞敏洪到底扮演着一个怎样的角色？一个真实的他是什么样的？他到底是一个不错的老师，还是一个偶然成功的商人？抑或是一个被逼无奈的“痞子”？

“北大是一个令我百感交集的地方。”俞敏洪对北大的情感可以用“五味杂陈，爱恨交织”来形容。北大给予了他什么？每当讲起北大，他似乎都是苦大仇深。讲他当年怎样被北大边缘化，怎样被忽视。他有一段精彩的自我控诉：“进了大学，没有一个女孩爱上过我，我是个Loser（失败者）；在北大教了七年书没有什么成就，我还是个Loser；在北大十年没参加过任何活动、没加入过任何团体，我是个Loser……”当然，他也承认北大对自己的熏陶：“没有北大，就没有新东方。现在新东方的一些精神，或者是一些做事情的方法，坦率地说是融入了北大精神的。”大多时候，屈辱与压抑会让一个人爆发，俞敏洪的经历正是这样的。据说，当年他经常一天背十几个小时的英语，因为英语老师曾经当众说他讲的英语“只有俞敏洪三个字能让人听懂”。

在北大教书四年后，俞敏洪终于分到了10平方米的房子，这让他决定要将一生献给北大。但是后来，看到同学和朋友相继出国，他忍不住了，也开始准备出国。成绩并不优异的他在努力了三年半以后，留学梦断。为了生计，也为了挣点钱继续他的出国梦，俞敏洪在校外办起了托福班，为自己的出国费用快乐地忙碌着。命运也往往爱戏弄那些刚燃起希望的人。这一次，俞敏洪受到的打击可谓是毁灭性的。在1990年一个秋天的夜晚，细雨溅落在静谧的未名湖上，激起了阵阵涟漪，在夜色中蔓延开去。俞敏洪与朋友高兴地喝着小酒，聊着天，描绘着他逐渐清晰的出国梦。北大的高音喇叭，一如既往地播放着校园晚间广播。“你听你听。老俞，在说你呢！”朋友惊呼。原来，广播里正在播放对俞敏洪的处分决定。北大以这样一种极端的方式宣布了对英语系老师俞敏洪的处分，其中说了四五条处分的理由，最重要的就是打着北大的旗号在外面私自办学。这个处分决定被大喇叭连续播放了三天，北大有线电视台连续播放了半个月，处分布告在北大著名的三角地橱窗中锁了一个半月。处分的突然袭来，并且方式与程度如此激烈，说明了校方的震怒。北大的这种“礼遇”，让颜面扫地的俞敏洪只好选择离开。“北大踹了我一脚。当时我充满了怨恨，现在却充满了感激。”他这样解释：“如果一直混下去，我现在可能是北大英语系的一个副教授。”但是当时，这个被赶出家门的北大老师选择了做“个体户”。

俞敏洪的同事、新东方的李杜讲得幽默而到位：“老俞被北大处分，作为三流文人，既想保留文人的体面，又缺乏一流文人的风骨，不敢自沉未名湖。于是退而求其次，唯有辞职，落草为寇。此谓置之死地而后生。”然而，正是这“落草为寇”激发出俞敏洪的痞子精神，被北大“逼上梁山”的他从此走上“不归路”。

俞敏洪离开北大以后，开始思考怎样营销自己和自己的培训班，学会和社会、政府的各色人等打交道。一介书生从此踏入江湖。

（资料来源：百度文库）

模块三 组织与执行能力

项目五 组织与组织设计

学习目标

1.了解组织的基本概念。
2.熟悉几种主要组织结构形式的特点及其优缺点。
3.掌握组织结构设计。
4.理解职权配置与规范设计。

思维导图

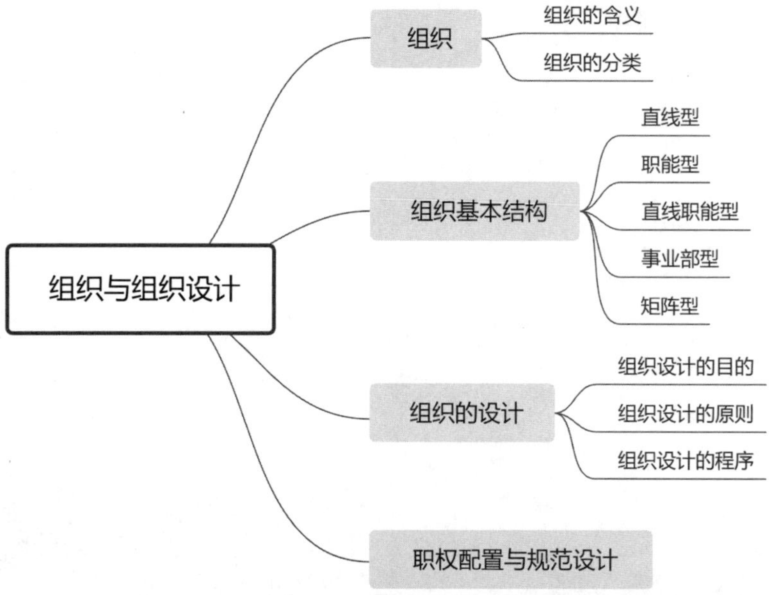

导入案例

王厂长的等级链

王厂长总结自己多年的管理实践经验，提出在改革工厂的管理机构中必须贯彻统一指挥原则，主张建立执行参谋系统。

他认为，全厂的每个人应该只有一个人对他的命令是有效的，其他人的命令都是无效的。如书记有什么事只能找厂长，不能找副厂长。下面的科长只能听从一个副厂长的指令，其他副厂长的指令对他是不起作用的。这样做，中层干部很高兴，认为是解放了。原来工厂有十三个厂级领导，每个厂级领导的命令都要求下边执行，执行者就吃不消了。一次有个中层干部开会时在桌子上放一个本子、一支笔就走了，散会他也没回来。事后，我问他搞什么名堂，他说有三个地方要他开会，你这里热，所以就放一个本子，以便应付另外的会。此事不能怨中层领导，只能怨厂级领导。后来我们规定，同一个时间只能开一个会，并且事先要把报告交到党委和厂长办公室统一安排。现在我们实行固定会议制度。厂长一周召开两次会议，每次两小时，而且规定开会迟到不允许超过五分钟。所以会议很紧凑，每人发言不许超过 15 分钟，超过 15 分钟就停止。

上下级领导界限要分明。副厂长是厂长的下级，厂长做出的决定他们必须服从。副厂长和科长之间也应如此。厂长对党委负责，要向党委打报告，把计划、预算决算弄好后，经批准就按此执行。所以王厂长跟党委书记有时一周不见一次面，跟副厂长一周只见一次面，他认为这样做是正常的。王厂长规定，报忧不报喜，工厂一切正常就不用汇报，有问题就找王厂长，无问题各忙各的事。王厂长认为，一个人的管理能力是有限的，所以规定领导的直接下级只有 5~6 个人。王厂长现在的直接下级多了一点，有 9 个人（4 个副厂长，2 个顾问，3 个科长）。这 9 个人他可以直接布置工作，有事可直接找他，除此以外，规定任何人不准找他，找他也一律不接待。

思考与讨论

1.王厂长主张一个人只有一个领导，在理论上的依据是什么？在实践上是否可行？

2.你怎样理解王厂长的“报忧不报喜”？你赞成吗？

3.王厂长认为除直接下属外，任何人不准找他，找他也一律不接待。你是否赞成？请说出赞成或反对的理由。

任务一　认知组织及组织工作

一、组织的含义

（一）组织的概念

组织是指为有效实现组织目标，建立组织结构，配备人员，使组织协调运行的一系列活动。组织由组织目标+组织结构+组织成员组成而形成一个系统化的综合体。

组织的概念包含以下含义。

1.组织有一个共同目标

组织之所以存在，是因为它执行一定的功能，否则就失去其存在的理由。而组织能够存在并发展下去，就是因为它有一定的目标。

2.组织是实现目标的工具

组织目标能否实现，就要看组织内各要素之间的协调、配合程度，其中很重要的一个方面就是要看组织结构是否合理有效。

3.组织包括不同层次的分工协作

组织为达到目标和效率，就必须进行分工协作。组织上下左右联系起来，形成一个有机的整体。

（二）组织的分类

根据不同的分类标准，组织可以分为以下四类。

（1）按组织的目标分类，可以分为互益组织（如政党）、工商组织（如银行）、服务组织（如学校）、公益组织（如政府机构）等。

（2）按组织的人数分类，可以分为大型组织和中小型组织。

（3）按个人与组织的关系分类，根据运用领导权力的程度以及个人参与组织活动的程度，可以分为功利型组织、规范型组织、疏远型组织、精打细算型组织、道德涵养型组织。

（4）按组织的内部结构和制度规范的分工协作系统分类，可以将组织分为正式组织和非正式组织。

作为组织活动的那种无形“组织”的概念，有别于作为有形实体（如工商组织、事业单位、政府部门等机构或组织）存在的“组织”概念。为区别起见，人们在日常生活中也常将有形的组织体称作组织机构，而将那种无形的、作为关系网络或力量协作系统的组织，称作组织活动。无形的组织活动与有形的组织机构之间的关系是一种手段与目的的关系。也就是说，作为“力量协作系统”存在的无形的组织，本身并不具有目的，它不过是为了完成组织机构的目标而存在的，是实现组织目标的手段。

案例 5-1

小和尚的委屈

大山深处有座寺庙，庙中有一个小和尚担任每日晨起撞钟一职。半年下来，日复一日早起工作让他觉得无聊至极。有一天，住持宣布调他到后院劈材挑水，原因是他不能胜任撞钟一职。小和尚很不服气地问："我撞的钟难道不准时，不响亮？"住持耐心地告诉他："钟声是要唤醒沉迷的众生。你撞的钟虽然很准时，但钟声空泛，疲软，缺乏浑厚悠远的气势，因而就没有感召力。"小和尚感到很委屈，但也没办法，只好到后院去劈材挑水。

管理启示：

"做一天和尚撞一天钟"是由于小和尚没有明白寺庙存在的意义以及撞钟的工作标准和目标而造成的。如果小和尚进入寺院的当天就明白撞钟的标准和重要性，明白寺庙唤醒沉迷众生的使命，他也不会因怠工而被撤职。工作标准和目标是员工的行为指南，缺乏清晰的认知，往往会导致员工的努力方向与公司整体发展方向不统一，从而造成大量的人力和物力资源浪费。因为缺乏参照物，时间久了员工容易形成自满情绪，导致工作懈怠。而对于企业的领导者来说，最重要的就是要让下属明白企业目标并根据企业目标为下属制定明确清晰的工作目标，让他们知道自己该干什么，如何去努力实现目标。

任务二　熟知组织结构的基本形式

导入案例

杜邦公司的组织结构变革

在 19 世纪，杜邦公司是一个家族公司，基本上实行个人决策式经营，这一点在亨利这一代尤为明显。亨利在公司任职的 40 年中，挥动军人严厉粗暴的铁腕统治着公司。他实行的一套管理方式，被称为"恺撒型经营管理"。公司的所有主要决策和许多细微决策都要由他亲自制定，所有支票都得由他亲自开，所有契约也都由他签订。他一人决定利润的分配，亲自周游全国，监督公司的数百家经销商。在每次会议上，总是他发问，别人回答。他全力加速回收账款，严格支付条件，促进交货流畅，努力降低价格。亨利接任时，公司负债高达 50 多万美元，但亨利后来却使公司成为火药制造业的领头羊。

在亨利时代，个人决策式的经营基本上是成功的。这主要是因为：第一，公司规模不大，直到 1902 年合资时才 2 400 万美元；第二，产品比较单一，基本上是火药；第三，公司产品质量居于绝对领先地位，竞争者难以超越；第四，市场需求变化不甚复杂。单人决策之所以取得了较好效果，这与亨利的非凡精力分不开。直到 72 岁时，亨利仍不要秘书的帮助；任职期间，他亲自写的信不下 25 万封。

亨利的侄子尤金是公司的第三代继承人。尤金试图承袭其伯父的经营作风，也采取绝对的控制，亲自处理细枝末节，亲自拆信复函，但他终于陷入公司错综复杂的矛盾之中。1902 年，尤金去世，合伙者也都心力交瘁，两位副董事长和秘书兼财务长也相继累死。这不仅是由于他们的体力不胜负荷，还由于当时的经营方式已与时代不相适应。

正当公司面临危机、无人敢接重任、家族拟将公司出卖给别人的时候，三位堂兄弟廉价买下了公司，并果断地抛弃了亨利的那种单枪匹马的管理方式，精心地设计了一个集团式经营的管理体制。

集团式经营最主要的特点是建立了“执行委员会”，隶属于最高决策机构董事会之下，是公司的最高管理机构。在董事长闭会期间，大部分权力由执行委员会行使，董事长兼任执行委员会主席。1918 年，执行委员会有 10 个委员、6 个部门主管、94 个助理，高级经营者年龄大多在 40 岁上下。此外，杜邦公司抛弃了当时美国流行的体制，建立了预测、长期规划、预算编制和资源分配等管理方式。在管理职能分工的基础上，建立了制造、销售、采购、基本建设投资和运输等职能部门。在这些职能部门之下，是一个高度集中的总办事处，控制销售、采购、制造、人事等工作。

由于在集团经营的管理体制下，权力高度集中，实行统一指挥、垂直领导和专业分工的原则，所以秩序井然，职责清楚，效率显著提高。这大大促进了杜邦公司的发展，公司的资产到 1918 年增加到 3 亿美元。

可是，杜邦公司在第一次世界大战中的大幅度扩展，以及逐步走向多角化经营，使组织结构遇到了严重问题。每次收购其他公司后，杜邦公司都因多角化经营而严重亏损。这种困扰除了由于战后通货从膨胀到紧缩之外，主要是由于公司的原有组织没有弹性，对市场需求的变化缺乏适应力。

杜邦公司经过周密的分析，提出了一系列组织机构设置的原则，创造了一个多分部的组织结构。在执行委员会下，除了设立由副董事长领导的财务和咨询两个总部外，还按各产品种类设立分部。在各分部下，则有会计、供应、生产、销售、运输等职能处。各分部是独立核算单位，分部的经理可以独立自主地统管所属部门的采购、生产和销售。新分权化的组织使杜邦公司很快成为一个具有效能的集团，所有单位构成了一个有机的整体，公司组织具有很大的弹性，能适应市场需要的变化。

20 世纪 60 年代初，杜邦公司接二连三地遇到了难题，许多产品的专利权纷纷满期，在市场上受到日益增多的竞争者的挑战，可以说是四面楚歌，危机重重。为了摆脱危机，杜邦公司除了实施新的经营方针外，还不断完善和调整原有的组织结构，进行组织结构的创新。1967 年底，科普兰把总经理一职史无前例地让给了非杜邦家族的马可，财务委员会议议长也让别人担任，自己专任董事长一职。从而形成了一个“三驾马车式”的体制。在新的体制下，最高领导层分别设立了办公室和委员会，作为管理大企业的“有效的富有伸缩性的管理工具”。科普兰说：“‘三驾马车式’的组织体制，是今后经营世界性大规模企业不得不采取的安全设施。”

思考与讨论

杜邦公司经历了哪几种组织结构形式的变革？

一、组织结构的基本形式与特点

组织结构是组织中划分、组合和协调人们的活动和任务的一种正式的框架。组织结构体现了组织各部分的排列顺序、空间位置、聚集状态、联系方式和相互关系。由于组织系统内部分工和协作关系的不同，组织的效能会表现出巨大的差异。可以说，组织的结构是其生存和发展的根本依据。组织能否顺利地达成目标，能否促进个人在实现目标过程中做出贡献，在很大程度上取决于组织结构的完整程度。

（一）组织结构

由于行业不同、规模不同、组织内外环境不同，组织结构类型也不相同。常见的组织结构主要有以下几种。

1.直线型组织结构

直线型组织结构又称单线型组织结构，是工业发展初期的一种简单的组织结构类型。其特点是组织系统职权由上级直接指挥下级，每一个人只接受一位直接上级的指挥，即命令与服从的简单关系。

优点：结构简单，易于指挥，命令统一；责任与权责明确；命令清晰，下属易于执行；管理费用低。

缺点：对管理工作无专业化分工；权力过分集中，成员与组织之间横向联系差，员工替代性差，易导致权力滥用。

直线型组织结构如图 5-1 所示。

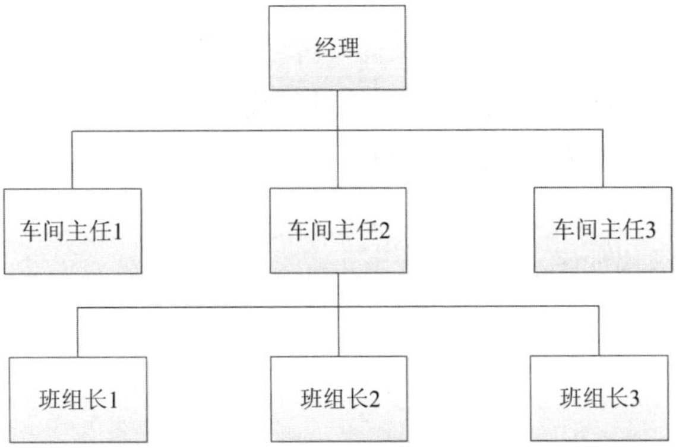

图 5-1　直线型组织结构

2.职能型组织结构

职能型组织结构又称多线型组织结构。其特点是以工作方法和技能作为部门划分的依据，用按专业分工的职能管理者代替直线型的全能管理者，各职能部门在分管业务范围内有权直接指挥下属及下达指示。

优点：能够发挥职能机构的专业管理作用，分工较细；如果职能结构作用发挥得当，可以弥补各级行政领导人员管理能力的不足，并使直线经理人摆脱琐碎的经济技术分析工作。

缺点：多头领导，不利于组织的集中领导和统一指挥；各职能机构往往不能很好地配合；过分强调分工专业化。

其结构如图 5-2 所示。

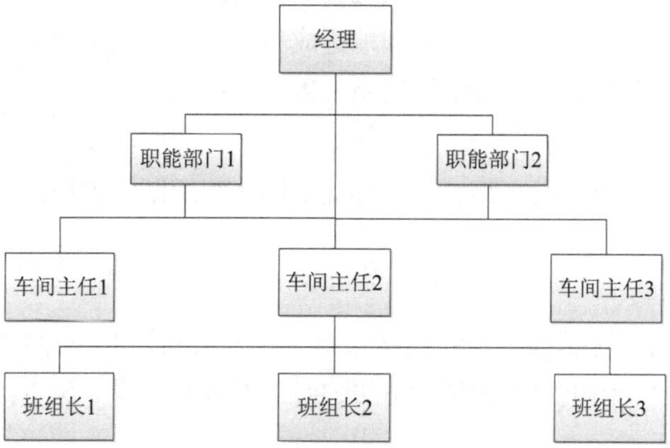

图 5-2　职能型组织结构

3.直线职能型组织结构

直线职能型组织形式在直线型和职能型的基础上，取长补短。该形式把企业管理机构和人员分为两类，一类是直线领导机构和人员，按命令统一原则对各级组织行使指挥权；另一类是职能机构和人员，按专业化原则，从事组织的各项职能管理工作。即在直线型组织统一指挥的原则下，增加了参谋机构。

优点：既保证了集中统一的指挥，又能发挥各类专家的业务管理作用。

缺点：职能部门之间横向联系较差、信息传递路线长、组织对外界环境变化反应迟钝，缺乏弹性；管理人员容易仅关注与自身有关的业务知识学习和能力培养，忽略对全局处理问题能力的培养。

直线职能型组织结构如图 5-3 所示。

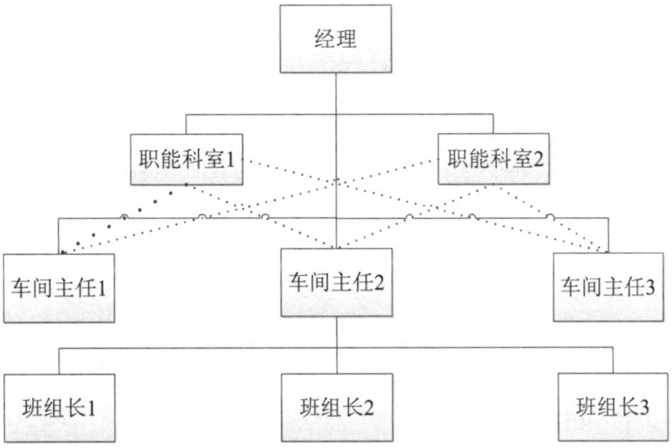

图 5-3　直线职能型组织结构

4.事业部型组织结构

事业部型也叫联邦分权化，它是一种分权制的组织形式。事业部型组织结构由美国通用汽车公司总裁斯隆于 1924 年提出，是目前欧美、日本各大企业普遍采用的一种组织形式。这种组织结构的特点是“集中决策，分散经营”，即在直线职能型框架基础上，设置独立核算、自主经营的事业部，在总公司领导下，统一政策，分散经营。

优点：有利于高层集中精力抓重大决策，有利于发挥事业部的积极主动性，有利于人才培养。

缺点：容易使各事业部只关注个人利益，影响各部门之间的协作；事业部内职能机构重叠，用人较多，管理费用增加。

事业部型组织结构如图 5-4 所示。

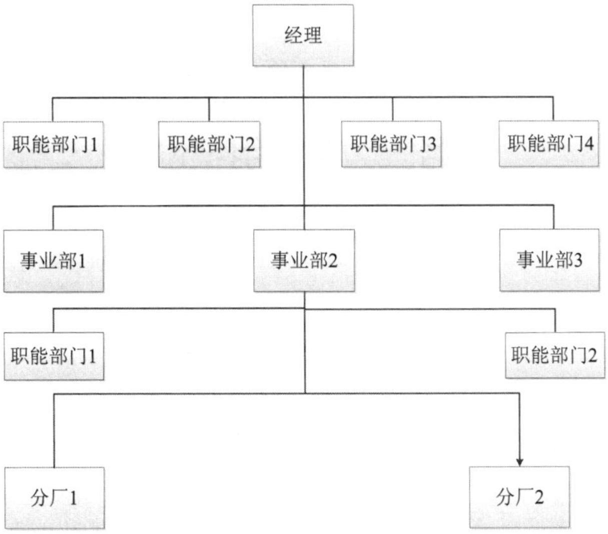

图 5-4　事业部型组织结构

5.矩阵型组织结构

矩阵型组织结构是一种非长期的组织结构，既有按职能划分的垂直领导系统，又有按产品（项目）划分的横向领导关系的结构。在这种组织形式中，每个成员一般要接受垂直部门的领导和项目负责人的指挥。矩阵型组织结构适用于一些重大攻关项目。企业采用这种组织结构可以完成涉及面广的、临时性的、复杂的重大工程项目或管理改革任务。这种组织结构特别适用于以开发和实验为主的单位，例如科学研究，尤其是应用型研究单位等。

优点：灵活性、适应性强；集思广益，有利于把组织垂直联系与横向联系更好地结合起来，加强各职能部门之间的协作。

缺点：双头领导，当任务完成以后，仍要回原单位，易产生临时观念。

其结构如图 5-5 所示。

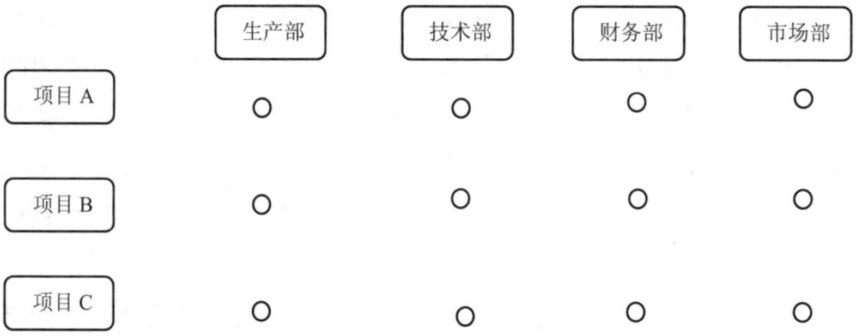

图 5-5　矩阵型组织结构

思考与讨论

你最愿意在哪一种组织结构中工作？最不愿意在哪一种组织结构中工作呢？为什么？

任务三　掌握组织设计

导入案例

怎样设置精简高效的组织

杨经理确立了目标和发展计划之后，突然感觉到人员和组织机构明显不适应发展需要。分公司是由分厂与其他机构合并而成的，职工人数不多，原有机构却有一大堆，管理职能交叉，遇到问题相互推诿，而且职能主要限于生产管理，研发、营销等职能被明显忽略。新的发展目标与计划有许多内容无相应机构落实。杨经理深感机构必须尽快整合完善。

合并后，原有工厂的机构都解散了。杨经理必须在较短时间内重新建立起精简高效的组织结构。

杨经理曾听人讲过“管理幅度”“管理层次”“组织结构”等词，这些概念都是什么意思？有哪些可供选择的组织形式？应该怎样设置基层作业组织？当今已步入全球化、信息化时代，这些组织形式据说发生了巨大的变化。特别是如何将各项具体业务工作分配给各个部门或岗位、职务，委派部门或岗位职责，这些更是迫在眉睫的事。

建立结构后，还涉及制定制度、保证组织的有效运行等问题。杨经理在工作过程中已意识到必须制定几个方面的规章制度。

思考与讨论

1.组织结构、管理幅度、管理层次分别是什么意思呢？

2.你能为杨经理组建精简高效的组织提出一些建议吗？

一、组织设计的目的

进行组织设计时，首先考虑到的一个问题是组织设计的目的。

管理学家佛克斯（W.M.Fox）从研究组织职能与管理其他职能的相互关系出发，指出组织设计的主要目的是建立有益于管理的组织。因此，必须设计合乎下列要求的组织：①有益于计划的组织；②有益于指挥的组织；③有益于控制的组织。

要做好正式组织设计，必须符合下列六个要求。

（1）应该设计成符合组织活动目的的组织。

（2）应该设计成能使组织成员的能力得以发挥最大效力的组织。

（3）应该设计成能使组织成员对组织做出贡献的欲望得以提高的组织。

（4）应该设计成能使组织成员对组织有归属感的组织。

（5）应该设计成一个能不断持续发展的组织。

（6）应该设计成富有高效率的组织。

二、组织设计的原则

组织结构是组织的躯干，成员是组织的灵魂。组织设计的主要任务是通过建立柔性灵活的组织，动态地反映外在环境变化的要求，并且能够在组织演化成长的过程中，有效积聚新的组织资源要素，同时协调好组织中部门与部门之间、人员与任务之间的关系，使员工明确自己在组织中应有的权力和应担负的责任，有效地保证组织活动的开展，最终保证组织目标的实现。管理者在进行组织设计工作过程中，应该遵循如下几条基本原则，以保证所建立的组织机构更好地促进组织目标的实现。

（一）统一指挥原则

组织的各级结构以及个人必须服从一个上级的命令和指挥，形成一条清晰的指挥链。只有这样，才能保证命令和指挥的统一，避免多头领导和多头指挥，使组织最高管理部门的决策得以贯彻执行。

（二）控制幅度原则

管理幅度指一个上级有效领导的下属人数。每个管理者要有一个适当的管理幅度。管理幅度是因组织、因人而异的。一个主管人员应该根据影响自身管理幅度的因素来慎重地确定自己理想的管理幅度。管理幅度过大，会造成指导监督不力，使组织陷入失控状态；管理幅度过小，又会造成主管人员配备过多，管理效率低下。

（三）权责对等原则

在进行组织设计时，职权和职责必须对等，即明确规定每一管理层次和各部门的职责范围，同时赋予其履行职责所必需的管理权限。这是组织有效运行的前提，也是组织设计中必须遵循的原则。只有职责，没有对等的取权，会严重束缚员工的主动性和积极性；反之，只有职权而无职责，则会导致组织中出现滥用取权和无人承担职责的情况。

（四）目标至上，职能领先原则

组织结构是组织实现目标的途径，落实执行职能的工具。因此，管理者在进行组织设计工作时，应根据组织目标来设计组织结构的形式、配置的职位、部门及层次。对组织特定目标和职能的关注应贯穿于组织设计和变革工作全过程中。

（五）因事设职与因人设职相结合原则

组织中每个部门的工作，都需要有一定人员来负责完成。组织设计必须确保实现组织目标活动的每项内容都能落实到具体的职位和部门。“人”与“事”的要求应该得到有机的结合，做到人人有事做，事事有人做。

三、组织设计的程序

组织设计是一个动态的工作过程，其设计程序须遵循以下三个步骤。

（一）职务设计与分析

职务设计与分析是组织设计最基础的工作。职务设计是在目标分解的基础上，设计与确定组织内从事具体管理工作所需要的职务类别和数量，分析每个人员应有的职责。

（二）部门划分

部门划分是指把工作和人员组织成若干管理的单元，并组建相应的机构或单位。

根据部门划分标准可以按产品、区域、职能划分部门。

1.按产品划分部门

产品部门化是指按产品划分部门，组成按产品划分的事业部（图 5-6）。随着企业的发展，当企业生产的商品趋于多样化时，就应该设立专门的部门负责某项产品的生产和销售。

优点：能使多元化经营和专业化经营相结合；增强外部环境的适应性；促进企业内部的竞争。

缺点：对管理者要求高；管理费用增加；影响企业统一指挥。

适用范围：制造、销售和服务等业务部门。

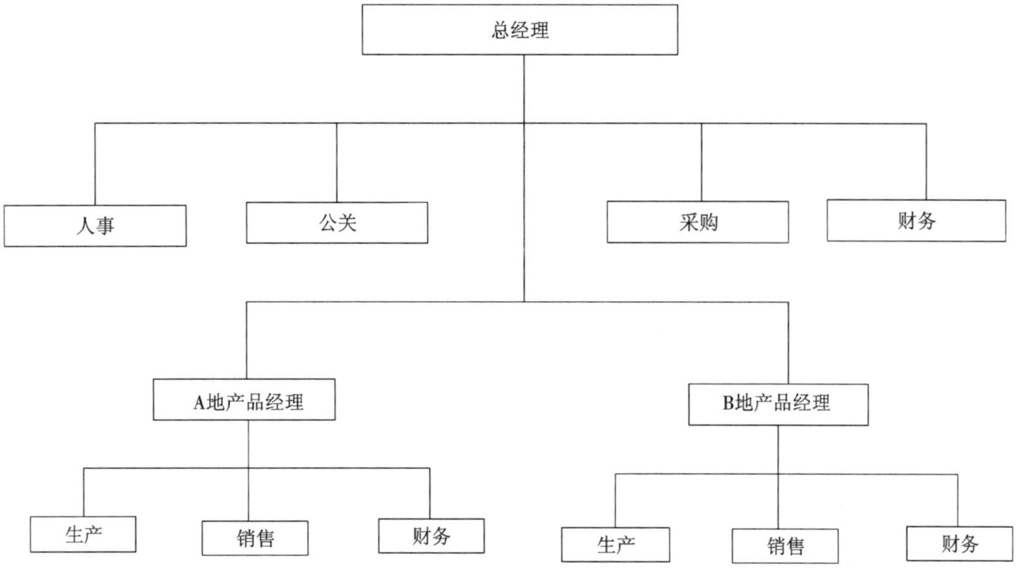

图 5-6　产品部门化

2.按区域划分部门

区域部门化是将一个特定地区的经营活动集中在一起，委托给一个管理者或部门去完成。随着社会的进步及经济的发达，过往地理上的分散及交通运输的不便利所带来的困难已逐渐得到解决，根据不同的地区设立生产及管理部门，一方面为当地经济繁荣做出贡献，解决劳动力就业问题，另一方面可以更好地根据当地及消费者特点量身打造产品。如肯德基进入中国后菜单进行了一系列符合国人口味的调整，例如早上售卖油条、稀粥等。

优点：可以根据市场需求自主组织生产经营；当地生产可进一步降低成本；能够调动基层参与决策的积极性。

缺点：需要有全面管理能力的人员；管理费用增加；增加总部的控制成本。

适用范围：空间分布很广的企业或生产经营业务部门。

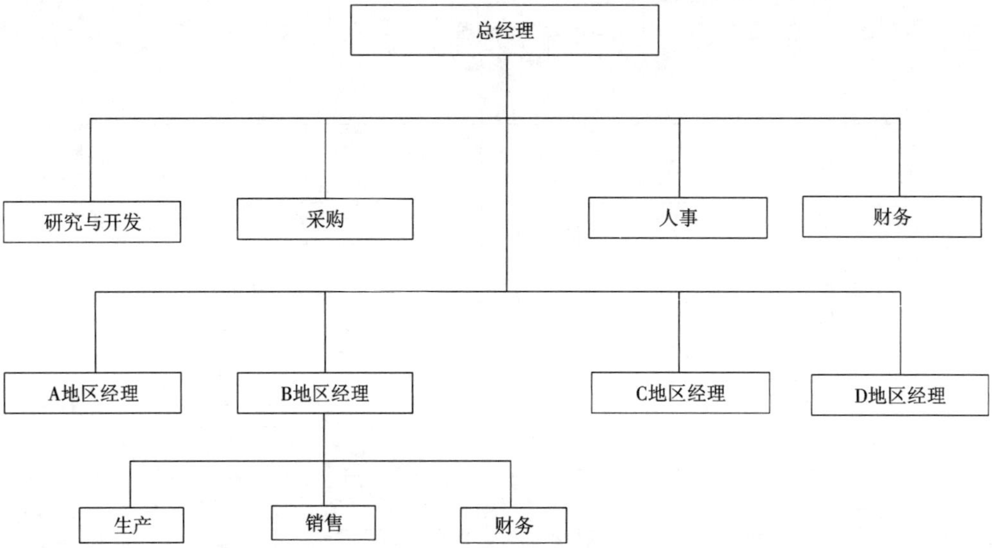

图 5-7　区域部门化

3.按职能划分部门

职能部门化是把相似的工作任务或职能组合在一起形成一个部门。

优点：可以带来专业化分工的种种好处；有利于工作人员的培训与技能提高。

缺点：易形成思维定式，对环境变化反应较慢。

适用范围：管理或服务部门。

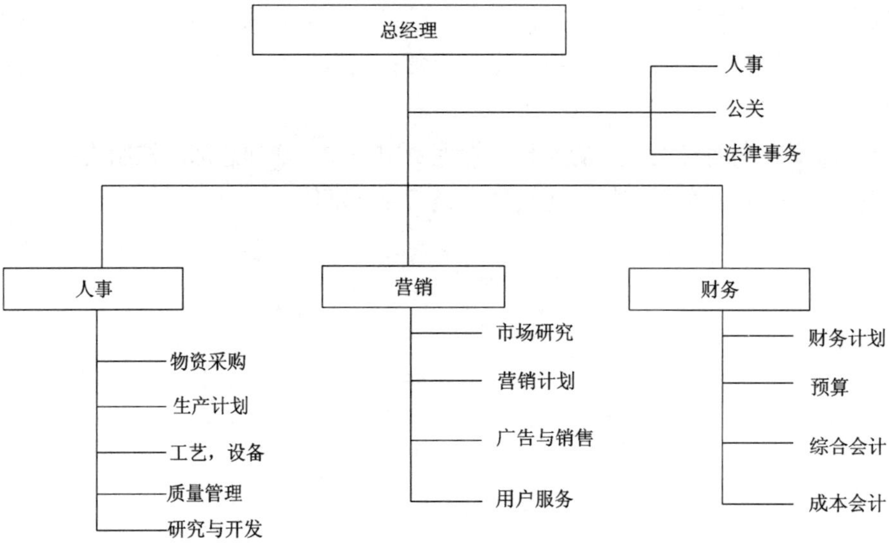

图 5-8　职能部门化

（三）形成平衡结构

在进行职务设计与部门划分的基础上，根据现有的资源，对初步设计的部门和职务进行调整，最后形成合理的组织结构。

四、幅度管理与层次

在组织的战略目标、任务已定的情况下，为了使组织成员在分工基础上加强合作，共同完成特定的目标，必须建立相应的管理系统，明确划分组织内的管理层次，确定管理幅度。

管理幅度是指一个管理者直接领导的下属数量的多少。影响管理幅度的因素主要来自主管人员工作能力；工作任务的内容和性质，如工作层次高低、工作相似性和工作专业化等；工作条件如工作地点的接近性、信息手段的配置情况等以及工作环境的稳定性。管理层次是指组织中职位等级的层次。当管理者幅度超过最大管理幅度时，管理的效率就会随之下降，就必须增加一个管理级别。

管理幅度与管理层次之间存在反比关系。对于一个人员规模既定的组织，管理者有较大的管理幅度，意味着可以有较少的管理层次；而管理者的管理幅度较小时，则意味着该组织有较多的管理层次。

案例 5-2

深圳共速达物流股份有限公司实行高度集权的体制，董事长直接兼任总经理，企业内部控制机制也大大简化；高层领导直接管理所有业务；各部门间有明确的责任分工；高级和中级管理层之间责权明确。公司准备进一步开展服务品牌建设和先进的供应链管理技术的运用，继续保持在珠三角区域内领先的第三方物流企业地位，同时积极跨区域拓展经营，逐步使共速达成为具有全国物流服务能力的第三方物流企业，最终把公司发展成上市公司。

管理启示：

共速达公司的组织架构属于典型的直线职能型结构。组织结构的设计应该明确谁去做什么，谁要对什么结果负责，并且消除分工含糊不清造成的执行障碍，还要提供能反映和支持企业目标的决策和沟通网络。

任务四　明确职权配置与规范设计

导入案例

巴恩斯医院

10 月的某一天，产科护士长黛安娜给巴恩斯医院的院长戴维斯博士打来电话，要求立即做出一项新的人事安排。从黛安娜的急切声音中，院长感觉到一定发生了什么事，因此要她立即到办公室来。5 分钟后，黛安娜递给院长一封辞职信。

“戴维斯博士，我再也干不下去了，”她开始申述，“我在产科当护士长已经四个月了，我简直干不下去了。我怎么能干得了这工作呢？我有两个上司，每个人都有不同的要求，都要求优先处理。要知道，我只是一个凡人。我已经尽最大的努力适应这种工作，但看来这是不可能的。让我举个例子吧。请相信我，这是一件平平常常的事。像这样的事情，每天都在发生。”

“昨天早上 7：45，我来到办公室就发现桌上留了张纸条，是杰克逊（医院的主任护士）给我的。她告诉我，她上午 10 点钟需要一份床位利用情况报告，供她下午在向董事会作汇报时用。我知道，这样一份报告至少要花一个半小时才能写出来。30 分钟以后，乔伊斯（黛安娜的直接主管，基层护士监督员）走进来质问我为什么她的两位护士不在班上。我告诉她雷诺兹医生（外科主任）从我这要走了她们两位，说是急诊外科手术正缺人手，需要借用一下。我告诉她，我也反对过，但雷诺兹坚持说只能这么办。你猜，乔伊斯说什么？她叫我立即让这些护士回到产科部。她还说，一个小时以后。她会回来检查我是否把这事办好了！这样的事情每天都发生好几次。一家医院就只能这样运作吗？”

思考与讨论

1.这家医院的组织结构有问题吗？为什么？

2.这个案例中，你发现了什么问题？

一、职权与职权配置

（一）职权

1.职权与职责

职权是指由于占据组织中的职位而拥有的权力；与职权相对应的是职责，是指担当组织职位而必须履行的责任。职权是履行职责的必要条件与手段；职责则是行使权力所要达到的目的和必须履行的义务。

2.职权类型

管理者的职权有以下三种类型。

（1）直线职权，即直线人员所拥有的决策指挥权。

（2）参谋职权，即参谋人员所拥有的咨询权和专业指导权。

（3）职能职权，即由参谋人员所执行的由直线主管人员授予的决策与指挥权。

（二）正确处理职权关系

1.建立清晰的职权结构

（1）建立清晰的等级链。例如，一所院校的等级链：院长—副院长—系主任—系副主任—教研室主任。

（2）明确划分权责界限。

（3）制定并严格执行政策、程序和规范。越权处理，不尊重他人职权，是造成职权危机的最突出因素。所以，各管理者必须充分尊重别人的职权，以建立融洽的职权关系。

2.协调职权关系

（1）要互相尊重职权。

（2）加强沟通与配合。不注意沟通是危及职权关系的另一关键因素。无论是上下级之间，还是同级之间，必须注意及时沟通，并加强工作中的支持与配合。

二、集权与分权

（一）集权与分权的性质

集权与分权是指职权在不同管理层之间的分配与授予。职权的集中和分散是一种趋向性，是一种相对的状态。组织中的权力较多地集中在组织的高层，即为集权；权力较多地下放给基层，则为分权。

（二）集权与分权的优缺点

集权有利于组织实现统一指挥、协调工作和更为有效的控制；但另一方面，会加重上层领导者的负担，从而影响决策质量，并且不利于调动下级的积极性。而分权的优缺点则正与集权相反。企业应根据组织目标与环境条件的需要正确决定集权与分权程度，但现代管理中总的趋势是组织职权分权化。

三、授权

（一）授权的优越性

授权是指上级把自己的职权授予下属，使下属拥有相当的自主权和行动权。授权包括三个方面：委派任务、委任权力、明确责任。授权具有以下优越性。

（1）授权有利于组织目标的实现。

（2）授权有利于领导者从日常事务中解脱出来，集中力量处理重要决策问题。

（3）授权有利于激励下级，调动下级的工作积极性。

（4）授权有利于培养、锻炼下级。

（二）授权的要求

（1）依工作任务的实际需要授权。

（2）适度授权，该放给基层的权力一定要放下去，但也要防止授权过度。

（3）授权过程中，必须使下级职、责、权、利相当。

（4）实行最终职责绝对性原则，即上级授权给下级，但对工作的最终责任还是要由上级来承担。

（5）上级必须坚持有效监控原则。授权不等于放任自流，上级必须保有必要的控制。

案例 5-3

某公司总经理安排其助手去洽谈一个重要的工程项目合同，结果由于助手在工作中考虑欠周全，致使合同最终被另一家公司截走。董事会在讨论其中失误的责任时，存在以下几种说法，你认为哪一种说法最为合理？

（1）总经理至少应该承担用人不当与督促失职的责任。

（2）助手承接该任务，就应对谈判承担完全的责任。

（3）若助手又进一步将任务委托给其下属，则也可不必承担谈判失败的责任。

（4）总经理已委托给助手，所以完全没有责任。

知识测试

一、单项选择题

1.组织设计的主要任务是（　　）。

A.设计组织结构、划分部门和确定职权　　B.职务设计与部门划分

C.提供岗位说明书和工作流程　　D.提供组织结构系统图和编制职务说明书

2.涉及组织的管理层次和管理幅度、确定各个部门和岗位、规定他们的责任和权力，这些工作被称为（　　）。

A.工作分析　　B.管理规范设计　　C.组织结构设计　　D.协调方式设计

3.所谓授权，是指（　　）。

A.在组织设计时，规定下属管理岗位必要的职责与权限

B.在组织调整时，规定下属管理岗位必要的职责与权限

C.领导者将部分处理问题的权限委派给某些下属

D.委托代理关系

二、多项选择题

1.组织是管理的一项重要职能，既是管理的载体又是管理的工具，同时也是（　　）。

A.执行组织计划的手段　　B.实现组织目标的途径

C.管理对象　　D.管理方式

2.组织结构的发展趋势是组织结构扁平化（　　）。

A.组织结构网络化　　B.组织结构虚拟化　　C.组织结构柔性化　　D.组织结构多元化

三、判断题

1.组织原则是组织构建和运行的基本规范和规则的总和。（　　）

2.职能型组织结构的特点是每个主管人员对下属有直接管理权。（　　）

3.组织文化是组织在长期的生存和发展过程中形成的价值标准。（　　）

4.组织设计不仅仅是组织结构的设计和优化，更重要的是组织规范的制度建设。（　　）

四、简答题

简述组织的含义及功能。

技能训练

一、案例分析

案例 1：X 媒体的组织结构

早上 8：30，当一般的上班族拎着早点走进公司的时候，X 媒体资讯科技公司的经营团队队员，早已坐在会议室和董事长翁女士一起开会了。

“人才是公司最重要的资产。”翁女士说。

技术研究和营销是公司的两大支柱。总经理施先生负责带领技术研发团队，翁女士十分倚重他对网络未来趋势的分析和软件技术的研发；负责营销的是副总经理柯女士，翁女士对她十分倚重。

另外，翁女士相当依赖的幕僚包括技术研发执行长施先生、负责财务的副总经理陈先生和担任公关及发言人的副总经理李女士，这三个人被称为公司的铁三角。翁女士尊重他们的工作，也善用他们的专长。如何使科技人员了解营销，营销人员理解科技，使二者结合发挥乘数效应，“最大的秘密就是建立共同愿景。”翁女士说。

对于互联网未来的发展，她充满信心地表示：“我告诉他们，相信我，一定会成功。”翁女士最大的愿景就是结合互联网、销售渠道与广告媒体，使 X 媒体成为亚太地区电子通路应用服务商的领导品牌，成就这项愿景最重要的就是人才和资金。

【问题】

1.X 媒体的组织结构属于哪种形式？请画出组织结构图。

2.对于日新月异、竞争激烈的网络行业，你认为 X 媒体的组织结构应如何调整，才能适应市场发展？

二、项目训练

训练一：组织结构设计

1.实训目的

（1）培养组织结构的初步设计能力。

（2）培养制定制度规范的基本能力。

2.实训内容与要求

（1）设置一个职业院校的组织结构。运用所学知识，根据所设定学校目标与发展需要，研究设置学校所需的组织结构，并画出组织结构图。思考：①学校建立的是何种组织结构形式；②学校设置哪些机构或部门；③学校工作的基本业务流程。

（2）建立学校的制度规范。学校制度包括学校专项管理制度、部门（岗位）责任制等。

3.成果与检测

（1）学校组织结构图。

（2）学校工作基本业务流程。

（3）学校的主要制度规范。

项目六　人员配备与执行能力

学习目标

1.了解人员配备的概念与原则，执行力的含义。

2.理解人员配备的任务、程序、执行过程。

3.掌握管理人员的选聘标准。

4.掌握管理人员的选聘程序、考评的内容及培训方法。

5.掌握提升执行力的方法。

思维导图

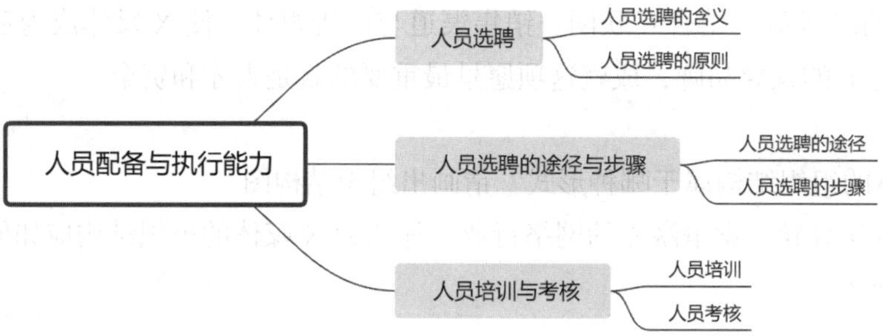

导入案例

培训部负责人辞职

北京某公司章总，工龄有三十多年，在行业内也算是前辈，工作态度非常严谨仔细。他对公司培训工作非常重视，从培训课程内容设置、培训讲师选聘、培训酒店场地签订到培训证书印制、培训现场条幅悬挂、培训期间餐饮预定等，事无巨细，从头抓到尾，尽管有专门的培训部。他还经常亲自到培训现场，不时打断讲师，指正讲授内容。由于公司人员排队签字，他不时召唤秘书来培训现场处理相关事宜。

一次，章总突然指示培训部下周举办经销商销售顾问培训班和市场经理培训班，完全脱离培训工作实施规划。培训部不得不马上开始确定培训讲师，拟制培训日程表，商谈培训教室，拟订培训通知等。由于某种原因，报到实际人数没有达到理想状态，章总在培训报到现场，果断指示将两个班合并为一个班，以节省开销。尽管前期已将培训事项安排妥当，而且培训讲师林教授也强调培训对象不同，培训内容侧重点不一样，最关键的是报到时间也不同，章总置之不理。经销商参训学员得知培训事宜突然变更，怨声载道，指责培训部。章总竟然也在众人面前大声斥责培训部负责人，为什么培训工作做得一塌糊涂，然后命令公司其他所有部门负责人全部到场。这下更热闹了，培训工作不光章总亲自指导，各部门负责人也不时指东道西，甚至连总经理秘书也插手指挥。可想而知，一个简单的培训活动最终搞得乱七八糟。培训结束第二天，培训部负责人打了辞职报告。

思考与讨论

1.培训部负责人为什么会打辞职报告?

2.公司管理者的角色定位是什么?

任务一　认知人员选聘

一、人员选聘的概念

人员选聘是组织根据目标和任务需要正确选择、合理使用、科学考评和培训人员，以合适的人员去完成组织结构中规定的各项任务，从而保证整个组织目标和各项任务完成的职能活动。

1.物色合适的人选

组织各部门是在任务分工基础上设置的，不同的部门有不同的任务和不同的工作性质，这必然要求具有不同的知识结构和水平、不同的能力结构和水平的人与之相匹配。人员配备的首要任务就是根据岗位工作需要，经过严格的考查和科学的论证，找出所需的各类人员。

2.促进组织结构功能的有效发挥

要使职务安排和设计的目标得以实现，让组织结构真正成为凝聚各方面力量、保证组织管理系统正常运行的有力手段，必须选聘出具备不同素质、能力和特长的人员，并将他们分别安排在适当的岗位上。只有使人员配备尽量适应各类职务的性质要求，从而使各职务应承担的职责得到充分履行，组织设计的要求才能实现，组织结构的功能才能发挥出来。

3.充分开发组织的人力资源

现代市场经济条件下，组织之间竞争的成败取决于人力资源的开发程度。在管理过程中，通过适当选拔、配备和使用、培训人员，可以充分挖掘每个成员的内在潜力，实现人员与工作任务的协调匹配，做到人尽其才，才尽其用，从而使人力资源得到高度开发。

二、人员选聘的原则

（一）以岗择人原则

以岗位空缺及需求为出发点，根据岗位的实际具体要求寻找合适人选，才能实现较高的工作效率。反之，为了安排不必要的人而特殊设立任意岗位，就会造成岗位空设，工作效率低下，人力成本增加等后果。

（二）人职匹配原则

每一个工作岗位都有其相对应的岗位说明书，其中详细地列举了相关的工作内容、工作制度以及对上岗者的能力要求。组织在进行人员选聘时运用人职匹配的原则，既能促进组织中人员胜任现有的岗位，又能最大限度地发挥他们的内在潜能。

（三）用人所长原则

每一个人都有自身擅长的和不擅长的方面。在适合自己的岗位上，人们通常充满了激情和胜利感，能发挥出百分之二百的工作能力；反之，把员工放在自身不擅长的岗位上，会造成工作能力无法达到工作要求的情况。所以，采用扬长避短的原则，才能使员工在组织的岗位上发挥最大的工作效能。

（四）德才兼备原则

德才兼备的员工不光能为组织创造生产价值，还能积极促进组织的长远发展，对组织具有高度的忠诚度。

任务二　掌握人员选聘途径与步骤

一、人员选聘途径

人员的选聘通常有两种途径：一种是外部招聘，一种是内部招聘。

（一）外部招聘

外部招聘是指根据一定的标准及程序，从组织外部众多候选人中选拔符合空缺岗位要求的人员。通常的途径包括报纸、广告、网络、校园招聘、熟人或已有员工推荐、猎头招聘。

1.外部招聘的优点

1）被聘人员没有历史包袱，具有“外来优势”

外来被聘者没有历史失败的包袱，如果确有工作能力，可快速打开工作局面。

2）有利于平息和缓和内部竞争者之间的紧张关系

组织内部可能有好几个竞争者希望得到某一职位，但如果发现身边同能力的同事被提拔，容易产生不满情绪，进而懈怠工作。外部招聘可缓和内部竞争者之间的矛盾，使之获得心理上的平衡。

3）能够为组织带来新鲜空气

从外部招聘的员工会以一种崭新的视角去审视组织文化，容易产生大胆的想法，为组织带来更多的创新机会。

2.外部招聘的缺点

（1）外聘人员不熟悉组织内部情况，因此需要适应一段时间才能有效地开展工作。

（2）组织不能深入了解应聘者的情况；虽然选聘时可借助一定的测试、评估方法，但一个人的能力很难通过短短几次面试被判断出来。

（3）外聘人员的最大缺点莫过于对内部员工的打击。大多数员工有明确的职业规划，希望通过努力工作把握升迁的机会。如果组织经常性地从外部招聘管理人员，势必会挫伤员工的工作积极性，影响士气。同时，外部的一些优秀人才看不到晋升的希望，也不会有太大的意愿前来应聘。

（二）内部招聘

内部招聘是指在单位出现职务空缺后，从单位内部选择合适的人来填补这个位置。

1.内部招聘的优点

1）有利于鼓舞士气，调动成员的积极性

从内部提升可以使组织成员获得提升的机会，从而激励成员用合格的管理人员的标准来严格要求自己的工作行为，增加员工的积极性及忠诚度。

2）有利于吸引外部人才

公平合理的晋升机制，可吸引外部优秀的人才前来应聘，并愿意留在组织长期发展。

3）有利于保证选聘工作的正确性

组织可对准备选聘的人员做长期细致的考察，充分了解其优缺点及擅长之处。

4）有利于被聘者迅速展开工作

内部提升选聘的人员通常对组织的历史现状、目标都有了一定的了解，可快速进入工作角色。

2.内部招聘的缺点

1）可能造成“近亲繁殖”的现象

从内部提升的人员往往一开始热衷于模仿前任领导的风格，缺少创新能力。一味地模仿可能会使以往不良作风得以发展，不利于组织引进新思维及新方法。

2）可能会引起同事之间的矛盾

在若干候选人中提升一个人员，可能会造成落选者的不满情绪，不利于被提拔者展开工作。为避免这种现象，一个有效的办法就是不断改进考核制度和办法，正确地分析每一个内部候选人的条件，努力使组织获得优秀的人才，并使每一个候选人都能体会到组织的选择是正确和公正的。

案例 6-1

索尼公司的内部招聘

日本索尼公司每周出版内部小报，其中有公司各部门的“求人广告”。公司各职员可以自由而且秘密地前来应聘，他们的部门上司无权阻止。公司职员每隔半年就要调换一次工作。这种新颖独特的人事管理制度为公司广大的年轻职员提供了施展才能的广阔天地。

索尼内部招聘制度的产生还有一则小故事。有一天晚上，索尼公司董事长盛田昭夫在公司餐厅与职工一边进餐，一边聊天。这时他发现一位年轻职员郁郁寡欢，就上前主动与之攀谈。几杯酒下肚，那位职员终于开口了：“进入公司前就对索尼崇拜得发狂，觉得这是我的最佳选择。但现在我发现我不是在为索尼公司工作而是在为我的科长干活，而我的科长是个无能之辈，我的所有行动和建议都必须经过他的批准。”听了那位职员的话，盛田昭夫想，类似的问题在公司里可能还有不少，应当关心他们的苦恼，不要堵塞了他们的上进之路，于是盛田昭夫萌发了改革人事制度的想法。

索尼公司实行了内部招聘制度后，取得了双重好处：①凡是有能力的职员都能找到自己比较满意的岗位；②人事部还可以从中发现“外流”职员的上司存在的问题。

二、人员选聘步骤

不管是外部还是内部选聘，为了保证新进人员符合工作要求，都应该引入竞争机制。人员选聘步骤程序如下：发布招聘信息→粗选合格者→对合格者进行知识与技能的考核（能力测评、情景模拟）→民意投票→确定合格者。

案例 6-2

欧莱雅的特色校园招聘方式

欧莱雅特色的招聘方式即通过打造一个品牌性的学生参与度高的比赛，获取企业需要的人才。为吸引世界各地的优秀学生，欧莱雅专门设计了多项极富创造性的招聘工具，如针对全球大学生的“全球在线商业策略竞赛”和“校园市场策划大赛”、“创新实验大赛”“校园创意大赛”及创始于中国的“欧莱雅工业大赛”等五项一年一度的校园赛事。这些形式丰富的商业实战比赛，成了欧莱雅巨大的人才库。

五大赛事的内容涵盖了一家企业发展的各个方面，包括市场营销、商业策略、工业生产、商业创意设计和产品研发，也为文科、理科、艺术等不同专业的高校学生提供了逼真而宝贵的商业经历和实践机会。

在这些赛事中，表现出色的选手除了能获得欧莱雅的奖金和奖励外，更有机会进入欧莱雅公司实习甚至工作。欧莱雅通过运用这种国际化的招聘工具，吸引来自全球的精英。

任务三　熟知人员培训与考核

一、人员培训

培养一个战略型人才和培养一个优秀的裁缝有相同的道理，应该让他先从缝好鞋垫做起，然后是短裤、裤子、衬衣，最后才是西装，一步一个台阶，不能操之过急。

管理人员的培训不仅可以提高管理人员的能力，而且可以使企业辨识个人的发展潜力，使那些在培训中表现突出的人未来更有机会担任更重要的工作，减少了管理人员的离职现象，稳定了管理团队。

（一）培训的目的

（1）提高员工技能，使之适应工作要求。

（2）统一思想，统一价值观。

（3）实现员工自我发展，稳定员工队伍。

（4）发掘员工潜能，充分利用现有人力资源。

（二）培训的方法

1.工作轮换

工作轮换的方法使管理人员丰富了管理技术，提高了管理能力。通过工作轮换，他们掌握了公司业务与管理的全貌，明确了系统各部门对整体运行和发展的作用，从而在解决问题时，能从系统的角度处理好全局与局部的关系。

管理工作轮换可以帮助员工积累不同部门的管理经验，这是提拔的需要与前奏。

非管理工作轮换可以帮助员工熟悉公司的各种业务。

2.设置助理职务

助理职务的设置，可以相应减轻负责人的负担。助理可以学习主管处理问题的方法。主管可以充分了解助理的能力，判断其发展潜力。

3.设置临时职务

当主管出差、生病、度假而使某个职务在一定时期内空缺时，可以设置临时职务。其作用有以下两点。

（1）培训管理人员。

（2）预防“彼得现象”，即在实行等级制度的组织中，每个人都崇尚爬到能力所不及的层次。例如：一名称职的技术工提升为经理后无法胜任；一个优秀的运动员被提升为主管体育的官员而无所作为。

二、人员考核

人员考核也叫人员评估，是指相关部门或人员按照一定的方法和程序，对组织中各部门、各岗位在一定时期内表现出来的工作绩效或能力素质所作的评估。人员考核的内容包括：①绩效考核，即考核履行岗位职责的情况；②素质评价，即考核符合岗位要求的程度和发展潜力，分析他们是否符合岗位的要求，任职后的工作能力是否有所提高。

考评的程序如下：确定考评内容→选择考评者→分析考评结果→根据考评结果建立人才库。

知识测试

一、单项选择题

1. 组织内部的专业化分工程度反映了组织的（　　）程度。

A.复杂性　　B.规范性　　C.集权性　　D.管理幅度

2.相比于外部招聘，内部提升的优点是（　　）。

A.来源广泛，选择余地大　　B.不会产生不满情绪

C.更快地胜任工作　　D.以上所有选项

二、多项选择题

1.组织文化的显性内容包括（　　）。

A.组织标志　　B.工作环境　　C.规章制度　　D.经营管理行为

2.组织文化的隐性内容主要包括组织哲学、价值观念、（　　）。

A.道德规范　　B.组织精神　　C.组织素养　　D.组织心理

3.组织四要素是指组织设计、组织结构、（　　）。

A.组织功能　　B.组织类型　　C.人员配备　　D.组织文化

三、判断题

1.组织文化是组织在长期的生存和发展过程中形成的价值标准。（　　）

2.因人择事是人员配备的重要内容。（　　）

技能训练

一、案例分析

小张的实习经历

小张是某大学管理学院大四学生。为顺利找到工作，也为检验和运用所学管理学知识，他到某公司进行毕业实习，并仔细观察和思考公司管理活动。该公司为取得市场优势，计划引进高科技型生产线。公司领导为促使其早日投产，决定从生产、销售、技术等部门临时抽调人员，采取“大会战”的形式保证生产线的早日投产。小张被安排到“大会战”一线某工程小组。第一任组长老张喜欢召开全体组员大会，几乎每星期召开一次，在

会上向大家通报情况，传达上级指示，鼓励大家艰苦奋斗，共创佳绩，但并没有取得理想效果。第二任组长老吴不大召开全组会议，他喜欢找人单独交流，有针对性地进行鼓励，大家的积极性都比以前有了显著的提高。为进一步推进“大会战”，公司总裁决定进一步采取授权行动，最近公司发文规定，在文件所列举的20种紧急情况下，一线经理有权自主采取行动，但需要将进展情况和结果及时向上级经理报告。受这些民主化管理氛围的激励，小张运用所学管理学知识，给组长老吴提出不少合理化建议，并在实习结束时领到了较丰厚的奖金。小张开始时很高兴，但随后不久，他无意之中看到了领发奖金一览表，脸色一下子就阴沉了下来。

【问题】

1.可以推测长期以来该公司在“大会战”前最有可能采用的组织结构形式是（　　）。

A.直线型　　B.事业部型　　C.直线职能型　　D.矩阵结构型

2.该公司采取从各部抽调人员进行“大会战”的形式实际上是一种（　　）。

A.事业部结构　　B.矩阵结构　　C.网络结构　　D.临时性结构

3.对于公司总裁进一步采取的授权行动安排，你认为下列描述中哪些（个）是合理的？（　　）

A.表明公司增加了一线经理的决策权

B.表明公司在尝试分权管理

C.只有无须报告上级经理，这种做法才是授权，可见公司没有采取授权行为

D.这不是真正意义上的授权，而只是一种工作落实

4.对于两位组长的做法，下面评述中哪些（个）是合理的？（　　）

A.老吴的权力比老张大，说话更有人听

B.老张、老吴的做法各有千秋，难分高低

C.老吴比老张更懂得沟通的艺术，说话更具鼓动性

D.老吴比老张更懂得需求层次理论，因而激励更有效

5.小张领到奖金，开始时很高兴，但随后不久脸色就阴沉了下来。下列哪种理论可以较恰当地予以解释？（　　）

A.双因素理论　　B.期望理论　　C.公平理论　　D.需要层次理论

二、项目训练

人员应聘

1.实训目的

（1）能够用人员配备的基本知识分析现代企业配备管理人员的要求和方法，培养学生人员招聘的能力。

（2）训练学生应聘的能力与心理素质，培养学生分析能力及表达能力。

2.实训内容与要求

（1）在开课时要求全班划分小组，成立 5~6 个模拟公司，公司名称自己确定，根据模拟公司的工作计划建立组织结构，各模拟公司组织招聘各部门负责人（班级统一制定编制或职数）；各模拟公司招聘由总经理主持，公司成员均为招聘组成员；每名学生可向不超过三家公司（不含本公司）应聘；各公司根据每个应聘者的表现决定聘任与否。同学们先在课下精心准备，在课上完成角色扮演。

（2）各公司要制订招聘计划，包括招聘目的、招聘岗位、任用条件、招聘程序，特别是聘用的决定办法。

（3）每个人要写出应聘提纲，或应聘讲演稿，特别要体现出应聘竞争优势。

（4）以公司为单位组织招聘活动。全班公司分为两大组，第一节 课前几家公司招聘，后几家公司的成员应聘；第二节课进行轮换；聘任由招聘公司成员集体投票决定（得多数票者应聘成功）；在两轮聘任结束后，按应聘成功的岗位数多少决定同学们的应聘成果。

3.考核要求

（1）以小组（公司）为单位提交模拟招聘具体方案。

（2）由老师和学生评分，评选最佳小组和 5 个最佳应聘者。

延展阅读

以人为本：爱立信（中国）公司

爱立信公司是生产通信产品及相关设备的跨国公司，在全世界 130 多个国家设有分公司，占通信行业市场份额的 40%以上，居全球领导者地位。

爱立信于 20 世纪 90 年代初期进入中国，发展异常迅速。正像很多大的跨国公司一样，爱立信也十分重视在中国的发展。随着爱立信产品在中国市场的推广和畅销，培训客户及本公司员工变得越来越重要。因为通信产品是高技术产品，我们平时见到的手机只是其中一个终端产品，与之相配套的有一系列大型、小型交换机及计算机管理设备等。每开通一种设备，都要有相应的技术维护人员，客户对爱立信培训的要求也越来越迫切，爱立信（北京）培训中心正是在这种情况下于 1994 年成立的。

在北京培训中心成立之前，中国客户的培训都要在国外的爱立信培训中心进行，即使是爱立信本身的员工培训也要在国外进行，这对客户和爱立信（中国）公司来说都是一笔昂贵的费用，爱立信（北京）培训中心成立后，大大缓解了这种矛盾。

爱立信（北京）培训中心成立之初，只有约 1 000 平方米的教室及办公室，没有自己的教师，所有的培训课都请爱立信其他培训中心的教师来讲，因为只有得到爱立信（瑞典）培训中心资格认证的教师才能讲授各类技术课程。这引起了两个问题，一是外请教师的费用较高，二是教师用英语授课，难以满足中国客户的要求。于是，爱立信（北京）培训中心开始招聘培养自己的教师，逐步实行教师本地化。到 1997 年，爱立信（北京）培训中心已有办公及教学区域面积 2 000 平方米，教师 40 人，运作支持人员 23 人，很大程度上满足了客户和本公司员工对技术培训的需要。到 1997 年底，共完成 30 000 个学生的培训任务。

多年来，爱立信在电信及相关设备供应方面一直居世界领先地位。目前，爱立信有 93 000 多名员工在 130 多个国家为客户解决电信需求问题。爱立信在中国和世界范围取得成功的关键环节之一是能充分激发员工潜力，重视员工与客户的培训。

1.健全的培训组织

爱立信（中国）公司的大多数培训工作目前主要集中在爱立信（北京）培训中心进行。

课程发展部的主要功能是讲授爱立信的各类培训课程，这些培训课程有明显的阶梯，明确的课程顺序，以确保课程体系的完整和课程质量。

课程中按课程类别进一步分组，每组有 1 名组长。课程发展部共有 26 名教师，1 名部门经理，1 名设备支持人员，负责调试所有教学试验设备。

市场部的主要工作是开发培训市场，组织和协调培训。简单地说，就是把爱立信的培训课程卖出去，反馈用户信息，使课程设置更适应中国市场的情况。市场部包括经理在内共有 4 人，覆盖了中国所有区域。

行政部按照培训课程相关事务进一步划分为小组，其中行政组负责培训课程的所有行政工作，包括在公司内网发出培训计划、提供学员名单、颁发结业证书等；顾客服务组主要负责住宿、饮食、礼品等相关工作，由 1 个人负责。另外，行政部还有 1 名司机，2 名清洁工。

2.员工的培训计划与过程

每年年初，爱立信培训中心根据市场部的需求预测及课程发展部的课程安排，制订全年的培训计划，内容包括课程名称、时间、费用和名额等。爱立信（中国）公司有一个 Intranet 网，行政部把这一年的培训计划放在 Intranet 网上，全公司的每一个员工都可以上网查询。各分公司及各个部门根据自己的预算及员工培训计划安排全年的培训计划。每年每个员工和部门经理有一至两次的“个人发展计划”谈话，部门经理根据员工的个人要求和本部门的情况安排员工的培训计划，所以说爱立信公司员工个人能力的培养，50%的责任在公司，50%的责任在员工自己。爱立信培训中心一旦发出新的培训计划，员工就可以根据与经理一起讨论的培训安排去培训中心报名。

爱立信培训中心收到员工报名表后，行政部根据课程安排给员工发一份邀请函，其内容包括课程名称、时间、地址、费用及有关规划，包括最迟在课程开始前一个月内允许取消课程等，否则，即使你没来上课，也会收取费用。

爱立信培训中心放在 Intranet 网上的培训计划每月更新一次，更新的主要内容有：通知员工哪个课程已经报满，哪个课程还有席位，又增加哪些新课等，所以爱立信的员工每月月初都十分关注更新的培训计划，以安排自己的时间，力争在一年内完成自己的培训计划。

爱立信培训中心规定，理论课最少不低于 16 人，最多不超过 24 人，实验操作课最少不低于 6 人，最多不超过 8 人。控制人数既可防止课程赔本，又可保证教学质量。在课程开始前一个月，如果发现有的课程报名人数还不够，行政组将在 Intranet 网上发布培训公告，请大家尽快报名，一般会收到很好的效果。

培训课程结束后，行政部根据考勤和考试情况给学员颁发爱立信专用证书，一般规定出勤率 90%以上才有资格领到证书。

模块四　领导与激励能力

项目七　领导

学习目标

1.理解领导权力和权力来源机制。
2.掌握授权艺术。
3.掌握组织会议的艺术。
4.掌握时间管理的艺术。
5.训练并掌握领导权力及艺术。

思维导图

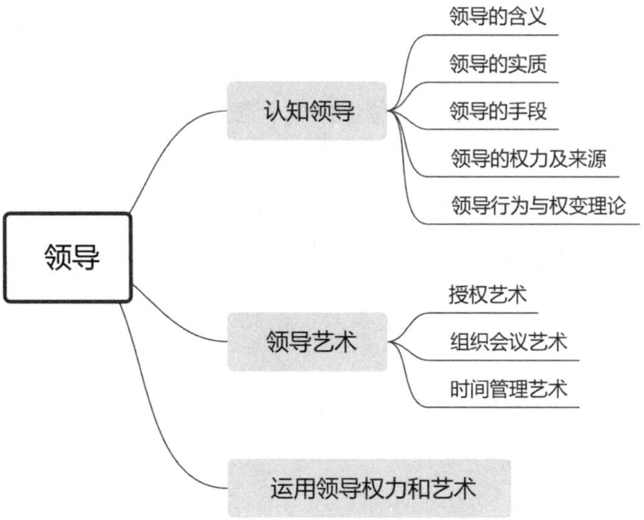

任务一　认知领导职能

导入案例

保利公司的总经理

保利公司是一家中美合资的专业汽车生产制造企业，总投资 600 万美元，其中固定资产 350 万元，中方占有 53%的股份，美方占有 47%的股份，主要生产针对工薪家庭的轻便、实用的汽车，在中国有广阔的潜在市场。

谁出任公司的总经理呢？外方认为，保利公司的先进技术、设备均来自美国，要使公司发展壮大，必须由美国人来管理。中方也认为，由美国人来管理，中方可以学习借鉴国外企业管理方法和经验，有利于消化吸收引进技术和提高工作效率。因此，董事会形成决议：聘请美国山姆先生任总经理。山姆先生有 20 年管理汽车生产企业的经验，对振兴公司胸有成竹。谁知事与愿违，公司开业一年不但没有赚到一分钱，反而亏损 80 多万元。山姆先生被公司辞退了。

这位曾经在日本、德国、美国等地成功地管理过汽车生产企业的经理何以在中国失败呢？多数人认为，山姆先生是个好人，在技术管理方面是个内行，为公司吸收和消化先进技术做了很多工作。他对搞好保利公司怀有良好的愿望，“要让保利公司变成一个纯美国式的企业”。他工作认真负责，反对别人干预他的管理工作，并完全按照美国的模式设置了公司的组织结构并建立了一整套规章制度。在管理体制上，山姆先生实行分层管理制度：总经理只管两个副总经理，下面再一层管一层。但这套制度的执行结果造成了管理混乱，人心涣散，员工普遍缺乏主动性，工作效率大大降低。山姆先生强调“我是总经理，你们要听我的”。他甚至要求，工作进入正轨后，除副总经理外的其他员工不得进入总经理的办公室。他不知道，中国企业负责人在职工面前总是强调自己和大家一样，以求得职工的认同。最终，山姆先生在公司陷入非常被动、孤立的局面。

山姆先生走后，保利公司选派了一位懂经营管理、富有开拓精神的中方年轻副厂长担任总经理，并随之组建了平均年龄只有 33 岁的领导班子。新班子根据实际情况和组织文化，迅速制定了新的规章制度，调整了组织结构，调动了全体员工的积极性。在销售方面，公司采取了多种促销手段。半年后，保利公司宣告扭亏为盈。

思考与讨论

请运用管理的有关原理分析保利公司总经理成败的原因。

一、领导的含义

关于领导（leadership）的定义，管理学界一直有着不同的解释，传统的管理理论认为领导是组织赋予一个人的职位和权力，以率领其部下实现组织的目标。但更多的管理学者认为，领导就是指挥、带领、引导和鼓励部下为实现目标而努力的过程。

在该定义中，包含了三个要素。

（一）领导者必须有部下和追随者

组织或群体目标的实现是在领导者的指挥、带领、引导和鼓励下，由领导者和部下共同完成的，仅凭一人之力想要完美实现目标的概率并不高，因此没有部下的领导者谈不上领导。

（二）领导拥有影响追随者的能力

领导靠着自己的影响力及个人魅力，获取大家的信任，吸引大家围绕在他的周围，让人们心甘情愿地追随领导者制定的目标。

（三）领导的目的就是通过影响部下来达成企业的目标

领导是一种目的性很强的行为，它的目的在于使人们积极热情、心甘情愿地为实现组织或群体的目标而努力。

二、领导的实质

（一）领导职能

管理者在进行计划、组织之后，就要执行领导职能，领导所属人员去实现组织的目标。这是中基层管理者最经常性的职能。

（二）领导的定义

领导是指管理者指挥、带领和激励下属努力实现组织目标的行为。这个定义包含以下三方面内容。

（1）领导的主体是组织的管理者。领导的客体是管理者的部下。有部下并能对其施加影响的人才可称为领导。

（2）领导的作用方式是带领与影响，包括指挥、激励、沟通等多种手段。

（3）领导的目的是有效实现组织的目标。

（三）领导实质上是一种对他人的影响力

领导即管理者对下属及组织行为与心理的影响力。这种影响力能改变或推动下属及组织的行为，从而有利于实现组织的目标。这种能动力可以称为领导力量或领导者影响力。管理者对下属及组织施加能动力的过程就是领导的过程。

三、领导手段

领导作为一种影响力，其施加作用的方式或手段主要有指挥、激励和沟通。

（一）指挥

指挥是指管理者凭借权威，直接命令或指导下属行事的行为。指挥的具体形式有：部署、命令、指示、要求、指导、协调等。指挥具有强制性、直接性、时效性等特点。指挥是管理者最经常使用的领导手段。

（二）激励

激励是指管理者通过作用于下属心理来激发其动机、推动其行为的过程。激励的具体形式包括能够满足人的需要，特别是心理需要的种种手段。激励具有自觉自愿性、间接性和作用持久性等特点。激励是管理者调动下属积极性、增强群体凝聚力的基本途径。

（三）沟通

沟通是指管理者为有效推进工作而交换信息、交流情感、协调关系的过程。沟通的具体形式包括：信息的传输、交换与反馈、人际交往与关系融通、说服与促成态度（行为）的改变等。这是管理者保证管理系统有效运行、提高整体效应的经常性职能。

三、领导权力及其来源机制

权力是管理者行使领导职能最重要的条件。管理者凭借权力与权威进行有效的指挥。

（一）领导权力

领导权力广义上包括两个方面：一是管理者的组织性权力，即职权。这是由管理者在组织中所处的地位赋予的，并由法律、制度明文规定，属正式权力。这种权力直接由职务高低决定其大小，以及拥有与丧失。二是管理者的个人性权力，主要指管理者的威信。这种权力主要不是靠职位因素，而是靠管理者自身素质及行为赢得的。它并不随职位的丧失而丧失，即狭义上讲的权力。

（二）权力的来源机制

领导者的权力从何而来，是什么赋予领导者影响他人的能力？瑞文和弗伦奇在《社会基础权力》中提出了权力的五个来源，即感召性权力、强制性权力、法定性权力、奖赏性权力及专家性权力。

1.感召性权力

感召性权力的基础是人们对于拥有理想的资源或个人特质的人的一种认同。如果某些人敬仰另一个人到了要模仿他的境界，被模仿的那个人对这些模仿者就拥有了感召性权力。因此，感召性权力也就是所谓的模范权。

2.专家性权力

专家性权力来源于专家的技能和知识。在科技日新月异的今天，这一权力日益成为领导权力的主要来源之一。

3.强制性权力

强制性权力是建立在惧怕基础上的，如果有成员不服从领导或管理，就可能给不服从者带来消极的结果。

4.法定性权力

法定性权力代表一个人通过组织中正式层级结构中的职位所获得的权力。这是获取权力基础的最常见的途径。

5.奖赏性权力

人们之所以愿意服从于某一个人的愿望或指示，可能是因为这种服从能给他们带来益处，这就是领导者所具有的奖赏性权力。

在这五个权力中，专家性权力和感召性权力是与组织职位无关的权力，这两个权力是由于领导者自身所具备的某些特殊条件才具有的，因此又称为非职位权力或个人权力。后三个则是由职位赋予领导者的权力，因此也称为职位权力。

任务二　领导行为理论和领导权变理论

一、领导行为理论

（一）艾奥瓦大学的研究

20 世纪 30 年代起，美国艾奥瓦大学著名心理学家勒温（Kurt Lewin）和他的同事们对团体气氛和领导风格进行了相应的研究，其研究结论又称为领导风格理论。

勒温等人通过研究发现，团体中的任务领导者们通常会具有不同的领导风格，而这些不同的领导风格则会对团体成员的工作绩效与工作满意度产生不同的影响。他们通过研究指出主要存在专权型、民主型及放任型三种领导风格。而勒温认为这三种不同的领导风格会带来三种不同的团体气氛及工作效率。

1.专权型领导

专权型的领导者往往只注重工作的目标，仅关心工作的任务与效率，对团队的成员不够关心。专权型领导者认为决策是其一个人的事情，要求团队成员对其决策绝对服从，在其所领导的团队中，团队成员无权参与决策。这种家长式的作风容易导致上下级之间存在较大的距离与隔阂，领导者对被领导者的心理及行为缺乏敏感性，而被领导者则对领导者存有戒心。在专权型领导风格的团队中，下级成员可能只是被动、盲目地去执行领导者的指令，团队中缺乏创新与合作精神。

2.民主型领导

民主型的领导者关心并满足团体成员的需要，领导者与被领导者之间相处融洽。在民主型的领导下，团队一切重要决策都会经过充分协商讨论后做出。团体成员有关团队工作的各种意见和建议将会受到领导者鼓励，而且很可能会得到采纳，组织中是民主与平等的氛围。在民主型领导下，团队成员的工作动机和自主完成任务的能力较强，效率较高。

3.放任型领导

放任型的领导者对工作及团体成员的需要两者都不重视，对其团体成员的工作执行情况既不监督和控制，也不主动协助，任由团队成员自主进行。在这种团队中，成员间很少发生冲突，但工作的进展并不稳定。

知识链接

怀特和李皮特的三种领导方式理论

美国管理学家罗夫·怀特（Ralph k. White）和罗纳德·李皮特（Ronald Lipper）提出了三种领导方式理论。

1.权威式领导

权威式领导者又称为“独裁式领导”，他们几乎决定所有的政策；对所有计划及具体的方法、技术和步骤等发号施令，并要求下属不折不扣地依从；单独决定工作内容、资源的分配及组合；平时与下属和员工接触较少、对他们了解不多，如有奖惩，也往往是对事不对人。大多数权威式的领导者为人教条而且独断，往往借助奖惩的权力实现对别人的领导，对下属既严厉又充满要求。

2.参与式领导

参与式领导者一般会在理性的指导下及一定的规范中，使下属及员工为了目标做出自主自发的努力。他们往往认真倾听下属的意见并主动征求下属的看法。参与式领导者将下属视为与己平等的人，给予他们足够的尊重。在参与式领导者管理的团队中，主要政策由组织成员集体讨论、共同决定，领导者采取鼓励与协助的态度，并要求下属及员工积极参与决策；对于确定完成工作和任务的计划、方法、技术和途径等方面，给予组织成员相当多的选择机会。通过集体讨论，领导者使团队成员对工作和任务有更全面、更深刻的认识，并就此提出更为切实可行的计划和方案。

按照下属及员工的参与程度，参与式领导方式又可分为以下三种类型。

（1）咨询式。领导者在做出决策前会征询组织成员的意见，但对于组织成员的意见，他们往往只是作为自己决策的参考，并非一定要接受。

（2）共识式。这类领导者鼓励组织成员对需要决策的问题加以充分讨论，然后由大家共同做出一个大多数人同意的决策。

（3）民主式。领导者授予组织成员最后的决策权力，他们在决策中的角色则更像是一个各方面意见的收集者和传递者，主要负责沟通与协调。

3. 放任式领导

此类领导者喜欢松散的管理方式，极少运用手中的权力，他们几乎把所有的决策权都完全下放，并鼓励下属独立行事。他们对下属及员工基本采取放任自流的态度，由下属自己确定工作目标及行动方案。他们只为组织成员提供决策和完成任务所必需的信息、资料、资源和条件，提供一些咨询，并充当组织与外部环境的联系人，而尽量不参与、也不主动干涉下属、员工的决策和工作过程，只是偶尔发表一些意见。任务的完成几乎全部依赖团队成员的自主工作。这种领导方式虽然控制力较弱，但对于专业人员而言却可以收到不错的效果。

（资料来源：百度百科）

（二）管理方格理论

1964 年，美国得克萨斯州州立大学的罗伯特·布莱克（Robert Blake）和简·莫顿（Jane Mouton）在出版的《管理方格》一书中提出了管理方格理论。这种理论倡导用方格图来表示和研究领导的方式。

他们设计了一个管理方格图（图 4-1），横轴表示领导者对生产的关心程度，纵轴则表示领导者对人的关心程度。横轴和纵轴各划分成为 9 个刻度，纵横交叉形成一个由 81 个小方格组成的管理图，这些小方格代表着 81 种不同的领导方式，其中最典型的领导方式有以下 5 种。

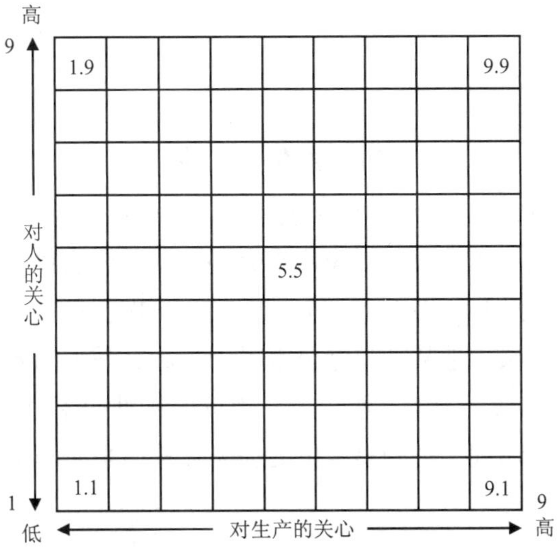

图 4-1 管理方格图

1.贫乏型管理（impoverished management）

贫乏型管理方式即图中的 1.1 型管理方式。此种管理方式的领导者既不关心生产，也不关心人，对组织的运行放任自流，没有担负起领导应有的责任。此种方式极易导致管理工作的失败，在现实中很少见到。

2.团队型管理（team management）

团队型管理方式即图中的 9.9 型管理方式。此种管理方式的领导者既十分关心生产，也十分关心人，他们善于将组织目标和个人目标有机结合，提供良好的工作环境，促使工作效率提高，这是几种方式中最有效的一种管理方式。

3.中庸之道型管理（middle-of-the-road management）

中庸之道型管理方式即图中的 5.5 型管理方式。此种管理方式的领导者既不过于偏重对生产的关心，也不过于偏重对人的关心。他们缺乏创新，但能维持足够的生产效率和士气。从长远来看，固守传统可能会使组织逐渐落伍。

4.俱乐部型管理（country club management）

俱乐部型管理方式即图中的 1.9 型管理方式。此种管理方式的领导者不关心生产，但对人却十分关心。组织内员工们能够轻松愉快地工作，关系十分融洽。这种管理方式容易导致组织目标无法顺利实现。

5.任务型管理（task management）

任务型管理方式即图中的9.1型管理方式。此种管理方式的领导者十分关心生产，而对员工的关心不够，他们为了保证组织目标的实现，会制定严格的规章制度和奖惩制度，这往往容易导致组织内的工作气氛不佳，降低员工的工作积极性。

在上述五种管理方式中，9.9型管理方式被认为是最有效的。但管理方格理论并未能证明9.9型管理方式在所有情境中是最有效的，该理论仅仅为领导行为提供了一个基本的框架，没能指出实现有效领导的具体步骤。

案例 7-1

副总家失火以后

一家公司的销售副总，在外出差时家里失火了。他接到妻子电话后，连夜火速赶回家。第二天一早去公司向老总请假，说家里失火要请几天假安排一下。按理说，这也不过分，但老总却说："谁让你回来的？你要马上出差，如果你下午还不走，我就免你的职。"这位副总很有情绪，无可奈何地从老总办公室里出来后又马上出差走了。

老总听说副总已走，马上把党、政、工、团负责人都叫了过来，要求他们分头行动，在最短的时间内，不惜一切代价把副总家里的损失弥补回来，把家属安顿好。

思考与讨论

1. 用管理方格理论分析这位老总属于哪一种领导风格，为什么？
2. 从本案例中你可以获得哪些启迪？
3. 你赞成这位老总的做法吗？有何建议？

知识链接

管理方格理论以"关心生产"和"关心人"为维度，将领导方式分成81种，其中5种典型的领导方式如下。

1.1型（贫乏型）。领导者既不关心人，也不关心生产，对组织运行放任自流，无所事事，无所作为，放弃领导者应有的责任。

9.9型（团队型）。领导者既十分关心人，也十分关心生产，善于把组织集体的目标和个人目标有机地结合起来，员工工作效率高而且工作环境好。

5.5型（中庸之道型）。领导既不过于偏重人的关心，也不过于偏重生产任务。领导者能维持足够的生产效率和士气，但是创新不够。

1.9型（俱乐部型）。领导者不关心生产和工作，主要关心人，组织内员工们都轻松地工作，友好地相处，但是组织目标实现却十分困难。

9.1 型（任务型）。领导者十分关心生产和工作，关心组织目标的实现，制定严格的规章制度和奖惩制度来保证任务的完成，但对员工的关心不够，组织内工作气氛不佳，员工的积极性不高。

该理论认为采用 9.9 型领导方式的领导者最为成功。

二、领导权变理论

（一）菲德勒模型

1951 年开始，伊利诺大学的弗雷德·菲德勒（Fred Fiedler）着手从组织绩效和领导态度之间的关系进行研究，经过长达 15 年的调查与研究，他提出了“有效领导的权变模式”，即菲德勒模型。

该模型基于这样的前提假设：在不同类型的情境中，总有某种领导风格最为有效。这一理论的关键在于如何界定领导风格以及情境类型，然后建立领导风格与情境的恰当组合。

菲德勒认为影响领导效果好坏的情境因素有以下三个方面：上下级关系、任务结构和职位权力。上下级之间的关系指领导者对其下属的吸引力以及下属对其领导者的喜爱、信任、忠诚度和追随的意愿。工作的任务结构是指下属担任工作的明确程度（清晰程度）。职位权力则是指与领导者职位相关联的正式职权以及领导者从上级和整个组织各个方面所取得的支持程度。

菲德勒根据上述三个方面情境因素的不同组合，总结出 8 种不同类型的环境条件，得出了在各种不同情况下有效的领导方式，如图 4-2 所示。

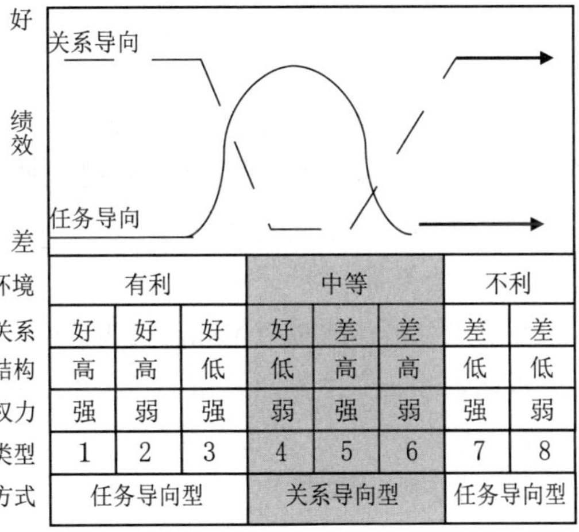

环境	有利			中等			不利	
上下级关系	好	好	好	好	差	差	差	差
任务结构	高	高	低	低	高	高	低	低
职位权力	强	弱	强	弱	强	弱	强	弱
类型	1	2	3	4	5	6	7	8
有效领导方式	任务导向型			关系导向型			任务导向型	

图 4-2　菲德勒模型

费德勒模型表明，在对领导最有利的情况下（类型 1、2、3）和最不利的情况下（类型 7、8），采用任务导向型领导方式的效果比较好。在对领导者中等有利的情况下（类型

4、5、6），采用关系导向型领导方式效果比较好。

（二）情境领导理论

1969 年，管理学家肯·布兰查德（Ken Blanchard）与组织行为学家保罗·赫西（Paul Hersey）和管理学家肯·布兰佳（Ken Blanchard）提出了情境领导理论。这一理论认为，领导者要根据不同的情境变换自己的领导行为，即想要取得卓有成效的领导效果，其领导行为就必须与被领导者的准备度相适应。

1985 年，布兰查德与同事一起对之前的情境领导理论进行了修订和完善，他们将之拆分成两个部分：领导风格和下属的成熟度，如图 4-3 所示。

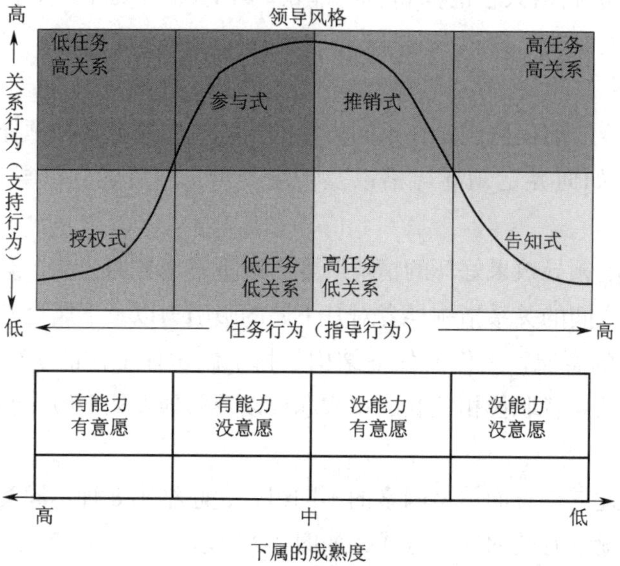

图 4-3　情境领导模型

1.领导风格

肯·布兰查德与保罗·赫西在情境领导模型中将领导风格分为了两个维度：任务导向及关系导向。他们在费德勒模型的基础上做了进一步的延伸，认为每个维度都有高低之分。由此两个维度经过交叉得出四种不同的领导风格。

1）告知式风格（S1，高任务-低关系）

在这种方式下，领导者的交流沟通重点是如何达成目标，这是一种具有很强指令性的领导模式。使用这种方式的领导一般会事先告知下属需要达成的目标以及如何才能达成目标，然后对下属进行严格的监管。

2）推销式风格（S2，高任务-高关系）

在此种风格下，领导者交流沟通的重点既包括目标的达成，又包括对员工需要的满足。这种风格下，领导与员工能够进行双向沟通，但这种方式依旧是由领导者最终决定需要达成的目标以及如何达成目标。

3）参与式风格（S3，低任务-高关系）

此种风格的领导者不仅关心目标是否达成，还会通过支持来促进员工去提高自己完成任务达成目标所需要的技能。此种风格的领导者通常会及时地给下属相应支持。

4）授权式风格（S4，低任务-低关系）

领导者通过这种方式，能够使员工有足够的自信与动机去完成任务。授权式风格的领导者很少参与到计划制订、细节控制以及任务说明中去。他们通常会授权员工独立完成相关的任务。

2.下属的成熟度

下属的成熟度是情境领导模型中第二个重要的部分。情境领导理论认为，员工的成熟度主要受两个因素影响：员工的能力和意愿。

在某项具体的任务中，员工的成熟度从低到高分为四类——R1、R2、R3 和 R4。总体而言，R1 型的员工没有能力且不愿意承担该任务；R2 型的员工虽然愿意承担该任务却不具备相应的能力；R3 型员工具有较强的能力，但没有意愿承担该任务；R4 型的员工在四种类型中的成熟度是最高的，他们具有较强的能力并且愿意承担该任务。

情境领导理论指出，领导者应针对不同成熟程度的下属采用不同的领导风格。因此，领导者需要先判断下属完成某项任务的能力及意愿如何，然后以此为依据来调整自己的领导风格。对于低成熟度的下属（R1），应采用告知式（S1）的领导风格；对于中等成熟度的下属（R2、R3）则应分别采用推销式（S2）和参与式（S3）的领导风格；而对于高成熟度的下属（R4），则采用授权式领导风格（S4）。

（三）路径-目标理论

20 世纪 70 年代，罗伯特·豪斯（Robert J. House）提出了路径-目标理论。该理论以期望机率模式和对工作、对人的关心程度模式为依据，认为一个领导者的工作效率是以其能否激励下属达到组织目标并在工作中得到满足的能力来衡量的。领导者的基本职能，一是要制定合理的、员工所期待的报酬，让员工清楚他们付出的努力能够获得相应的回报，二是要帮助部下将期望转变为动力，为下属实现目标扫清道路。

该理论提出了以下四种领导方式。

1.指示型领导方式（directive leader）

这类领导者会对下属提出要求，指明完成的路径，给下属提供相应的指导和帮助，使下属在明确的规章制度及完成时限下，能够按照常规的工作程序去完成任务、实现目标。

2.支持型领导方式（supportive leader）

这类领导者平易近人，关心下属的需求，与下属关系融洽，给予下属平等对待并提供相应的支持与帮助，使下属能够在轻松愉悦的环境中工作，受到下属尊敬。

3.参与型领导方式（participative leader）

这类领导者经常与下属沟通协商工作，愿意虚心听取下属的意见和建议，让下属参与到决策与管理中。

4.成就导向型领导方式（achievement-oriented leader）

这类领导者所做的一项重要工作就是树立具有挑战性的组织目标并激励下属想方设法去实现这一目标。

路径—目标理论认为，环境和下属两个权变变量会影响领导方式的选择。领导者应该根据不同的环境特点来调整其领导方式与作风，当领导者面临新的工作环境时可以采用指示型领导方式，让下属明确每个人的具体工作任务；在此后可以采用支持型领导方式，这种方式有利于上下级之间形成一种协调的工作氛围。而领导者随着对组织情况进一步熟悉，则可以采用参与型领导方式，通过与下属积极主动地进行沟通协商，让下属参与到决策和管理中来。在此基础上，就可以进一步采用成就导向型领导方式，领导者与下属一起制定具有挑战性的组织目标，共同为实现组织目标而努力工作。

思政园地

减少时间浪费——提高做事效率

领导让甲、乙两人各自在一天内翻译完一份10页的资料。甲花了4小时，乙花了8小时。如果两人错误率相同，那么谁的效率更高？你肯定会说，甲的效率更高。怎么得出这个结论的呢？因为同样的任务量，甲的用时更短。

你看，效率与时间无关吗？甲正是因为效率更高，所以花费的时间更短。

如何提高效率呢？关于提高效率，给大家分享5个方法。

1.严格执行计划，拒绝拖延

制订计划很简单，但不知道为什么，都没有完成，慢慢地也就不计划了，因为感觉没什么用。起初计划每周看完一本书，最终却发现自己并没看几本，书架上的书早就落了灰。

好不容易下定决心健身减肥，可没过多久，就又恢复了往常该吃吃该喝喝的状态。本该天天做题充分准备考试，却只能在考试前几天开始逼自己做题。其实啊，你应该意识到，90%以上的计划都是因为拖延而废掉的。

今天事情太多了，明天再抽时间看书吧。

今天下雨了，就不跑步了，明天再说吧。

还有10天才考试呢，明天复习也来得及。

你需要知道，拖延的本质是带有厌恶情绪的自我欺骗，只会浪费时间，永远无法从根本上解决任何问题。所以如果你想要减少时间的浪费，首先必须克服的就是自己的拖延心理。

在制订好切实可行的计划后，严格地将其执行到底，无论计划中的事情难易如何，都不要拖延。

2.识别每项任务的关键点

很多同学做题时不解出来不换题。这种做法就是典型的浪费时间。过度追求完美是没有时间观念的表现。过于注重每一个细节，在细节上花费过多的时间，反而容易忽视那些最重要的部分，更不用说按照计划完成任务了。正确的做法是，在开始执行每项任务前，问自己两个问题：

这项任务的关键点在哪里？

哪些细节可以适当忽略掉？

比如，考试中的关键点是在规定的答题时间内尽可能多拿分。那种思考两分钟以上没有思路或想不起来的题就应该先跳过，答完其他的题，如果还有时间再来解决。再比如，看书时的关键点是那些对自己有帮助的信息（作者的研究成果、独到观点等），其余的内容可以迅速略过。

做任何一项工作，都要将自己的注意力放在关键点上，每当想要去关注无关紧要的细节时，都要提醒自己：还是先跳过这个问题吧，这样就能把更多时间放在关键点上。

3.保持专注

你下定决心，拒绝拖延，开始认认真真执行学习计划。可刚开始看了 20 分钟书，你就忍不住拿起手机玩儿了起来。10 分钟后，你突然想起自己还要学习，就放下手机，重新开始看书。在这个过程中，你以为自己玩儿了 10 分钟手机，但实际上，你花了 15 分钟。当你玩儿手机的时候，你刚才学习时激活的神经网络逐渐被抑制。所以当你放下手机重新开始看书，至少需要 5 分钟来努力集中注意力，把刚才被抑制的神经网络重新激活起来。也就是说，大脑在不同任务间切换是需要额外时间的。你每跑一次神，就多浪费 5 分钟。再跑一次神，就再多浪费 5 分钟。你不断跑神儿，时间就会被这样浪费下去。

如果你做不到专注，就会浪费比你意识到的还要多的时间。所以，在执行计划中，不仅要拒绝拖延，关注重点，还要保持专注。

4.顺应自己的生物钟，合理安排任务

生物学家研究发现，人的大脑在一天中的 3 个时间段比较活跃：早起后的 3~4 个小时，中午过后的 3~4 个小时，晚上 7~9 点。具体的时间会因人而异，比如有些人是夜猫子，白天昏昏沉沉，晚上精神亢奋。不论你的生物钟是怎样的，你都需要观察自己思维活跃和迟钝的时间段，然后根据它的规律安排难易程度不同的任务。费脑子的任务可以放到思维活跃的时间段，相对轻松的任务可以放到疲乏犯困的时间段。

举个例子：假如你是一个早晚思维活跃的考研学生，你就可以早晚专攻难度较大的数学和专业课，下午刷英语真题、背政治。这样就能在保证效率的前提下，最大化地把时间利用起来。

5.记录时间并每日复盘

时间是看不见摸不着的，想要管理时间，必需通过可视化的手段，从空间的角度去看时间。如果不能很清楚地掌握时间的去向，你是做不到高效工作或学习的。所以，记录时间非常有必要。

思政园地

领导的艺术

常言道，“千军易得，一将难求”。“火车跑得快，全靠车头带”。可见“好领导”是稀缺的，“好领导”的作用是关键的。下面借鉴《孙子兵法》从五个方面来浅析领导应具备的实干才能。

1.合理运用资源，善于解决问题——智

一个团队的领导者，首先需要具备清晰而有智慧的头脑。如何合理运用当下的资源？比如如何进行岗位安排，如何调配管理物资，如何提升团队能力。在面临麻烦问题时，如何听取团队意见？如何拍板做决定？毕竟“家有千嘴，主事一人。”在解决问题时，要注重方式方法，多换位思考，多了解问题的实质，比如经商不善，必定是营销方法或者商品有问题。寻根究源，有效解决问题，是一种大智慧。

2.纵使很少讲话，江湖却有你的传说——信

“桃李不言，下自成蹊”，讲的是桃树和李树不招引人，但因它有花和果实，人们在它下面走来走去，便走成了一条小路。威信是领导的第二才能。如何在集体中有威望，做到言必信，行必果，上行下效，全靠领导的威信。你平时做事的态度，在企业里解决实质问题的内容和方式方法，都会给下属留下印象。一句脏话，在下属脑海中印下了你的粗鲁；一个微笑，带给别人一个阳光的工作心态；总把你性格的缺陷和言行的不足暴露在下属面前，就别谈“下自成蹊”了。

3.爱惜为自己工作的人，因为他们在为你“攒业绩”——仁

军事家吴子在带兵的时候，巡视军营，发现士兵后背长着脓包，便用刀豁开脓包，用嘴一口一口地去吸士兵背上又脏又臭的脓。事情传到士兵母亲的耳朵里，老太太当时哭了，别人问：“大将军这么对待你的儿子，你怎么不高兴还哭呢？”老太太说：“他父亲活着的时候，也在吴将军手下当兵，父子一个脾气秉性，一个毛病，都是背上有脓，他父亲也是吴将军用嘴吸的脓，后来他父亲拼了命地为大将军效劳，结果死在沙场，这回我看我的儿子也活不成了。”这个故事真假无从考证，但给人的启迪是，如果你对你的“士兵”像“婴儿”一样呵护有加，他就会为你赴汤蹈火，在所不辞。军人到战场上惧怕的不是死亡，惧怕的是对生命价值的漠视。

4.勇敢，果断

这个勇不是只靠一腔热血。古代有个姚襄，被苻坚率众包围，受不了阵前的辱骂，不听军师劝告，说了一句话：“二雄不能并立，希望上天不要抛弃有德之人而救助黎民。”结果杀出一条血路冲出城外，被打死了。淝水之战，谢安率八万军士和前秦苻坚百万军士交战，因为计策妥当合理，谢安跟友人在军帐中下棋博弈，前方送来战报，他看完战报继续淡然下棋，跟友人说：“前方小孩子过家家打胜了，无妨无妨。”战争结束后，谢安大获全胜。而反观苻坚败退八公山前时，留下了经典的成语：“八公山上，风声鹤唳，草木皆

兵”，已然他被吓破胆了。用蒙哥马利的话讲，符坚不是一个善于管理恐惧的人。面对危机和困难，不能光凭一腔热血，那不是真正的勇敢，真正的勇敢是面对危机，善于管理恐惧，淡然处之，以最好的方法解决问题。没有胆怯之心，哪有大勇之意？在最需要进行抉择的时候，勇敢果断是领导的高端艺术。

五、严明，严格

纪律严明，赏罚分明，是保证集体“团结，紧张，严肃，活泼”的关键。一个企业，若规章制度完善，则企业的职能不至于衰败。作为行政领导，在强调纪律以后，决不能朝令夕改。如犯，则罚。如行之有效，则赏。只罚不赏，危已。“慈不带兵”，对于下属的一切容忍，就是在毁掉自己的威信和单位的业绩。

知识测试

一、单项选择题

1.相对而言，在组织中以提高组织活动效率为主的是（　　）。

A.管理与领导　　B.只是管理

C.只是领导　　D.既不是管理也不是领导

2.为了确保成功，领导者必须有（　　）。

A.职位权力　　B.个人权力

C.职位权力与个人权力　　D.两类权力之外的权力

二、判断题

1.在组织中领导只是管理的一种职能，所以领导范围小于管理。（　　）

2.在组织中管理者是被任命的，而领导可以被任命更可以是自然形成的。（　　）

3.个人魅力也会从一定程度上提升领导者对追随者的影响力。（　　）

4.领导权变理论认为没有一种理论、方法可“放之四海皆准”。（　　）

5.管理方格理论体现领导者应该比关心生产更关心下属方可成功。（　　）

三、案例分析题

神偷请战

用人之道，最重要的是要善于发现、发掘、发挥属下的一技之长。用人得当，事半功倍。楚将子发爱结交有一技之长的人，并把他们招揽到麾下。有个其貌不扬，号称“神偷”的人，也被子发待为上宾。有一次，齐国进犯楚国，子发率军迎敌。交战三次，楚军三次败北。子发旗下不乏有智谋之士、勇悍之将，但在强大的齐军面前，简直无计可施了。这时神偷请战，在夜幕的掩护下，他将齐军主帅的睡帐偷了回来。第二天，子发派使者将睡帐送还给齐军主帅，并对他说：“我们出去打柴的士兵捡到您的睡帐，特地赶来归还。”当天晚上，神偷又去将齐军主帅的枕头偷来，再由子发派人送还。第三天晚上，神偷连齐军主帅头上的发簪都偷来了，子发照样派人送还。齐军上下听说此事，甚为恐惧。主帅惊骇地对幕僚们说：“如果再不撤退，恐怕子发要派人来取我的人头了。”于是，齐军不战而退。

问题：楚将子发成为领导者的关键因素是什么？

项目八　激励

学习目标

1.理解激励的概念；了解激励的过程。
2.掌握内容型激励理论中的各主要理论。
3.掌握过程型激励理论中的各主要理论。
4.掌握激励方法与艺术。

思维导图

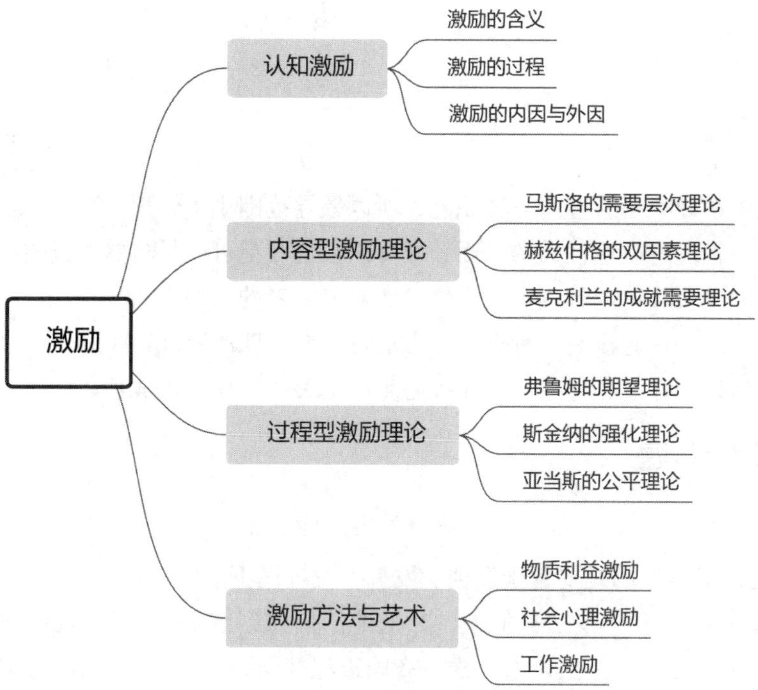

导入案例

F 公司员工激励计划

F 公司是一家生产电信产品的公司。在创业初期，一批志同道合的人，不怕苦不怕累，从早到晚拼命干。公司发展迅速，几年之后，员工由原来的十几人发展到几百人，业务收入由原来的每月十几万元发展到每月上千万元。企业大了，人也多了，但公司领导明显感觉到，大家工作积极性越来越低，也越来越计较。

F 公司的老总黄先生一贯注重思考和学习，为此特地到书店买了一些有关成功企业经营管理方面的书籍来研究，他在介绍松下幸之助的用人之道一文中看到这样一段话："经营的原则自然是希望能做到'高效率、高薪资'。效率提高了，公司才可能支付高薪资。但松下先生提倡'高薪资、高效率'时，却不把高效率摆在努力目标的第一位，而是借着提高薪资来提高员工的工作意愿，然后再达到高效率。"他想，公司发展了，确实应该考虑提高员工的待遇，一方面是回报老员工为公司辛勤工作，另一方面是吸引高素质人才加盟公司。为此，F 公司重新制定了薪酬制度，大幅度提高了员工的工资，并且对办公环境进行了改善。

高薪的效果立竿见影，F 公司很快就聚集了一大批有才华有能力的人。所有的员工都很满意，大家热情高，工作十分卖力，公司的精神面貌也焕然一新。但这种好势头不到两个月，大家又慢慢恢复到懒洋洋、慢吞吞的状态。这是怎么啦？

思考与讨论

为什么 F 公司的高薪没有换来高效率？

任务一　认知激励基础

一、激励的原理

（一）激励的概念

激励从其字面意思来看，就是激发鼓励之意。从管理学的角度来看，激励是指领导者运用各种手段来激发下属的动机，从而鼓励下属充分发挥其内在潜力，努力实现自己所期望的目标，并引导下属按照实现组织既定目标的要求去行动的过程。因此，在管理工作中的激励就是所谓的调动人的积极性。

（二）激励的过程

所谓激励的过程是一系列的连锁反应过程，即从感觉有需要开始，由此引发要求或要追求的目标，由此便会出现一种紧张感，也就是通常所说的未满足的欲望。然后就会引起为实现目标的行动，这种行动指向一定的目标，在目标实现后方能获得满足，但同时由于欲望的无限性，在此基础上又会产生新的需要。激励就是在上述的连锁反应过程中，通过刺激人的某种需要，激发人的动机，使其形成一种强大的心理驱动力，进而产生某种特定行为的过程，见图 8-1。

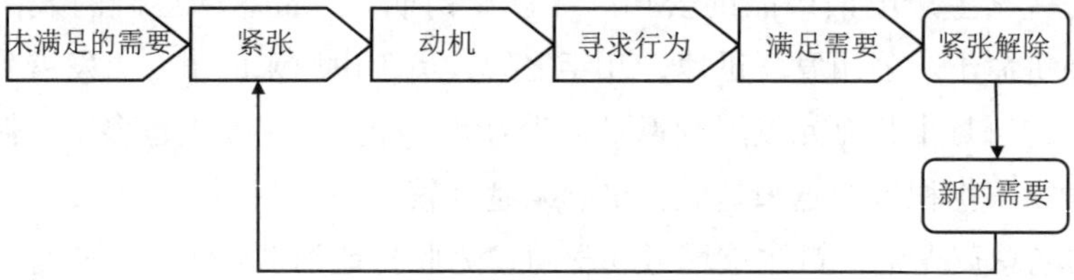

图 8-1　激励的过程

（三）激励的内因与外因

激励来自两个方面：其中一个方面是“外在的”，而另一个方面则是“内在的”。来自外部因素的激励，即外因带来的激励称为外激励；源于内在因素的激励，即内因起作用的激励称为内激励。

内外激励往往是同时存在的。其中，内在因素是促使人们产生行为的基本原因，而外在因素则是一种“诱因”。这些诱因既包括物质的刺激也包括精神的刺激。外在的诱因能否有效地影响激励效果，取决于外在诱因能否与被激励者的需要、个性特征、价值观等内在因素相吻合并产生共鸣。只有在人们感觉到某种东西正好是自己的需要并且有可能得到时，外因才会产生较强的吸引力和影响力，从而激发人们的工作动机，否则就不会产生相应的激励作用。

二、内容型激励理论

（一）马斯洛的需要层次理论

1943 年，亚伯拉罕・马斯洛（A .H. Maslow）在其发表的《人类动机的理论》一书中提出了需要层次理论，该理论是应用最广泛的激励理论之一。马斯洛把人们的需要划分成五个层次，最基本的是生理需要，其次依次是安全需要、社会需要和尊重需要，最高层次的需要是自我实现的需要。

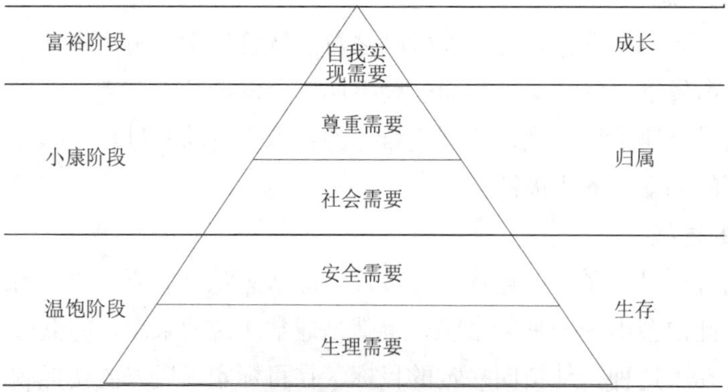

图 8-2　马斯洛需要层次理论

马斯洛需要层次理论呈金字塔形，由下至上的五个层次，如图 8-2 所示。

1.第一层次：生理需要

生理需要是人类最原始、最基本的需要，例如吃饱、穿暖、有固定住所遮风挡雨等。也就是说，这一层次的需要是所有需要中最为强烈的一个，同时也是推动人们行动的强大动力之一。当一个人为生理需要所困时，其他的一切需要都退居次要地位。

2.第二层次：安全需要

安全需要包括劳动环境的安全、职业的安全、稳定的生活、能够免受天灾人祸、希望未来有保障等。安全需要层次要比生理需要层次高一级，当第一层次的生理需要得到满足以后就要保障安全需要的实现。

3.第三层次：社会需要

社会需要又称情感与归属需要，它是指个人渴望能够得到家庭、朋友、同事、团队的关怀、爱护与理解，这一层次的需要是对友情、信任、温暖和爱情的需要。社会需要比生理需要及安全需要更加细微和难以捉摸。社会需要与个人的性格、经历、生活习惯、民族、宗教信仰等都有关系，而且这种需要往往是难以察觉和无法度量的。

4.第四层次：尊重需要

尊重需要主要包括自我评价、自我尊重和尊重别人。这一层次的需要很少能够得到百分之百的满足，但是只要能够实现基本上的满足就可以产生强劲的推动力。

5.第五层次：自我实现需要

自我实现需要是五个层次中最高层次的需要，这是一种创造的需要。有着自我实现需要的人们，往往会竭尽所能地实现自己的目标及理想，并以此获得相应的成就感。

马斯洛认为，人的需要是由低向高逐级提升的，这种情况下只有低层次的需要获得了满足，才会出现更高层次的需要。而已获得满足的需要便无法再起到激励作用，只有未得到满足的需要才能起到激励的作用。因此，管理者需要去了解被管理者未满足的需要和优势的需要分别是什么，以此为依据来设置最有吸引力的目标，这样才能够起到激励员工的作用。

（二）赫兹伯格的双因素理论

美国心理学家赫兹伯格在 1959 年与别人合著出版的《工作激励因素》和 1966 年出版的《工作与人性》两本著作中，提出了激励因素与保健因素，简称“双因素理论”。

赫兹伯格等人在研究中共访问了二百多位工程师和会计人员，并请其列出那些在工作中能够使他们感到愉快的项目以及使他们感到不愉快的项目。通过对调查结果进行分析发现，受访人员觉得未能满足的因素多数与工作环境有关，比如公司的政策、工作条件、人际关系、薪酬等。受访人员觉得满意的因素，大多数属于工作自身的因素，比如成就、上级的赏识、工作富有一定的挑战性等。赫兹伯格由此进一步推导出工作环境因素就算得到满足，也不能使人在思想上产生满意感，因而无法起到激励的作用。但是这类因素的满足又是必要的，因为人们如果得不到满足则会产生不满。由此这类因素又称为“保健因素”。

后一种与工作内容有关的因素，赫兹伯格称之为激励因素，这一类因素可以使职工产生满意感，即使职工尚未达到满意也不会产生不满。详见表 8-3。

赫茨伯格的激励因素相当于马斯洛需要层次理论中较高层次的需要，保健因素则相当于较低层次的需要，两种理论的侧重点有所不同。马斯洛需要层次理论侧重于分析需要或者动机，赫茨伯格的双因素理论则侧重于分析能够满足这些需要的目标或诱因。但是，这两种理论都并没有把个人需要的满足同组织目标的达成联系起来，这就成为该理论的局限之一。

表 8-3 保健因素与激励因素的对比

比较项目	保健因素	激励因素
满足/不满足的原因	工作环境 工作条件 非工作标准	工作本身 工作性质 工作标准
显示的需要	经济的 物质的 社交的 安全、方向 身份及地位	成长 责任 成就 赏识
特征	属于生理方面的 重视任务 短暂的满足 不满足/没有不满足	属于心理方面的 重视目标 长期满足 满足/没有满足
具体内容	与上下级之间的关系 工作环境或条件 薪水报酬 工作的稳定性、安全感 在企业中的职务与地位 个人生活	工作中得到认可与赞赏 工作职务的责任感 工作的成就感 工作的发展前景 个人的成长及晋升机会

（三）麦克利兰的成就需要理论

大卫·麦克利兰（David Maclelland）于 20 世纪 50 年代通过对人们的需求和动机进行研究，在自己的一系列文章中提出了成就需要理论。

麦克利兰认为，人们的需要并不都是与生俱来的，其中的某些需要是通过个人生活经历获取的。人们后天形成的需要主要分为三种，即权力需要、友谊需要和成就需要。对权力的需要是指人们渴望自己能够影响或控制他人、为他人负责、对他人具有权威。对友谊的需要是指人们渴望自己与他人形成密切的关系，同时避免冲突并建立稳固的友谊。对成就的需要是指人们具有追求更高成就的强烈欲望，他们敢于迎接挑战，同时为自己设置一些有一定难度的目标，从而掌握复杂的技能并超越其他人。

成就需要理论还指出对于不同的人，这三种需要的排列顺序和比重也会有所不同。而这些差别与每个人早期的生活阅历有着很大的关系。

根据麦克利兰对人们的需求和动机进行的研究得出，那些有着高成就欲望的人，往往会成长为企业家。而有着强烈友谊需求的人一般则会成为成功的“人际关系调节者”。而那些对权力有着强烈欲望的人则有较多机会晋升到组织中的高级管理层。

三、过程型激励理论

（一）弗鲁姆的期望理论

1964 年，美国心理学家弗鲁姆（Victor Vroom）在《工作与激励》中提出了激励理论，该理论主要研究人们对自己的工作能力及应得到回报的期望值在激励过程中的作用。

期望理论的基本观点是，人们从事某项工作所受到的激励程度取决于两个因素，一个是其经过努力后所取得的最终结果的价值大小，另一个则是经过其努力后实现该结果可能性的高低。期望理论基本观点可以用期望公式表示为：

$$M=E\times V$$

其中，字母 M 表示激励程度，它反映的是一个人工作积极性的高低及持久程度，它决定着人们在工作中会付出多大努力；字母 E 表示期望值，它是指某种既定目标成功实现的主观概率，即人们主观地估计自己的能力以及经过努力达到该目标的可能性大小。字母 V 则表示效价，它是指一个人对达到的某种成果的偏好程度，即人们对自己实现目标之后获得的报酬价值的主观评价。

由公式可以看出，一个人对他所追求的目标的价值看得越大，估计能实现该目标的概率就会越高，那么他的动机就会因此而越发强烈，激励的水平也就越高，其内部潜力才越能被充分地激发出来。

根据这一理论研究，针对如何激发人们的潜力，使之达到最好的状态，弗鲁姆提出了期望模式，如图 8-4 所示。

图 8-4　期望模式

员工对待工作的态度如何取决于对下列四种关系的判断。

（1）努力同绩效的关系。它是指通过个人努力能否达到预期的个人成绩，这是一级目标。努力同绩效的关系取决于个体对这一目标的期望值。而期望值的高低又取决于目标是否适合个人的认识、态度等个性倾向以及其社会地位、别人对其的期望等社会因素。

（2）绩效同奖励的关系。它是指个人取得的成绩（绩效）能否为自己带来预期的奖励，这是二级目标。人们往往会期望在达到预期的成绩之后，能够以此得到合理的奖励，比如奖金、职位晋升等。一个组织的目标如果没有相应的有效的精神或物质奖励来强化，长久下去组织成员的积极性就会降低甚至磨灭。

（3）奖励同个人需要的关系。它是指对于通过个人努力获得成绩的人奖励什么需要根据每个人不同的个人需要而定，也就是说要考虑效价。只有采取多种形式的奖励，满足成员的各种需要，才能最大限度地挖掘他们的潜力，从而有效地提高工作效率。

（4）需要的满足同新的行为动力之间的关系。当一个人之前的需要得到满足后，他便会产生新的需要、追求新的期望目标。需要得到满足的心理会促使人们产生新的行为动力，并对实现新的期望目标产生更高的积极性。

综上所述，管理者在激励其下属员工时，首先就需要了解员工最迫切的需要是什么，员工的个人目标是什么，并以此为依据为员工设置出在他看来最有绩效的目标。其次要真正将员工经过努力所达到的个人成绩（绩效）与他的个人目标联系起来，并让员工事先知道相应的联系。最后，要让职工有这样的认知，即每个人只要努力工作，就有可能达到其所期望的绩效水平，并最终能够据此获得其所期待的奖励。

（二）斯金纳的强化理论

强化理论是由美国的心理学家斯金纳（Burrhus Frederic Skinner）首先提出的。它从人的行为与其结果之间的联系出发去研究如何才能改变人的行为。

该理论认为，人们的行为是个体对外界刺激所做出的反应。而如何反应则主要取决于特定行为的结果。当该行为的结果对其有利时，这种行为就会重复出现。当该行为的结果对其不利时，个体就可能会改变自己的行为以避免再次出现这种结果。因此，管理者可以通过控制外部的环境条件即外部刺激来改变人们的行为。这就是所谓的强化，又称为行为修正。

强化包括正强化、负强化以及自然消退三种类型。正强化是指用一种能够令人满意的方式（比如赞扬、涨工资或升职等）表示对该类行为的肯定与奖励，从而来强化组织所需要的这种行为。负强化则是指让员工明白不符合要求的行为会给其带来不愉快的结果（比如批评或评价较低、罚款、处罚等）。员工们为了避免这种不愉快的结果，就会去学会正确行事，从而增加了符合要求行为的重复出现，这种强化与正强化殊途同归。自然消退又称为衰减。它是指对原先可接受的某种行为强化在一定时间内不再予以强化甚至是直接撤销，这种行为将逐渐下降直至消退。

（三）亚当斯的公平理论

20 世纪 60 年代，由美国心理学家亚当斯（J. S. Adams）首先提出公平理论。该理论主要研究个体对自己是否获得平等对待的判断如何影响该个体的工作行为及其满意度。根据公平理论，如果人们认为自己所做的工作、贡献与其所获得的报酬是大致平衡的，他们就会认为自己受到了公平对待。

人们一般会用自己的投入与所得之比来衡量是否获得公平对待。人们与之进行比较的参照对象一般往往是同一组织内与自己情况类似的其他人，或者是别的组织中与自己经历或能力类似的其他人。只要自己的投入与所得比与他人的相等就会感到获得了公平对待，但如果该比率低于别人的，就会认为不公平。

当一个人觉得存在明显不公平的时候，便可能会出现一些心理上的紧张状态，并且会想方设法来降低自己的这种不公平的感觉，从而恢复心理平衡。

对于企业的管理者来说，公平理论带给了他们重要的启示，即要公平地对待每一个员工。有效的管理者总是非常重视组织内部的公平问题，会努力去创造一种公平的组织氛围，以使组织成员受到不断的激励。

知识链接

激 励 模 式

波特（L.W.Porter）与劳勒（E.E.Lawler）以期望理论为基础推导出更为完备的激励模式，较好地说明了整个激励的过程。该模式认为激励并不是简单的因果关系，设置了激励目标并不一定能获得所需的行动及努力，员工也不一定就会满意。通过激励模式，可以分析出以下几点。

（1）个人是否努力以及努力的程度不仅仅取决于奖励的价值，还受到个人察觉出来的努力和受到奖励的概率的影响。个人察觉出来的努力是指其认为需要或应当付出的努力，受到奖励的概率是指其对于付出努力之后得到奖励的可能性的预测。很显然，过去的经验、实际绩效及奖励的价值将对此产生影响。如果个人有较确切的把握完成任务或曾经完成过并获得过相当价值的奖励，那么他将乐意付出相当程度的努力。

（2）个人实际能达到的绩效不仅仅取决于其努力的程度，还受到个人能力的大小及对任务的了解和理解程度的影响。特别是对于比较复杂的任务如高难技术工作或管理工作，个人能力及其对此任务的理解较其付出的努力对所能达到的绩效的影响更大。

（3）个人所应得到的奖励应当以其实际达到的工作绩效为价值标准，尽量剔除主观评估因素。要使个人看到：只有当完成了组织任务时，才会受到精神和物质上的奖励。不应该先有奖励，后有努力和成果，而应当先有努力的结果，再给予相应的奖励。

（4）个人对所受到的奖励是否满意以及满意的程度如何，取决于受激励者对所获报酬公平性的感觉。如果受激励者感到不公平，则会导致不满意。

（5）个人是否满意以及满意程度将会反馈到其完成下一个任务的努力过程中。满意会促使进一步努力，而不满意则会导致努力程度降低甚至离开工作岗位。

综上所述，波特和劳勒的激励模式是对激励系统比较全面和恰当的描述，它告诉我们，激励和绩效之间并不是简单的因果关系。要使激励能产生预期的效果，就必须考虑到奖励的内容、奖励制度、组织分工、目标设置、公平考核等一系列的综合因素，并注意个人满意程度在努力中的反馈。

（资料来源：周三多，陈传明，鲁明泓著，《管理学——原理与方法（第五版）》）

思政园地

如何激励自己学习

一、找到诱惑你学习的真正内因

根据不同来源，学习动力分为以下两种。

1.外源性学习

大部分人 70%的学习动力都是外源性的。一些话你一定从小听到大，比如考后老师说“哪一科拉后腿了？”父母问“这次排名第几？”平时同学间询问“这次考得怎么样？”这种学习动力不是学习者自身的内在欲望，而是源于外界鞭策。长辈督促、同辈竞争，这些舆论无形中会产生压力，日复一日推着你前进。但外源动力离不开外界催促，还容易使人产生厌烦心理，使学习效率大打折扣。

2.内源性学习

这种学习动力是我们真正要寻求的，它来源于自我，持久且高效。举个例子，就好像你和朋友一起打篮球，技术不过关，朋友不吐槽，自己也会默默练习，在下次逆袭后你又会产生冲劲继续练习。如果能找到内源动力，学习欲望会更强，劲头也会更猛。

二、营造学习场景进入短期状态

一般把场景分为“特定空间”和“固定时间”。

1.特定空间

在图书馆学习、在家学习、在宿舍学习，这不同的地点学习效果截然不同。

不要高估自己的自制力，也别试图与舍友的聊天声、游戏时键盘的敲击声和床的召唤声作斗争，你真的会顶不住。在学校就离开宿舍，在家就离开床，去最近的自习室或是图书馆，从空间上增加学习欲。当你有了个适合学习的大空间后，你还要做一件事，就是营造一个小空间——无杂物的书桌。桌面上越简洁越好，最好只有要用的书、电脑和笔等，不要让无关的物品吸引你的注意力。

2.固定时间

选一个固定时间段，在这个时间段你一定要坐在书桌前学习。一开始不要给自己布置很多内容，简单几个任务就好，比如刷一章题目、看 10 页书。这里的“固定”，是指在固定时间段只能干固定的事情，比如你规定好的是做题、复习、背单词，那就千万不要玩手机、睡觉，这会让你前功尽弃。

三、从收心到用心，养成长期状态

这里分为三阶段：周安排、日规划和间歇放松。

1.周安排：把游戏机制带入学习激励

想想你生活中非常愿意干的事情是什么，玩游戏?

其实打游戏也不是全程轻松的，你也得努力，不断挑战难度，从一个新手一步步提升，闯过一关又一关。

2.日规划：抓住驼峰曲线

在每日规划上，要学会善待自己。就好像一直没锻炼的人，不可能决定减肥就立马跑完五公里，学习也不能一上来就做五张数学卷子。人的精力有限，所以学习曲线就像“驼峰形”过山车，开头比较平缓，学着学着进入一个高峰期，平缓一点后再进入又一个高峰期，再逐渐趋于平缓。因此我们没必要用全程高强度去自虐，利用好驼峰曲线就能事半功倍。

3.学习中途：意志力友好型的放松

我们安排好了周学习大纲和日学习顺序，还差一个小步骤，就是每天学习中的小放松。在你渐入佳境的间歇休息中，千万别打开你最想玩的东西，要挑选对意志力友好的放松方式。比如，去阳台看看风景，暂时抛下脑子里的想法；看看新闻或参加课外活动放松自己。

任务二　进行有效激励

导入案例

鲶 鱼 效 应

西班牙人爱吃沙丁鱼，而沙丁鱼非常娇贵，极不适应离开大海后的环境。当渔民们把刚捕捞上来的沙丁鱼放入鱼槽运回码头后，用不了多久沙丁鱼就会死去。而死掉的沙丁鱼味道不好，销量也差，倘若抵港时沙丁鱼还存活着，鱼的卖价就要比死鱼高出若干倍。为延长沙丁鱼的活命期，渔民想方设法让鱼活着到达港口。后来渔民想出一个法子，将几条沙丁鱼的天敌——鲶鱼放在运输容器里。因为鲶鱼是食肉鱼，放进鱼槽后，鲶鱼便会四处游动寻找小鱼吃。为了躲避天敌的吞食，沙丁鱼自然加速游动，从而保持了旺盛的生命力。如此一来，沙丁鱼就一条条活蹦乱跳地回到渔港。

思考与讨论

从案例中你受到什么启发?

一、物质利益激励

物质利益激励是指以物质利益为诱因，通过刺激被管理者物质利益需要，以激发或强化其努力实现组织目标动机的方式与手段。它主要包括以下具体形式。

（一）奖酬激励

奖酬包括工资、奖金、各种形式的津贴及实物奖励等。虽然对于国外一些较高收入水平的人来说，工资、奖金已构不成主要的激励因素，但对于我国相当一部分收入水平较低的人来说，工资、奖金仍是重要的激励因素。以下是在进行奖酬激励时需要注意的事项。

1.设计奖酬机制与体系要为实现工作目标服务

这是决定奖酬能否发挥激励作用及其作用大小最重要的因素。也就是说，奖酬的形式、奖酬与贡献挂钩的办法、奖酬发放的方式等，都要以有助于促进工作目标实现为原则来设计和实施。而其中的关键又是奖酬与贡献直接挂钩的科学化与定量化。管理者必须善于将奖酬的重点放在管理者关注的重点上，以引导下属为多得奖酬而多干工作，从而通过利益驱动实现组织目标。

2.要确定适当的刺激量

奖酬刺激量，一是表现为奖酬绝对量，即工资、奖金的数量大小；二是表现为奖酬相对量，即工资奖金同一时期不同人的差别以及同一个人不同时期的差别。奖酬激励作用主要取决于相对刺激量，即同一时期不同人之间的奖酬差别以及同一个人不同时期奖酬变化的幅度。在实际工作中，既要有选择地实行重奖，以期引起轰动和奖励效应，又要防止不适当地扩大刺激量，招致员工产生新的不公平心理。

3.奖酬要同思想政治工作有机结合

奖酬的作用是重要的，但也不能搞金钱万能，必须注意辅以必要的思想工作及其他激励形式，尽可能限制物质刺激的副作用。

（二）关怀照顾

管理者在生活上给予下级关心照顾，是激励的有效形式。它不但使下级获得物质上的利益和帮助，而且能获得受尊重的感觉和归属感上的满足，从而产生巨大的激励作用。一个平时不关心下属的管理者，遇有紧急任务时，下属不会积极地给予合作与支持。对下属的关心照顾，包括给予员工集体福利，帮助员工解决各种生活困难，以及关心和帮助员工解决各种思想、工作及其他方面的困难。

（三）处罚

在经济上对员工进行处罚，是一种管理上的负强化，属于特殊形式的激励。运用这种方式时要注意：必须有可靠的事实根据和政策依据令其心服口服；处罚的方式与刺激量要适当，既要起到必要的教育与震慑作用，又不要激化矛盾；还要同深入细致的思想工作相结合，注意疏导，化消极为积极，真正起到激励作用。

二、社会心理激励

社会心理激励是指管理者运用各种社会心理学方法，刺激被管理者的社会心理需要，以激发其动机的方式与手段。它主要包括以下一些具体形式。

（一）目标激励

目标激励即以目标为诱因，通过设置适当的目标，激发动机，调动积极性的方式。追求目标的实现是满足人的需要的重要途径，正是一个个目标，引导着员工去采取一个又一个行动，目标成为管理激励中极为重要的诱因。可以用于激励的目标有三种，分别是工作目标、个人成长目标和个人生活目标。管理者可以通过对这三个目标进行合理设置，从而达到有效调动员工积极性的效果。

（二）教育激励

教育激励是指通过教育方式与手段，激发动机、调动下级积极性的形式。它具体包括以下内容。

（1）政治教育，如通过世界观教育、爱国主义教育、敬业爱岗教育等，提高员工的觉悟，激发他们的政治热情和工作积极性。

（2）通过个别沟通、谈心等多种方式，做深入细致的思想工作，以收到预期的激励效果。

（三）表扬与批评

表扬与批评是管理者经常运用的激励手段。要讲究表扬与批评的艺术，因为它将直接关系到表扬与批评的效果。主要应注意以下几点。

（1）坚持以表扬为主，批评为辅。

（2）必须以事实为依据。无论是表扬，还是批评，都必须尊重事实。如果失实，都会造成南辕北辙的不良后果。

（3）要讲究表扬与批评的方式、时机、地点，注重实际效果。例如，当众表扬与批评可能对别人的影响与震慑作用大，教育效果明显；但当众批评也会引起受批评者的强烈反感。管理者要根据问题的性质、表扬与批评对象的身份与心理特点，科学地选择适宜的方式、时机与场合等。

（4）批评要对事不对人。针对某人的过失批评，他会心服口服，而如果因一个过失就批评这个人本身，指责其人格，甚至指责为动机上故意，则极易引起受批评者反感，从而引起对立与冲突，使批评失败。

（5）要限制批评的频次，尽量减少批评的次数，否则，会冲淡教育效果。同时，要一事一评，切不可在批评中将过去发生的多个问题拿来算总账，这样，不但重点不突出，而且还会引起受批评者的反感和抵触。

（6）批评与表扬的适当结合。当批评一个人的缺点时，应首先肯定其优点与成绩，这样，受批评者觉得受到公正对待，容易接受批评。如有必要，在表扬一个人的时候，也可以提示一下其缺点，这样可使其心悦诚服地克服缺点。

（四）感情激励

感情激励即以感情作为激励的诱因，调动人的积极性。现代人对社会交往和感情的需要是强烈的，感情激励已成为现代管理中极为重要的调动人积极性的手段。感情激励主要包括以下几方面内容。

（1）在上下级之间建立融洽和谐的关系。管理者对下级的一个重要影响力来源是亲和力。这就要求管理者要高度重视与下级的个人关系，使关系融洽，或有较深的友谊，以增强亲和影响力。

（2）促进下级之间关系的协调与融合。组织中各成员之间的关系，也会影响到组织目标的实现。这也包括对非正式组织关系的积极引导，应尽可能满足各成员社会交往的需要。

（3）营造健康、愉悦的团体氛围，使组织成员拥有归属感。

案例 8-1

表扬引起的争论

某公司最近召开了一年一度的夏季商品交易会，会前办公室为会议召开作了充分的准备：接待各地代表，布置宣传广告、摆布商品样品，开货单，介绍商品……有的人甚至加班到深夜。各职能科室和行政管理人员主动到各科室帮忙。三天的会议，接待了上千人次，成交额几百万元，大大超出了预期。

在总结大会上，公司领导充分肯定了这次会议取得的成功，当提到职工们为大会做出的努力时说："大家表现得都很不错，人人都动了起来，为大会做出了贡献。在接待过程中，团委书记和组织部长提着茶壶，在楼里跑上跑下，这种精神值得赞扬。"

对于领导的表扬，职工们议论纷纷："交易会的成功，销售额的增加，首先归功于第一线的业务人员的辛勤劳动，为什么不表扬最累的业务人员？"

也有人赞成这种表扬："业务人员贡献是大，但这是份内的工作，并且领导也是肯定了的。而政工干部去送水，事虽小，但这是工作职责以外的。如果正常工作都点名表扬，怎么能表扬过来呢？"

还有人提出反对意见："如果份内工作做得好不表扬，只表扬做份外工作的人，那么谁还重视份内工作呢？如果谁都轻视份内工作，那么整个工作不就落后了吗？就分内与分外工作比较而言，领导者应该鼓励职工首先做好分内的事。"

思考与讨论

根据此案例，你如何评价公司领导在总结大会上的表现？

三、工作激励

按照赫茨伯格的双因素理论，对人最有效的激励因素来自工作本身，即满意于自己的工作是最大的激励。因此管理者必须善于调整和调动各种工作因素，搞好工作设计，千方百计地使下级满意于自己的工作，以实现最有效的激励。实践中，一般有以下几种途径。

（一）工作适应性

工作的性质和特点与从事工作的员工的条件与特长相吻合，就可以充分发挥其优势，引起其工作兴趣，从而使员工对工作高度满意。管理者要善于研究人和工作的性质与特点，用人之所长，用人之兴趣之所在，科学调配与重组，实现人与事的最佳配合，尽可能地使下级对自己的工作满意。

（二）工作的意义与工作的挑战性

员工怎样看待自己所从事的工作，直接关系到其对工作的兴趣与热情，进而决定其工作积极性的高低。人们愿意从事重要的工作，并愿意接受具有挑战性的工作，这反映了人们追求实现自我价值、渴望获得别人尊重的需要。因此，激励员工的重要手段就是向员工说明工作的意义，并增加工作的挑战性，从而使员工更加重视和热衷于自己的工作，达到激励的目的。

（三）工作的完整性

人们愿意在工作实践中承担完整的工作。从一项工作的开始到结束，都是由自己完成的，工作的成果就是自己努力与贡献的结晶，从而可获得一种强烈的成就感。

（四）工作丰富化

让员工参与一些具有较高技术含量或管理含量的工作，通过提高工作的层次，使员工获得成就感，使其渴望得到尊重与自我实现的需要得到满足。

（五）及时获得工作成果反馈

人们对于工作周期长、长时间看不到或根本看不到工作成果的工作很难有兴趣。管理者在工作中应该注意及时测评并公布员工的阶段性工作成果，尽可能早地使员工看到工作反馈，从而激发员工工作的积极性。

思政园地

实现人生价值

人都需要发挥自己的潜力，表现自己的才能。只有当潜力充分发挥并表现出来时，人们才会有最大的满足感。而实现自我价值则表现为一个人的人生实践活动，对自己的物质和精神生活的充实提高，对自我完善、全面发展所起的作用，以及自我对此作用的肯定和认可。实现自我价值就是要努力开发自己的潜能，服务社会，从而获得满足。

作为当代青年人，我们需要正确认识“时代与责任”“小我与大我”“当下与未来”等重要命题。新时代的青年，应该树立远大理想，胸怀国家、民族和人民。正值芳华之年，正处在“两个一百年”奋斗目标的历史交汇期、中华民族发展的最好时期，既面临着难得的建功立业的人生际遇，也面临着“天将降大任于是人”的时代使命，当代年轻人既要与时代共同成长，更要参与新时代、建设新时代、见证新时代，还要紧密结合祖国需要、关注人民利益追求，把自己的小我融入祖国的大我、人民的大我之中，与时代同步伐，与人民共命运，实现人生价值，升华人生境界。

唯有立足当下、把握当下、面向未来，在担当中历练，在尽责中成长，练就过硬本领、积蓄磅礴力量，才能继续为理想而努力奋斗。

知识测试

一、单项选择题

1.期望理论的提出者是（　　）。

A.弗鲁姆　　B.斯金纳　　C.亚当斯　　D.马斯洛

2.与“挨饿的艺术家”相矛盾的理论是（　　）。

A.强化理论　　B.期望理论　　C.公平理论　　D.需要层次理论

3. 下列属于过程型激励理论的是（　　）。

A.双因素理论　　B.强化理论　　C.期望理论　　D.公平理论

二、多项选择题

1.下列哪些属于马斯洛的需求层次（　　）。

A.生理需求　　B.安全需求　　C.社会需求　　D.关爱需求

E.自我实现需求

2.下列属于保健因素的有（　　）。

A.工作条件　　B.工作环境　　C.工资　　D.地位

E.工作上的责任感

3.下列属于激励因素的有（　　）。

A.工作条件　　B.工作环境　　C.工作的成就感　　D.职务上的责任感

E.个人的发展前途

三、判断题

1.根据期望理论的公式，要想提高激励水平，管理者应想办法将期望值提到最高。（　　）

2.马斯洛认为人们最高层次的需要是尊重需要。（　　）

3.双因素理论认为工资、政策等因素具有强大的激励作用。（　　）

四、案例分析题

小王的烦恼

小王已经在数据系统公司工作了五个年头。在这期间，他从普通编程员升到了资深的程序编制分析员。他对自己所服务的这家公司相当满意，常为工作中的创造性要求所激励。

一个周末的下午，小王和他的朋友及同事安迪一起打高尔夫球。安迪告诉他，在他所在的部门新雇了一位刚从大学毕业的程序编制分析员，起薪仅比小王现在的工资少 3 000 元。尽管小王是个好脾气的人，但当他听到这一消息也不禁发火了。小王实在迷惑不解。他感到这里一定有问题。

下周一的早上，小王找到了人事部主任张强，问他自己听说的事是不是真的。张强带有歉意地说，确有这么回事。但他试图向小王解释公司的处境：“小王，编程分析员现在市场相当紧俏。为使公司能吸引合格的人员，我们不得不提供较高的起薪。我们非常需要增加一名合格的程序分析员。因此，我们只能这么做。”

小王询问能否相应提高他的工资。张强回答说：“你的工资需按照正常的绩效评估时间评定后再调。你干得非常不错，我相信老板到时会给你提薪的。”小王向张强道了声“打扰了！”便离开了他的办公室，边走边不停地摇头，很对自己在公司的前途感到疑虑。

【问题】

1.本案例描述的事件对小王的工作动力会产生什么样的影响？哪一种激励理论可以更好地解释小王目前的烦恼？为什么？

2.你觉得张强的解释会让小王感到满意吗？

3.你认为公司应当对小王采取些什么措施？这些措施的利弊是什么？

技能训练

假设你是一位在企业担任基层领导工作多年的管理人员，你所在的单位对准时上班有严格的规定。但是你单位有一位叫李东的工人，上班老是迟到半个小时以上，经常受到你的批评。他虽然最近有所改进，但还总是迟到一刻钟时间。今天他又晚到了 10 分钟。

请问：作为管理人员，针对李东的行为，你会采取什么样的措施？

延展阅读

海底捞——员工管理和激励

海底捞有一个很厉害的哲学：把员工当人。要知道，小米也曾把海底捞当作学习对象。小米联合创始人黎万强最近写了本小米的内部手册《参与感》，其中甚至提到一句话：团队第一，产品第二。

海底捞是传统企业里把“团队第一，产品第二”做到极致的公司。海底捞是如何做到的？

（1）海底捞有很多制度，比如他们的工资制度、晋升制度、新员工培训制度、新员工接待制度等。但是我们同时也能够想到：很多企业也有很多很详细的服务标准，很多很好的管理制度。问题是，我们的制度在打瞌睡，而海底捞的制度却精神抖擞。

（2）一名管理人员一天感动 10 名顾客，还不如一天感动 5 名员工。

（3）海底捞有神奇的工会组织。工会的加入条件相当严格，最关键的一条是要宣誓终身在海底捞工作，直到退休，即使海底捞垮了也不离开。这是铁杆员工机制。

为什么要感动员工？

第一，我个人在海底捞实习的每一天都被店里的领导、同事们感动。用“感动”一词并不夸张，无数的新员工也同样每天都被感动。正是因为被感动，所以每一个人都在积极主动地工作。

第二，“感动员工”应该是对所有管理人员的基本要求。一名管理人员一天感动 10 名顾客，还不如一天感动 5 名员工，这是因为受到感动的 5 名员工绝对不止感动 10 名顾客。

只有要求管理人员感动员工，才能与要求一线服务人员“感动顾客”在逻辑上保持一致。服务质量问题并不在于服务本身：服务流程可以制定得无限完美，服务标准可以要求得无限严格——但是我们能做到些什么？服务问题本质上是对服务人员的激励问题。亲情服务不是靠高标准要求出来的，也不是上级能够培训出来的，而是传递的——将别人对自己的亲情传递给顾客，将自己受到的感动传递给顾客，这才是亲情服务。要传递就要有来源，谁来给员工亲情？谁来感动员工？我们不能把感动的来源寄托在别人身上，只有我们自己努力，让我们的企业、让企业所有的管理者来感动每一名员工。其实，“为什么要感动员工”这个问题太简单了——就跟我们为什么要求员工感动顾客一样简单，问这个本身就有一点冒傻气，所以在这个问题上不用再说太多。

如何感动员工？我们用什么感动员工？

海底捞的一位总部领导曾经对包头海鲜店的领导说：“一定要关心每一位员工。你可以不用他，但是不能不爱他，不能不关心他。”我当时听到以后就很受感动。并且我觉得，这句话说出了感动员工的真正方法：关爱是感动之源，只有付出我们的关爱，员工才能被感动。如何关爱呢？

我们可以看一看海底捞是怎么做的。

1.新员工入职培训

入职培训实在太重要了，每一个新员工都在入职培训中得到很多东西。首先，他们得到了系统内最优秀培训师的指导。海底捞每家店都不直接招聘人员，而是由片区人事部负责统一招聘，集中培训。再次，使新员工投入工作有个缓冲阶段。

2.新员工所受到的礼遇

新员工到店后的待遇，我只能用“礼遇”一个词来概括，而不能用其他词。因为店里从店长到每一个普通员工，都是在“接待”新员工，并且这种“接待”不能不说是“隆重”。

首先，店里所有领导都要轮流接待新员工。其次，新员工提前下班，单独吃饭。新员工的这种待遇大概会持续四五天至一周。最后，师父会对新员工进行认真指导。

3.领导时刻都在每一个员工身边

海底捞的店长、经理在店里都有很高的个人威望。主要原因并不是他们的职位，而是所有员工都会有这样一种概念：如果我需要帮助，店长和经理一定是最可靠的人——不管是生活上的事情还是工作上的事情，只要我开口，他们就会帮我，甚至不用我开口，他们也能知道并做到。店长和经理们都不会待在办公室，绝大部分时间都是在工作第一线，哪里最忙、哪里最需要人手，他们就在哪里出现。

4.协作比分工更重要

海底捞不同部门员工的上班时间都是一致的，只分早班、正常班、晚班。同一班次所有人都一起上班，一起下班。那么肯定会有人有时工作量太小而有时工作量又太大。于是，调派清闲的人去忙的部门帮忙就是领班和经理们的重要日常工作之一。海底捞设计这种相互协作的制度，就是创造一种人人相互关爱的环境。

5.崇高的工会组织

海底捞的“工会”不同于国家的正式工会机构，而是一个所有骨干、核心、忠诚员工的组织。他们都是老员工，工作年限至少是 3 年。工会的加入条件相当严格，最关键的一条是要宣誓终身在海底捞工作，直到退休，即使海底捞垮了也不离开。而张勇也在工会宗旨中承诺，即使公司垮了，他也不会丢下工会会员不管。工会会员提起工会时，都一脸自豪，说自己是自愿为海底捞工作终身，所以能够有工会胸牌。

6.无处不在的鼓励

海底捞的鼓励工作做得很出色。员工到店里时间不长，就都能感受到无处不在的鼓励。首先，领导在店里面和员工在一起工作本身就是一种莫大的鼓励。其次，因为领导时刻在员工身边，所以他们能够看到员工做得好的地方，能够做到随时鼓励员工。鼓励有时候是当时的口头奖励，也有时候是第二天例会上的实物或者现金奖励。

在海底捞，他们认为“关心员工”不是一项独立的考核标准，而是所有工作的根本。比如，店长会这样问后堂经理：“你的员工上个月流失率那么大，你是怎么关心你的员工的？”经理会这样问领班：“你的员工今天情绪这么差，你是怎么关心你的员工的？”他们甚至给员工发足光粉，泡脚，以解脚臭。正所谓“士为知己者死，女为悦己者容”，受到感动的员工，你完全可以放心地交给他任何工作。

（资料来源：虎嗅网（节选））

模块五 控制与评价能力

项目九 控制

学习目标

1.了解控制的性质和重要性。
2.熟悉控制过程的三个步骤。
3.熟悉主要控制方法。
4.掌握时间管理技术的基本要素。
5.掌握重点管理技术、管理循环技术和问题分析技术的基本原理。

思维导图

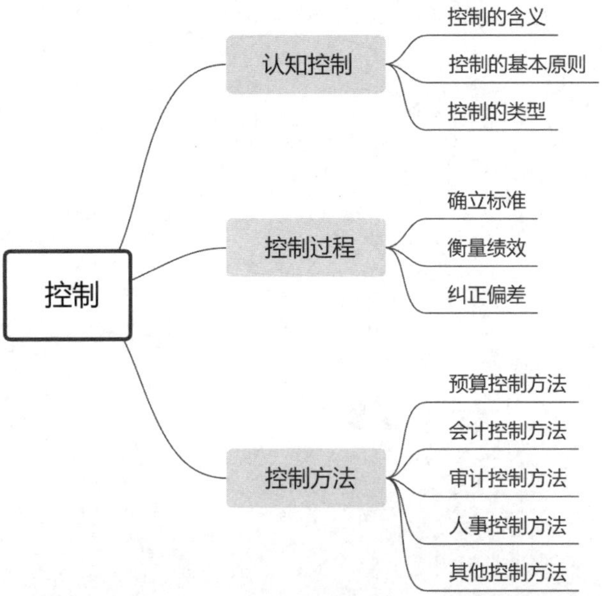

导入案例

财 务 控 制

"我的钱到底是怎么花的？"这是罗老板每天都在问自己的一个问题。罗老板经营一家装饰工程公司，已经有六年了。

在这个公司中，罗老板是一股独大，虽然有另一个小股东，但也是罗老板的自家人。罗老板为人精明，做生意兢兢业业，把这个小公司管理得井井有条。

2016 年对于罗老板来说是大发展的一年。这一年公司连续接到了多项大工程，由原来每年营业额三四百万元猛增到年营业额 2 000 万元，业务形势一片大好。但财务管理问题又使罗老板陷入苦恼之中。过去每年二三百万元的盘子，三四处工地，用罗老板一支笔加上精明的头脑控制起来得心应手，但现在每年 8~10 处工地，2 000 多万元的营业额，每个工地又有分包、转包、合作项目分支，且工地分散在全国六个地区，每天各地传真来的费用领单就多达上百张。大到几十万元，小至十几元，每张都要他签字后方可申领，否则罗老板认为无法辨别这些支出的合理性。

实际上，精明的罗老板在财务管理上用人一直不顺手，从 2015 年起，两年内换了三个会计一个出纳。虽然公司制定了很完善的财务制度，但执行起来都不合罗老板的意。财务人员技能不足以控制住多头的项目，财务走向支出混乱。罗老板每天都在问"我的钱怎么花的？"

思考与讨论

为罗老板提供一个解决公司财务控制问题的办法？

任务一　认知控制及其分类

控制是根据组织的计划和事先规定的标准，监督检查各项活动及其结果，并根据偏差，调整行动或调整计划，使计划和实际相吻合，保证目标实现的行为。控制是企业管理中最重要的职能之一，同时也是企业防范风险的必然要求。控制管理是指在执行过程中对企业各项管理活动和行为进行监督和约束。大多数企业都会采取各种管理制度和方法，确保企业内的所有人员按照预定的措施实现企业的预期收益。现代企业管理过程中，管理者除了制定企业的管理制度，执行各项政令外，还必须重视上下层级之间信息流的互通有无，执行过程中数据的收集、整理与分析，并以此作为企业有效控制的依据。

一、管理控制的必要性及其作用

没有规矩不成方圆，有效的控制系统可以避免企业组织架构的混乱，使企业走上正确的轨道，降低产生风险的概率。通过控制，一方面可检验各项工作是否按预定计划进行，并检验计划的正确性和合理性，另一方面又可调整行动或计划，使两者协调一致，从而确保组织有效运行，控制的必要性对于组织来讲就是为实现预定目标而进行管理过程的管控力度。恰当地运用管理控制有利于企业改善经营活动，提高工作效率及经济效益。管理控制是否健全是企业经营成败的关键。其主要作用有以下几点。

（一）有效防范企业的经营风险

现代社会市场竞争激烈，每一个企业都面临着成功的挑战和失败的风险，风险管理是现代企业管理中最重要的环节之一。风险影响着企业的生存和发展，也影响着企业的市场竞争力及其社会声誉和形象。不论其规模、结构、性质，所有企业组织的不同层级都会遭遇风险，对公司高层管理者而言，必须密切关注各层级的风险，并加以控制，才能保证企业的健康发展。在企业的生产经营活动中，要想生存和发展，就必须对各类风险进行有效的预防和控制。管理控制作为企业管理的中枢环节，是防范风险最为有效的一种手段。管理者通过对企业风险进行有效评估，不断加强对企业经营薄弱环节的控制，尽可能把各种风险消灭在萌芽状态。

（二）确保企业经营目标的实现

目标的设定是管理过程的一个重要部分，虽然它不是企业控制的组成要素，但却是企业控制的要件。控制是企业经营过程的一部分，并不是某个事件或某种状况，与经营过程结合在一起，使经营过程发挥其应有的功能，监督着企业经营过程的持续进行，保证企业经营目标的实现。健全有效的内部控制，可以利用会计、统计、业务等部门的制度规划及有关报告，把企业的生产、营销、财务等各部门及其工作结合在一起，从而使各部门密切配合，充分发挥整体作用，以顺利达到企业的经营目标。通过严密的监督与考核，配合合理的奖惩制度，调动员工的工作积极性，促进企业整体经营效率的提高。管理控制着眼于各项业务的执行是否符合企业既定的规范标准，推动企业各项经营活动有序进行。

（三）确保会计信息的真实性和准确性

健全的管理控制，能够真实地反映企业生产经营活动的实际情况，保证会计信息的采集、归类、记录和汇总，及时发现问题，具体问题具体分析，采取合理化的措施纠正各种错误，从而保证会计信息的真实性和准确性；能够科学有效地监督和制约物资的采购、计量、验收等各个环节，从而确保企业财产物资的安全完整。

（四）监督授权执行过程

在企业日常业务处理中，按层级一般由股东会授权给董事会，然后再由董事会授予企业的总经理和有关管理人员执行。企业每一层的管理人员既是上级管理者的授权客体，又是下级管理者的授权主体。企业的管理控制，既可以控制企业不同层级管理者的行为，又可以预防和消除滥用职权的行为，有效防范由于滥用职权而增加企业的开支和采购成本，避免由于浪费造成的各种损失，节省不必要的开支，做到资源合理配置。

二、管理控制的类型

（一）按照控制过程分类

1.前馈控制

优点：首先，前馈控制是一种事先的控制，其目的是防患于未然，避免事后控制对于已铸成的差错无能为力的弊端；其次，前馈控制是针对某项计划行动所依赖的条件进行的控制，不针对具体人员，不会造成心理冲突，容易被员工接受和认可。

不足：实施前馈控制时，要求管理者有大量准确可靠的信息作为支撑，对计划行动过程有清楚的了解，前提条件较多，懂得计划行动本身的客观规律，及时了解新情况和新问题的进展，否则前馈控制就无法实施。由于前馈控制所需要的信息常常难以获得，所以在实践中还必须依靠其他两类控制方式。

2.现场控制

优点：管理者在现场进行控制，是最常见的一种现场控制活动。现场控制具有指导职能，有助于提高工作人员的工作能力和自我控制能力。

不足：首先，这种控制方法的制约因素比较多，容易受管理者的时间、精力、业务水平的限制。管理者不能面面俱到，也不能时时控制现场。其次，现场控制的应用范围较窄。相对而言，生产环节更容易进行现场控制，而对于科研、管理工作等，几乎无法进行现场控制，存在问题难以辨别、成果难以衡量的困难。最后，现场控制容易损害员工的工作积极性和主动性，主要是因为在管理者与被管理者之间形成了心理上的对立。

3.反馈控制

优点：反馈控制在有些情况下是唯一可选择的控制类型。反馈控制能为管理者评价计划的制订与执行提供有用的信息。人们可以借助反馈控制认识组织活动的特点及其规律，为进一步实施前馈控制和现场控制创造条件，实现控制工作的良性循环，并在不断的循环过程中提高控制的效果。

不足：它的最大弊端是在采取矫正措施之前，偏差就已经产生了。

（二）按照控制方式分类

1.集中控制

优点：采用集中控制的方法有利于实现整体的最优控制，适用条件为组织的规模适中，信息量不大，且控制中心对信息的取得、存贮、加工效率及可靠性都很高，比如企业中的生产指挥部、中央调度室等都采用集中控制。

不足：适用条件超出组织规模或信息量极大时，难以通过一个控制中心进行信息的存贮和处理。一旦信息量过大，集中控制就会拉长信息传递的时间，造成反馈时滞、反应迟钝、影响决策和延误时机等问题。由于无其他替代系统存在，很可能存在中央控制发生故障或失误，导致整个组织陷于瘫痪的风险，此时应采用分散控制方式。

2.分散控制

优点：分散控制的适用条件是信息存贮和处理能力要求较低，容易实现；由于反馈环节少，因而反应快，时滞短，控制效率高，应变能力强。

不足：采用分散控制方式，难以保证各分散系统的目标与总体目标的一致性，从而会危及整体的优化，可能难以取得各分散系统的相互协调，严重时甚至会导致失控。

3.分层控制

优点：各子系统之间的控制能力和控制条件都相互独立，从而可以对子系统的管理进行独立处理；整个管理系统分为若干层次，上一层次的控制机构可以对下一层次各子系统的活动进行导向性的间接控制。

不足：在分层控制中，可能会出现缺乏间接控制、不自觉地滥用直接控制，多层次地向下重叠实施直接控制的现象。

（三）按照控制手段分类

1.预算控制

优点：预算控制是企业各部门在实施工作前编制计划的范畴，是一种未雨绸缪的表现。可以有效实现企业把不同时期的活动效果和不同部门的经营绩效进行对比，使管理者了解企业经营状况的变化方向和组织中的优势部门与问题部门，从而为调整企业的经营活动指明方向。更重要的是，预算的编制与执行始终与控制过程联系在一起。预算的编制主要是为企业的各项经营活动确立财务标准，用数量形式的预算标准来对照企业活动的实际效果，大大方便了控制过程中的绩效衡量工作。

不足：首先，预算控制的范围仅限于计量可以用货币单位的业务活动，不能促使企业对那些不能计量的企业文化、企业形象、企业活力的改善给予足够的重视；其次，编制预算通常参照上期的预算项目和标准，从而可能会忽视本期活动的实际需要，导致预算不切实际；最后，由于环境的多变性与复杂性，缺乏弹性、太过具体，加上决策者主观能动性的束缚，使企业的经营活动缺乏灵活性和适应性。

2.非预算控制

尽管有一些传统的控制方法运用了预算，但许多传统的控制方法与预算无关。这些非预算的控制方法也有很多，例如统计数据资料、专题报告和分析以及经营审计等。

任务二　管理控制的原则

一、重点原则

控制的过程可以说是发现和纠正偏差的过程。在控制过程中不仅要注意偏差，而且要注意出现偏差的具体事项。我们不可能控制工作中所有的事项，而只能针对关键的事项，且当这些事项的偏差超过了一定限度，足以影响目标的实现时才予以控制纠正。事实证明，要想完全控制工作或活动的全过程几乎不可能，因此应抓住活动过程中的关键和重点进行局部和重点的控制，这就是所谓重点原则。

控制作为一种管理职能，为组织目标服务。良好的控制必须有明确的目的，不能为控制而控制。无论什么性质的工作往往都有多个目标，但总有两个是最关键的，管理者要在众多目标中，选择出关键的、反映工作本质和需要控制的目标加以控制。

二、及时性原则

高效率的控制系统，要求能迅速发现问题并及时采取纠正偏差的措施。这一方面要求及时准确地提供所需的信息，避免时过境迁，使控制失去应有的效果；另一方面要估计可能发生的变化，使采取的措施与已改变的情况相适应，即纠正偏差措施的安排应有一定的预见性。

三、灵活性原则

任何控制对象和控制过程都受到众多未来因素的影响，而对未来因素变化的预测总会存在一定的不准确性，因此所控制的对象和过程也不可能完全按照所设计的控制目标发展。控制的灵活性原则就是要求制定多种应对变化的方案和留有一定的后备力量，并采用多种灵活的控制方式和方法来达到控制的目的。应保证在发生某些未能预测到的事件，如环境突变、计划疏忽、计划失败等情况下，控制仍然有效，因此要有弹性和替代方案。

四、经济性原则

控制是一项需要投入大量人力、物力、财力等各种资源的活动，耗费之大正是今天许多应予以控制的问题没有得以控制的重要原因，因此在进行控制时必须坚持经济性原则。一是要实行有选择的控制，全面周详的控制不仅是不必要的也是不可能的，要正确而精心地选择控制点，控制点太多会不经济，太少会失去控制；二是要求努力降低控制的耗费而提高控制效果，改进控制方法和手段，以最少的资源投入取得理想的控制效果。

五、可操作性原则

控制的最后落实应是纠正偏差措施的实际贯彻，并发挥出应有的效果。因此这些措施必须具有可操作性，即这些措施必须做到可以投入实际运作，在经济上合理和在技术上可行。

案例 9-1

逃离高笼的袋鼠

有一天，动物园的管理员们发现袋鼠从笼子里跑出来了，于是开会讨论，一致认为笼子的高度过低，从而导致袋鼠从笼子里跳了出来。因而，他们决定将笼子的高度由原来的 10 米加高到 20 米。

谁知道第二天，他们发现袋鼠依旧能够跑到外面，所以他们又决定再将高度加高到 30 米。

然而，没料到第三天居然又看到袋鼠全跑到外面，于是管理员们大为紧张，决定一不做二不休，索性将笼子的高度加高到 100 米：“嘿嘿！这下看你还能不能跳出如来佛的神掌？”

第四天，简直神了，袋鼠还是从笼子里跑了出来。

有一天，袋鼠在和它的好朋友长颈鹿聊天。“你们看，这些人会不会再继续加高你们的笼子呢？”长颈鹿问。“很难说。”袋鼠说，“如果他们再继续忘记关门的话！”

思考与讨论

该故事要说明什么问题？

思政园地

ISO 9000 质量管理体系

国际标准化组织（ISO）于 1979 年批准成立了质量管理和质量保证技术协会（ISO/TC176），具有负责制定有关质量管理和质量保证的国际标准，并于 1987 年发布了世界上第一个质量管理和质量保证系列国际标准——ISO 9000 系列标准。该标准的诞生是世界范围质量管理和质量保证工作的一个新纪元，对推动世界各国工业企业的质量管理和供需双方的质量保证，促进国际贸易交往起到了很好的作用。

负责 ISO 9000 品质体系认证的认证机构都是经过国家认可的权威机构，对企业的品质体系的审核是非常严格的。这样，对于企业内部来说，可按照经过严格审核的国际标准化的品质体系进行品质管理，真正达到法治化、科学化的要求，极大地提高工作效率和产品合格率，迅速提高企业的经济效益和社会效益。对于企业外部来说，当顾客得知供方按照国际标准实行管理，拿到了 ISO 9000 品质体系认证证书，并且有认证机构的严格审核和定期监督，就可以确信该企业能够稳定地提供合格产品或服务，从而放心地与企业订立供销合同，扩大了企业的市场占有率。

鉴于国际贸易发展的需要和标准实施中出现的问题，特别是服务业在世界经济中所占的比例越来越大，ISO/TC176 分别于 1994 年、2000 年对 ISO 9000 质量管理标准进行了两次全面的修订。由于该标准吸收国际上先进的质量管理理念，采用 PDCA 循环的质量哲学思想，对于产品和服务的供需双方具有很强的实践性和指导性，因而，标准一经问世，立即受到世界各国普遍欢迎，世界已有 70 多个国家直接采用或等同转为相应的国家标准，有 50 多个国家建立质量体系认证/注册机构，形成了世界范围内的贯标和认证“热”。全球已有几十万家工厂企业、政府机构、服务组织及其他各类组织导入 ISO 9000，并获得第三方认证。在中国，截至 2004 年底，已有超过 13 万家单位通过 ISO 9000 认证。ISO 组织最新颁布的 ISO 9000：2000 系列标准，现在最新标准为 2008 年执行标准，有四个核心标准，具体如下。

ISO 9000：2008 质量管理体系 基础和术语

ISO 9001：2008 质量管理体系 要求

ISO 9004：2008 质量管理体系 业绩改进指南

ISO 19011：2002 质量和（或）环境管理体系审核指南

其中《ISO 9001：2008 质量管理体系要求》是认证机构审核的依据标准，也是想进行认证的企业需要满足的标准。

任务三　熟悉控制过程

根据计划的要求进行控制，设立绩效考核的标准，将预期的标准和实际的结果进行比较，来确定组织活动中出现偏差的原因和程度，然后根据存在的问题，有针对性地采取必要的解决措施，确保企业资源的合理利用，实现企业的目标。控制的对象体现在企业的各个环节，包括新技术的研究和开发、产品的加工制造、市场营销宣传、企业的人力条件、物质要素、财务资源等。一般情况下，控制的过程包括三个环节：确立标准，衡量绩效，纠正偏差。

一、确立标准

标准就是规范，是人们检查和衡量工作的阶段性成果和最终成果。控制以标准的制定为基础，没有完整的标准，控制在绩效衡量和偏差纠正过程中就会失去参考依据。

（一）确定控制对象

在控制过程中，首先要确定控制对象。在建立标准之前，首先要分析需要对企业经营活动中的哪些内容加以控制。

控制的侧重点在于企业经营活动的成果，在控制之初就要考虑采用什么措施可以促进企业有效地取得预期的活动成果。可以从营利性、市场占有率等多个角度来分析企业的经营活动，确定企业活动需要的结果类型，并对类型加以明确具体的描述，尽可能使规定需要的结果达到希望的水平。

为了保证企业预期成果的实现，必须在成果形成之前加以控制，纠正和处理与预期成果要求不相符的活动。所以，要分析影响企业经营结果的各种因素，并把它们列为需要控制的对象。影响企业在一定时期经营成果的主要因素如下。

1.关于环境特点及其发展趋势的假设

根据决策者对经营环境的认识和预测来计划和安排企业在特定时期的经营活动。一旦出现不可预料的变化或不可抗力的因素，就会影响原来计划的顺利进行，从而难以为组织带来预期的结果。因此，应将企业面临的经营环境作为控制对象，列出“正常环境”的具体标志或标准。

2.资源投入

企业的生产经营需要投入大量的资源，有投入才会有产出，没有资源就意味着是无源之水、无本之木。投入的资源不仅会在数量上和质量上影响经营活动按期、按量、按要求进行，从而影响最终的物质产品，而且获取相关资源的费用会影响生产成本，从而影响经营的营利程度。所以，必须对资源投入进行控制，使之在数量、质量以及价格等方面符合预期经营成果的要求。

3.组织的活动

有资源没有企业的组织活动，就没办法把最初的原材料转化成产成品，企业经营成果是通过全体员工在不同时间和空间上利用一定的技术和设备对不同资源进行不同内容的加工劳动才最终得到的。决定经营成果的重要因素是企业员工的工作质量和数量，因而必须使企业员工的活动符合计划和预期结果的要求。为此，必须建立员工的工作规范、各部门和各员工在各个时期的阶段性成果的标准，以便对他们的活动进行控制。

（二）选择控制重点

企业的生产经营包括组织活动的方方面面，管理者没有时间，也没有精力对所有成员的所有活动进行控制，只能在影响经营成果的众多因素中选择若干关键环节作为重点控制对象。分析影响和反映企业绩效的众多因素，选出对企业经营成败起决定作用的八个因素具体如下。

1.获利能力

获利能力是企业在生产经营活动中以客户为中心，提供优质的产品或增值服务，从而获得一定的利润的能力。获利能力的高低是衡量企业经营成败的综合标志，通常可用销售额或资金占用量相比较的利润率来表示。它们反映了企业对某段时期内投资应获利润的要求。利润率实现情况与计划的偏离，可能反映生产成本的变动或资源利用效率的变化，从而为企业改进方法指出方向。

2.市场地位

市场地位是反映企业相对于其他厂家的经营实力和竞争能力的一个重要标志，主要通过市场占有率来表示。企业的市场份额下降，意味着企业的产品相对于竞争产品来说吸引力降低，主要受到价格、质量或服务等方面因素的影响，所以，应该采取相应的措施。

3.生产率

生产率标准通常用单位资源所能生产或提供的产品数量来表示，一般用来衡量企业各种资源的利用效果。其中，最重要的是劳动生产率标准。企业其他资源的充分利用在很大程度上取决于劳动生产率的提高。

4.产品领导地位

产品领导地位主要指企业在工程、制造和市场方面领导一个行业的新产品和改良现有产品的能力，通常用产品的技术先进水平和功能完善程度来衡量。为了维持企业产品的领导地位，必须定期评估企业产品在质量、成本方面的状况及其在市场上受欢迎的程度，如果达不到标准，就要采取相应的改善措施。

5.人员发展

人员素质的提高有利于企业的长期发展。因而，管理者要重视员工的培养，测定企业目前的活动，以及未来的发展对职工技术和文化素质的要求，并与他们目前的实际能力相比较，以确定如何为提高人员素质采取必要的教育和培训措施，通过人员发展规划的制定和实施，为企业及时供应足够的经过培训的人员，为员工提供成长和发展的机会。

6.员工态度

积极的员工态度有利于企业生产效率的提高，因而，员工的工作态度对企业的生产经营活动产生重大的影响。可以通过分析离职率、缺勤率来判断员工对企业的忠诚度，也可通过统计改进作业方法或管理方法的合理化建议的数量来了解员工对企业的关心程度，还可通过定期调查的评价分析来测定员工态度的变化，这些都可以作为测定员工态度的标准。如果发现员工态度不符合企业的预期，就会存在恶性循环的风险，企业应采取有效的措施来提高员工在工作或生活上的满足程度，以改变员工的预期。

7.公共责任

企业若要存在首先要考虑经济利益，但若要长久延续，则应该更多地考虑社会责任。在争取社会承认时，企业必须履行必要的社会责任，包括提供稳定的就业机会，参加公益事业等。能否很好地履行公共责任关系到企业的社会形象。企业应根据有关部门对公共态度的调查了解企业的实际社会形象同预期的差异，改善对外政策，提高公众对企业的满意程度。

8.短期目标与长期目标的平衡

企业的生产经营活动既要考虑短期目标，又要考虑长期目标，二者之间相互依存，达到有效平衡。因此，在制订和实施经营活动计划时，应能统筹长期与短期的关系，检查各时期的经营成果，分析目前的高利润是否会影响未来的收益，以确保目前的利益不是以牺牲未来的收益和经营的稳定性为代价的。

（三）制定标准的方法

针对不同的控制对象，会有不同的制定标准的方法。一般情况下，制定标准的方法有三种：①利用统计方法来确定预期结果；②根据经验和判断来估计预期结果；③在客观的定量分析的基础上建立工程标准。

1.统计性标准

统计性标准是以分析反映企业经营在历史各个时期状况的数据为基础来为未来活动建立的标准，又称为历史性标准。统计的数据除了本企业的历史信息外，还包括外部企业的经验信息。据此建立的标准，可能是历史数据的平均数，也可能是高于或低于中位数的某个数。

利用本企业的历史性统计资料为某项工作确定标准，数据资料收集比较方便，也较简单。但是，据此制定的工作标准可能低于同行业的卓越水平，甚至低于平均水平。在这种条件下，即使企业的各项工作都达到了标准要求，也可能造成劳动生产率的相对低下，导致制造成本增加，从而影响企业的竞争能力。为了克服这种局限性，在根据历史性统计数据制定未来工作标准时，应充分考虑行业的平均水平，并研究竞争企业的经验。

2.根据评估建立标准

评估生产经营活动中的工作质量和成果并不都能用统计数据来表示，也不是所有的企业活动都保持着历史统计数据。对于新从事的工作，或对于统计资料缺乏的工作，可以根据管理人员的经验、判断和评估来建立标准。利用这种方法来建立工作标准时，要注意利用各方面管理人员的知识和经验，综合考虑后制定出相对合理的标准。

3.工程标准

工程标准不对历史性统计资料进行分析，而是对实际的工作情况进行客观定量的分析。比如，机器的产出标准是计算在正常情况下被使用的最大产出量；工人操作标准是劳动研究人员在对构成作业的各项动作和要素客观描述与分析的基础上，经过消除、改进和合并而确定的标准作业方法；劳动时间定额是利用秒表测定的受过训练的普通工人以正常速度按照标准操作方法对产品或零部件进行某个工序的加工所需的平均必要时间。

二、衡量绩效

企业生产经营活动中的偏差如果在出现之前被发现，管理者就可以预先采取必要的措施加以避免，这是一种理想的控制方法和纠偏方式，理论上可行，但在实际工作中可能性不大。并非所有的管理人员都可以未雨绸缪，也并非所有的偏差都在产生之前被预见。在这种限制条件下，最满意的控制方式应是必要的纠偏行动能在偏差产生以后迅速执行。所以，要求管理者及时掌握反映偏差是否产生、并能判定其严重程度的信息，用预定标准对实际工作成效和进度进行检查和比较。为了能够及时、正确地提供能够反映偏差的信息，同时又符合控制工作在其他方面的要求，管理者在衡量工作成绩的过程中应注意以下几个问题。

（一）通过衡量成绩，检验标准的客观性和有效性

衡量绩效要以预定的标准为依据，根据预先制定的标准去检查各部门在各个阶段的工作，检验衡量标准的客观性和有效性。

检验标准的客观性和有效性，主要通过对标准执行情况的测量来实现，取得符合控制需要的信息。以控制对象为主体确定标准时，侧重点不同，有时只考虑了一些次要的因素，或只重视一些表面的因素，所以，管理者根据既定的标准去检查工作时，很可能存在偏差，达不到有效控制的目的。比如，衡量职工出勤率是否达到了正常水平，不足以评价劳动者的工作热情、劳动效率或劳动贡献；分析产品数量是否达到计划目标，不足以判定企业的营利能力；计算销售人员给顾客打电话的次数和花费在推销上的时间，不足以判定销售人员的工作绩效，在衡量过程中对标准本身进行检验，指出能够反映被控制对象的本质特征，从而制定最适宜的标准。要评价员工的工作热情，可以考核他们提供有关经营或技术改造合理化建议的次数；评价他们的工作效率，可以计量他们提供的产品数量和质量；分析企业的营利能力，可以统计企业的利润额以及与资金、成本或销售额的相对百分比；衡量推销人员的工作绩效，可以检查他们的销售额是否比上年或平均水平高出一定数量等。

用精确的手段和方法无法衡量企业多样化的活动类型，建立标准也就相对困难，因此，企业可能会选择一些易于衡量，但并不反映控制对象特征的标准，比如，无法用精确的数字表示科研人员和管理人员的劳动效果，有关领导可能根据研究小组上交研究报告的数量和质量来判断其工作进展，或根据科室是否整齐划一，办公室是否挂满了各种图表来判断管理人员的工作努力程度。然而，根据这些标准去进行检查，得到的信息并不完全可靠，有可能存在误差：科研人员并没有把心思真正花费在科研上，而是用更多时间去撰写数量更多、结构更严谨的报告；管理人员也没有花费必要的时间认认真真地去管理基础工作，而是花更多的精力去制作和张贴更漂亮的图表。

衡量过程中的检验就是要辨别并剔除这些不能为有效控制提供必要信息、容易产生误导作用的不适宜标准。

（二）确定适宜的衡量频度

"过多"或"不足"的衡量频度，都会影响控制的有效性，这不仅体现在控制对象和标准数目的选择上，而且表现在对同一标准的衡量次数或频度上。对影响某种结果的要素或活动过于频繁地衡量，不仅会增加控制的费用，而且可能引起有关人员的不满，从而影响他们的工作态度；而检查和衡量的次数过少，则可能使许多重大的偏差不能及时发现，从而不能及时采取措施。以什么样的频度，在什么时候对某种活动的绩效进行衡量，取决于被控制活动的性质。

例如，通常情况下以小时或以日为单位对产品的质量进行控制，而对新产品开发的控制只需以月为单位进行。需要控制的对象可能发生重大变化的时间间隔是确定适宜的衡量频度所需考虑的主要因素。管理人员经常在他们方便的时候，而不是在工作绩效仍"在控制中"（即可能因为人们采取的措施而改变时）进行衡量。这种现象必须避免，因为这可能导致行动的延迟。

（三）建立信息管理系统

信息不精确、不完整、过多或延误都会严重阻碍企业正常的生产经营活动。管理者在采取有效的纠正措施之前，需要及时掌握反映实际工作与预期计划之间的信息偏差。通常情况下，并不是所有的衡量绩效工作都是由主管主观评判的，有时需要借助专职的检测人员。然而，管理人员所接受的信息通常是零乱的、相互独立的，并且有可能混杂着一些不真实、不准确的信息。所以，要建立有效的信息管理系统，通过分类、比较、判断、加工等方式，将杂乱的信息变成有序的、系统的、彼此紧密联系的信息，提高信息的真实性和清晰度，给管理人员传递反映实际工作情况的信息，并与预定的标准相比较，及时发现问题。这个系统还可以及时将偏差信息传递给与被控制活动相关的部门和个人，使他们及时了解自己的工作状况，针对存在的问题，给出合理化的建议和措施，有效地完成工作任务。建立信息管理系统，有利于保证计划的实施，也有利于防止基层工作人员一味地做表面功夫。

三、纠正偏差

在对工作绩效进行衡量时，依据客观的标准，利用科学的方法，及时发现计划执行中出现的偏差。纠正偏差就是在此基础上分析偏差产生的原因，制定并实施必要的纠正措施。这项工作使得控制过程得以完整，并将控制与管理的其他职能相互联结；通过纠正偏差，使组织计划得以遵循，使组织机构和人事安排得到调整，使领导活动更加完善。为了保证纠正偏差措施的针对性和有效性，必须在制定和实施纠正偏差措施的过程中注意下列问题。

（一）找出偏差产生的主要原因

在纠正偏差时要具体问题具体分析，不能片面地认为所有的偏差都影响企业的最终成果。有些偏差可能反映了计划制订和执行工作中的严重问题，而另一些偏差则可能是一些偶然的、暂时的、局部性因素引起的，不一定会对组织活动的最终结果产生重要影响。所以，最好在纠正偏差之前，对反映偏差的信息进行评估和分析。第一，要判断偏差的严重程度是否足以构成对组织活动效率的威胁，从而值得去分析原因，采取纠正措施；第二，要探寻导致偏差的主要原因。

在制定纠正偏差措施时，主要依据来源于对偏差原因的分析。而同一偏差则可能由不同的原因造成：销售量的降低或者生产成本的提高都会导致销售利润的下降。前者既可能是因为市场上出现了技术更加先进的新产品，也可能是由于竞争对手采取了某种竞争策略，或是企业产品质量下降；后者既可能是因为原材料、劳动力消耗和占用数量的增加，也可能是由于购买价格的提高。不同的原因要求采取不同的纠正措施。要通过评估反映偏差的信息，分析影响因素，透过表面现象找出造成偏差的深层原因，在众多的深层原因中找出最主要原因，为纠偏措施的制定理清思路。

（二）确定纠偏措施的实施对象

对于由于绩效不足而产生的偏差，管理人员要针对具体的原因采取合理的纠偏措施。管理人员可以调整企业的管理战略，也可改变组织结构，或制订更完善的选拔和培训计划，或更改领导方式。但是，在有些情况下，需要纠正的可能不是企业的实际活动，而是活动计划或衡量标准。大部分员工没有完成劳动定额，并不是因为全体员工抵制，而是由于定额水平太高；承包后企业经理的兑现收入可高达数万、甚至数十万，并不是因为经营者努力数倍或数十倍于工人，而是由于承包基数不恰当或确定经营者收入的挂钩方法不合理；企业产品销售量下降，并不是因为质量不合格或价格不合理，而是由于市场需求的饱和或周期性的经济萧条。在这些情况下，需要改变的不仅是实际工作，而是衡量这些工作的计划和标准。

决定预定计划或调整标准原因有两个：一是在执行中发现原先的计划或标准制定得不科学；二是由于客观环境发生了不可预料的变化，原来正确的标准和计划不再适应新形势的需要。负有控制责任的管理者应该认识到，外界环境发生变化以后，如果不对预先制定的计划和行动准则进行及时调整，那么，即使内部活动组织得非常完善，企业也不可能实现预定目标。

（三）选择恰当的纠偏措施

产生偏差的原因千差万别，针对具体的问题，选择恰当的纠偏措施，制定改进工作方案或调整计划与标准。纠偏措施的选择和实施要注意以下几点。

1.使纠偏方案双重优化

纠正偏差需要选择实施对象，针对不同对象的纠偏措施不同，而针对同一对象也可采取多种不同的纠偏措施。是否采取措施，依据纠偏措施带来的效果是否大于不纠偏的损失而定。如果行动的费用超过偏差带来的损失的话，就需要对纠偏方案进行优化，有时最好的方案也许是不采取任何行动，这是纠偏方案选择过程中的第一重优化。第二重优化是在此基础上，通过对各种经济可行方案进行比较，找出其中追加投入最少、解决偏差效果最好的方案来组织实施。

2.充分考虑原先计划实施的影响

对原先计划与决策予以否定，主要是因为管理者对客观环境的认识能力有所提高，或者是因为客观环境本身发生了重大变化，从而要求企业活动的方向和内容进行重大的调整。这种调整有时被称为“追踪决策”。追踪决策是在原有决策的基础上，针对目标或决策方案的变化，进行根本性的修正。初始决策已有备选方案，但尚未付诸实施，没有投入任何资源，客观对象与环境尚未受到人的决策的影响和干扰，所以是以零为起点的决策。追踪决策则不然，由于企业外部的经营环境或内部的经营条件使得初始决策在执行过程中进行战略调整而有所改变，所以是非零起点。因此，在制定和选择追踪决策的方案时，要充分考虑到伴随着初始决策的实施已经消耗的资源，以及这些消耗对客观环境造成的种种影响。

3.注意消除人们对纠偏措施的疑虑

不同的组织成员会对纠偏措施持不同的态度，特别是对原先决策和活动进行重大调整的追踪决策，会在不同程度上引起组织的结构、关系和活动的调整，也会涉及某些组织成员的利益。虽然一些原先反对初始决策的人会幸灾乐祸，甚至夸大原先决策的弊端，反对保留其中合理的部分，但更多的人对纠偏措施持怀疑和反对态度。原先决策的制定者和支持者因害怕改变决策而影响自己的既得利益，从而会公开或暗地里反对纠偏措施的实施；执行原决策、从事具体活动的基层工作人员则会对自己参与的已经形成的或开始形成的活动结果怀有感情，或者担心调整会使自己失去某种工作机会，从而极力抵制任何重要的纠偏措施的执行。所以，控制人员要充分考虑到基层员工对纠偏措施的不同态度，特别是要注意消除执行者的疑虑，争取更多人理解、赞同和支持纠偏措施，避免纠偏方案在实施的过程中存在人为障碍。

任务四　掌握控制方法

要对整个组织活动进行全面控制，并达到预期的控制效果，必须借助各种有效的控制方法。因控制对象、内容和条件不同，还应选择不同的控制方法。控制方法有多种，下面仅以企业组织为例介绍几种常用的方法。

一、预算控制方法

组织管理中最基本、最广泛运用的一种控制方法就是预算控制方法。预算控制方法具有的控制作用表现在以下一些方面。

（1）通过预算控制，便于管理者了解和控制组织的财务状况。

（2）通过预算控制，有助于管理者合理配置资源和控制组织中各项活动的开展。

（3）通过预算控制，有助于对管理者和各部门的工作进行评价。

（4）通过预算控制，可以使管理者在财务上做到精打细算，杜绝铺张浪费的不良现象。

企业中的主要预算种类有销售预算、生产预算、费用预算、投资预算以及反映现金收支、资金融通、预计损益和资产负债情况的财务预算等内容。

二、会计控制方法

会计控制方法是管理控制中的一种综合性控制方法，具有从价值角度进行综合性管理的特点。它同组织中的各部门、各项活动都有着紧密的联系，并渗透到组织活动的全过程。

在一个组织中，会计控制的主要目标和内容是资金的控制，主要包括以下内容。

（一）资金收支计划

按年、季、月编制货币资金收支计划，规定收支项目和收支总额，作为组织资金平衡和调度的依据。

（二）收入控制

要保证所有收入的资金来源清楚、数额无误、账账相符、账物相符、及时入账。

（三）支出控制

资金的支出必须有合法的凭证，有严密的授权，有完备的签字批准和支付手续。

（四）库存数量控制

要定期或不定期地进行盘点核对，对库存资产要指定专人盘点核对。

三、审计控制方法

审计是对反映组织的资金运动过程及其结果的会计记录及财务报表进行审核、鉴定，以判断其真实性和可靠性，从而为控制和决策提供依据。审计是一种常用的控制方法，主要包括财务审计、业务审计和管理审计三种形式。

（一）财务审计

财务审计是以财务活动为中心内容，以检查并核实账目、凭证、财物、债务以及结算关系等客观事物为手段，以判断财务报表中所列出的综合会计事项是否正确无误，报表本身是否可以依赖为目的的控制方法。通过这种审计还可以判断财务活动是否符合财经政策和法令。财务审计一般分为外部财务审计和内部财务审计。

（二）业务审计

业务审计是内部财务审计的扩展，其审计的范围包括财务、生产、市场、人事等方面。这种审计可以由本组织聘请外部独立的咨询机构和专家来进行。

（三）管理审计

管理审计是业务审计的进一步发展，是对组织的各项职能以及战略目标所进行的全面审计，审计范围包括：审计结构、计划方法、预算和资源分配、管理决策、科研与开发、市场、内部控制、管理信息系统等。管理审计的目的是要明确组织的优势和劣势，全面改善组织的管理工作。

四、人事管理控制方法

控制工作从根本上说是对人的控制，其他几方面的控制也要靠人去实现和推行。从本质上讲，人事方面的控制主要集中在对组织内人力资源的管理上，具体包含以下两大方面的控制。

（一）人事比率控制

人事比率的控制即分析组织内各种人员的比率，如管理人员与一般员工的比率、后勤服务人员与生产工人的比率、正式员工与临时工的比率，以及人员流动率和旷工缺勤率等是否维持在合理的水平上，以便采取调整和控制措施。

（二）人员考评控制

人员考评控制主要是对管理人员和一般员工在工作中的成绩、能力和态度做出客观公正的考核、评价和分析鉴定，这既有利于激励原来表现好的员工继续保持和发扬下去，也有利于原来表现差的员工向着好的方向转化和发展。

五、其他控制方法

除上述介绍的几种控制方法外，常用的控制方法还有很多，如目标管理、网络计划技术、全面质量管理、生产控制等。

总之，控制的方法多种多样，在实际控制中，要根据被控制对象的性质特点以及控制者本身的经验和习惯选择合适的控制方法。

思政园地

中华人民共和国国家标准

ISO 9000 质量管理体系是国际标准化组织（ISO）制定的国际标准之一，是指“由ISO/TC176（国际标准化组织质量管理和质量保证技术协会）制定的所有国际标准”。该标准可帮助组织实施并有效运行质量管理体系，是质量管理体系通用的要求和指南。我国在20世纪90年代将ISO 9000系列标准转化为国家标准，随后，各行业也将ISO 9000系列标准转化为行业标准。

中华人民共和国国家标准，简称国标，是由在国际标准化组织（ISO）和国际电工委员会（或称国际电工协会，IEC）代表中华人民共和国的会员机构：国家标准化管理委员会发布的。

最新的GB/T 19000—2016《质量管理体系 基础和术语》和GB/T 19001—2016《质量管理体系 要求》已正式发布，并于2017年7月1日正式实施。

国家标准代号：

强制性国家标准 GB

推荐性国家标准 GB/T

国家标准指导性技术文件 GB/Z

国军标代号 GJB

任务五　掌握基本的控制技术

一、时间管理技术

从某种意义上说，每个人都是管理者，最起码是自己的管理者。管理者首先要管理好自己，而管理自己的关键是管理好自己所拥有的时间。不论贫富贵贱，每个人每天的时间都是一样的24小时，1 440分钟。但为什么每个人成就却不一样，那就在于他们对时间做了不一样的分配。

时间是一个组织或一个人的重要资源。浪费时间就是增加成本，降低效益，正所谓"时间就是金钱"。

时间的管理是一项复杂的工程，这里主要强调管理人员的时间观念。

（一）合理管理时间的基本技能

1.合理分配时间

所谓合理分配时间，就是当你注意今天的每一件工作时，必须确定该花多少时间在这上面。

要成功地合理分配时间，可以使用估计、分配与控制等方法，排定事务的先后顺序、工作时间表等。

2.把事情分轻重缓急依次排好

由于精力和时间有限，任何人不可能也没必要处理所面临的每一件事。每个人每天所要处理的事情不外乎四种情况：①紧急而且重要；②重要但不紧急；③紧急但不重要；④不紧急也不重要。

为了合理利用好时间，首先要对这四类事排个顺序。当然，首先要做的一定是紧急且重要的事情，再做重要但不紧急和紧急但不重要的事，不紧急也不重要的事情可不理。每个人可以根据实际情况，列一个时间清单来分配自己的时间，如表 9-1 所示。

表 9-1　时间清单

紧急及重要性	主要活动	使用的时间	占总时间的百分比
1			
2			
3			
4			

3.实施分层负责制度

实施分层负责制度就是要充分合理地授权，借助他人的力量。如作为一个高层管理者，要明确以下三点。

（1）决定哪些事可由秘书处理。

（2）决定哪些事分配给助手做。

（3）再次决定哪些事还可由秘书或助理“分忧”。剩余工作才该自己亲自做。

4.制定一个合适的时间计划表

时间计划表的形式如表 9-2 所示。

表 9-2　时间计划表

工作	起止时间	使用时间	优先顺序	备注

5.为意外的事预留时间

虽然人们希望所有的事情都一帆风顺，但即使在做了充分准备的情况下，依然会有意外的事情发生。因此，明智的做法是为意外事件留点时间。

一般情况下，可以采取三种预防此类事件发生的方法。

（1）在实施每项计划时都留出预备时间。

（2）努力使自己在不留余地又饱受干扰的情况下完成预计的工作。

（3）另准备一套应变计划。

（二）管理者时间管理的十个要点

（1）目标要明确。

（2）按照时间管理的要求制订工作计划。

（3）准备备忘录与形成良好习惯。

（4）培养雷厉风行的工作作风。

（5）学会分权和授权。

（6）掌握召开高效率会议的技巧。

（7）工作、办事要注重条理性。

（8）尽量简化工作流程。

（9）今日事今日毕。

（10）用零散的时间处理简短的事务。

二、重点管理技术

重点管理技术又称 80/20 原理，或叫柏拉图定律。其主要的原理就是从对组织的社会现象的分析中发现，往往在日常工作中“重要的少数”只占 20%，而“无关重要的多数”占 80%。这“重要的少数”影响了 80%的成效，而把精力与时间致力于“80%的无关重要的多数”则只能影响 20%的成效。

在现实的生活和组织活动中，到处都会发现 80/20 现象。例如，世界上 20%的人口，享有世界上 80%的财富；你所有完成的工作里 80%的成果，来自你 20%的付出；通常一个企业 80%的利润，来自它 20%的项目，或者是 20%的重要客户；80%的时间用在 20%的日常事情上；80%的结果归结于 20%的起因；80%的成绩归功于 20%的努力。

重点管理技术的指导思想，就是找重点、抓关键，在方法上要认清工作的重要性与紧急性。在工作中，要找出具有关键性的事，然后集中时间和精力来处理这些事。此外，还需要优先处理紧急的事，因为如果不及时处理，可能会产生严重的后果。

我们熟悉的 80/20 原则就像一个提示器，每天提醒你将 80%的时间和精力放在那些真正重要的 20%的事物上。然而，80/20 原则在实际工作中常常被人们忽视。

80/20 原则早已被广泛地用到组织管理活动中，并称为 ABC 分析法。

ABC 分析法在管理上应用非常广泛。实践证明，在许多管理活动中都存在着“关键的少数与次要的多数”这种不均匀的分布关系。现在 ABC 管理法已经作为确定主次问题、寻找主要矛盾的一种有效的管理方法，不仅应用于经营管理，而且普遍应用于科学和技术管理、社会调查及预测等方面，甚至在宣传教育工作等方面也有很大的应用价值。可以说，分析解决多因素问题都可以借助 ABC 分析法。

下面以企业的物资管理为例来说明 ABC 分析法的应用。首先是按企业物资品种以及占用资金大小进行分类排队，把它分为 A、B、C 三大类。A 类物资品种少，占用资金多；B 类物资品种比 A 类多些，占用资金比 A 类少；C 类物资品种繁多，占用资金少。

通常的分类标准如下。

A 类物资：品种数占 10% ~ 15%，占用资金数约占 80%；

B 类物资：品种数占 20% ~ 30%，占用资金数约占 15%；

C 类物资：品种数占 60% ~ 65%，占用资金数约占 5%。

可见，A 类物资最为重要，需重点管理。

案例 9-2

总裁的公文夹

某汽车公司总裁要求秘书给他呈递的文件放在各种颜色不同的公文夹中。红色的代表特急；绿色的代表要立即批阅；橘色的代表今天必须批阅；黄色的则表示必须在一周内批阅；白色的表示周末时须批阅；黑色的则表示必须由他签名。

把你的工作分出轻重缓急，条理分明，才能在有限的时间内，创造出更大的价值，也使你的工作游刃有余，事半功倍。过于注重细节，是在一点一点地浪费你的人生。

思考与讨论

你是否可以将此种做法应用到你的学习和生活中呢?

三、管理循环技术

只要一个组织存在，管理工作就不能停止。实际上不管什么样的管理工作都要按“管理循环”的步骤来开展工作。管理循环又称 PDCA 循环，P、D、C、A 分别是英文单词 Plan（计划）、Do（实施）、Check（检查）、Action（处理）的首字母缩写。按照管理循环来开展工作，就是把管理工作分为四个阶段八个步骤，并通过不断循环来达到提高管理水平、实现管理目标的目的。

（一）PDCA 循环的四个阶段和八个步骤

1.计划阶段

计划阶段包括四个步骤。

第一步，分析现状，找出存在的问题。

第二步，分析产生问题的原因或影响因素。

第三步，找出产生问题的主要原因。

第四步，制订计划，采取措施，确定管理点。

2.实施阶段

这一阶段也就是第五步，即执行计划，实施措施。

3.检查阶段

这一阶段即第六步，就是检查计划和措施的执行结果，并将结果与计划对比，及时发现和解决执行中出现的问题。

4.处理阶段

处理阶段包括两个步骤。

第一步，进行标准化处理，把成功的经验或失败的教训纳入有关标准和制度，使其规范化，以巩固成功的经验，避免重犯错误。

第二步，找出尚未解决的问题，转到下一个循环中继续解决。

PDCA 循环的工作程序，如图 9-1 所示。

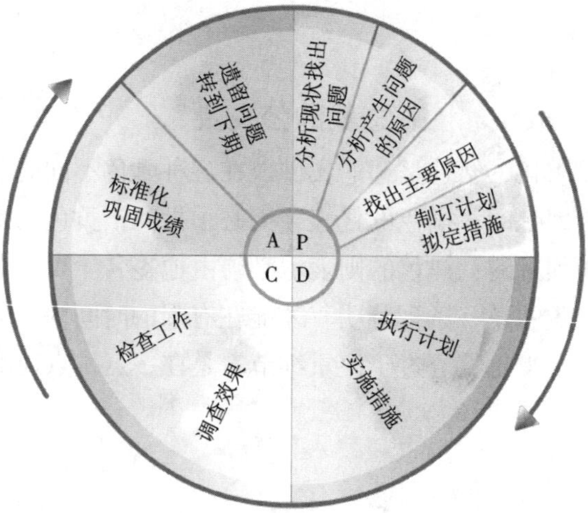

图 9-1　PDCA 循环的步骤

（二）按照 PDCA 循环开展工作的要点

1.大环套小环，小环保大环

整个组织的管理工作要按照 PDCA 循环来开展，同时组织内部各单位、各部门、各环节都要按照 PDCA 循环来开展工作，组织的大循环要通过小循环来落实，小循环要保证大循环的实现。这种关系如图 9-2 所示。

2.从实际出发，讲求实效

PDCA 循环强调从分析本单位的现状入手，找出问题和产生问题的原因及主要原因，然后有针对性地制订计划，采取措施。这样才能解决实际问题，收到实效。

3.不断循环，不断提高

循环必须不停地进行，每循环一次，解决一些问题，使管理工作水平提高一步，接着又制定新的目标，开始新的循环，如图 9-3 所示。要通过不断循环达到不断提高，关键在于认真对成功的经验或失败的教训进行总结和吸收。

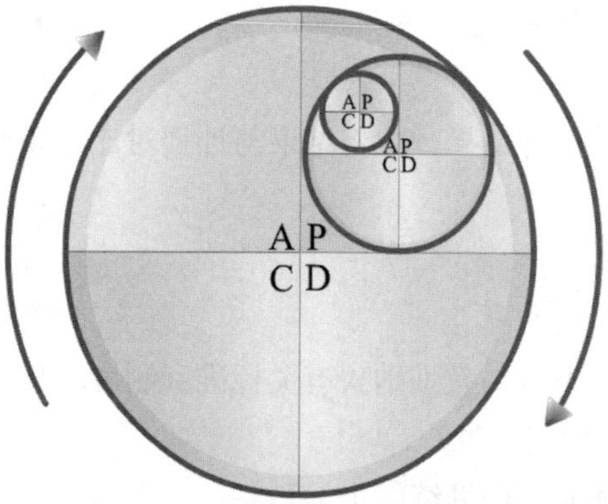

图 9-2 大环套小环，小环保大环

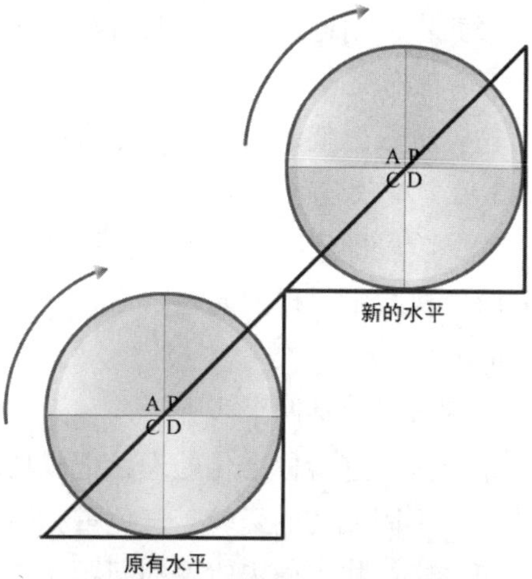

图 9-3 不断循环，不断提高

因为管理工作永无止境，所以管理循环 PDCA 周而复始、永不停止。管理循环已成为近代管理，特别是企业管理不可缺少的工具，研发、人事、财务、营销、生产、质量、物料、成本等任何一项管理工作，均可使用。

四、问题分析技术

管理控制过程，也是发现问题、分析问题和解决问题的过程。分析问题是解决问题的基础。管理上常用的问题分析技术有很多，如 ABC 分析法、分层法、5W2H 法、鱼骨图法等。下面只介绍其中的一种方法——鱼骨图分析法。

鱼骨图又称"要因分析图"，就是将造成某项结果的众多原因，以系统的方式用一个鱼骨状的图形将原因与结果的关系表示出来。

某些结果的形成，必定有其原因，设法利用图解法找出这些原因来，并逐步进行分析，找出关键因素，然后采取对策，问题就可获得解决。

例如，某一制造部门的生产效率一直偏低，分析影响效率的原因，可做鱼骨分析图如图 9-4 所示。

利用此法进行分析时，首先找出影响结果的大方面原因，如本例中的人员、管理、环境、品质、方法、材料、机器等。然后，再找出形成大原因的小原因，接着，再找出其中的主要原因（如图 9-4 中圈起来的原因），最后，对主要原因进行深入分析并寻求解决办法。

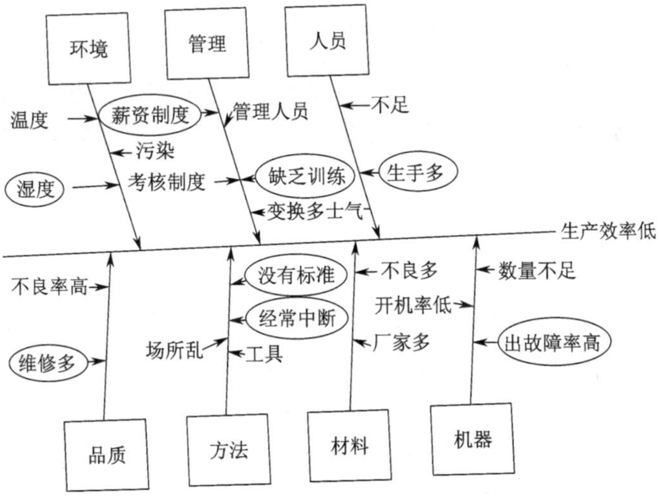

图 9-4　鱼骨分析图

案例 9-3

天安公司的管理创新

天安公司是一家以生产微波炉为主的家电企业。2005 年，该厂总资产为 5 亿元，而五年前，该公司只不过是一个人员不足 200 人、资产仅为 300 万元且濒临倒闭的小厂，五年间企业之所以有了如此大的发展，主要得益于公司内部的管理创新。

第一，生产管理创新。依靠公司设置的关键质量控制点对产品的生产过程全程监控；同时，利用 PDCA 和 PAMS 方法，持续不断地提高产品质量；加强员工的生产质量教育和岗位培训。

第二，供应管理创新。天安公司把所需采购的原辅材料和外购零部件，根据性能、技术含量以及对成品质量的影响程度，划分为 A、B、C 三类，并设置不同类别的原辅材料和零部件的具体质量控制标准，协助供应商达到产品质量控制的要求。

第三，服务管理创新。公司通过大量的市场调研和市场分析活动制定售前决策，进行市场策划，树立公司形象；与经销商携手为消费者提供优质服务；建立了一支高素质的服务队伍，购置了先进的维修设备，建立了消费者投诉制度和用户档案制度，开展了多形式的售后服务工作，提高了消费者满意度。

思考与讨论

1. 案例中的控制类型有哪些？请分别指出，并说出各自的特点。

2.案例中公司设置了关键质量控制点体现了有效控制原则中的哪一项？为什么？

思政园地

产品质量法

《中华人民共和国产品质量法》(以下简称《产品质量法》)是为了加强对产品质量的监督管理，提高产品质量水平，明确产品质量责任，保护消费者的合法权益，维护社会经济秩序而制定的。

制定《产品质量法》的目的和意义如下。

(1)为了适应我国建立社会主义市场经济、进一步改革开放和积极参与国际市场竞争的需要。随着我国关贸总协定缔约国地位的恢复，我国与世界各国的经济贸易合作更加广泛，大量产品要走向国际市场。国家通过立法，确保产品质量，以提高我国产品在国际市场的竞争能力。

(2)为了维护市场经济秩序，适应“打假治劣”的需要。当前，假冒伪劣产品屡禁不止，给国家经济建设和人民生命财产造成极大损害。国家须运用法律的强大威慑力，严厉惩处生产、销售假冒伪劣产品的违法行为，维护市场经济秩序，保证改革开放和现代化建设的顺利进行。

(3)为了切实保护广大消费者的合法权益。产品质量涉及千家万户，广大人民群众对产品质量问题极为关注。消费者因产品质量问题切身利益受到损害以后，理应投诉有门，得到合理赔偿。国家通过立法来保护消费者的合法权益。

(4)为了建立和完善我国的产品质量法律体系。《产品质量法》的颁布实施，标志着我国产品质量工作进一步走上了法制管理的道路。这对于建立产品质量公平竞争机制、促进社会主义市场经济的发展，具有十分重要的意义，为制裁产品质量的违法行为提供了强大的法律武器。

知识测试

一、单项选择题

1.管理控制过程中的关键环节是（　　）。

A.制定控制目标　　B. 建立控制标准

C.衡量实际工作成效　　D.纠正偏差

2.控制的主要目的是（　　）。

A.提高企业的整体素质　　B.改善组织的外部环境

C.确保组织目标的实现　　D.保证组织不出现偏差

3.“治病不如防病，防病不如讲究卫生”，根据这一说法，在以下几种控制方式中，（　　）方式最重要。

A.前馈控制　　B.现场控制　　C.反馈控制　　D.直接控制

4.种庄稼需要水，但某地区近年老是不下雨，怎么办？一种办法是灌溉、以补充不下雨的不足；另一种办法是改种耐旱作物，使所种作物与环境相适应。这两种措施分别是（　　）。

A.纠正偏差和调整计划　　B.调整计划和纠正偏差

C.前馈控制和反馈控制　　D.反馈控制和前馈控制

5.小张下岗后开了一间小型餐饮店。他知道，要取得经营成功，除了要有可口的饭菜外，周到的服务和与顾客的良好关系也非常重要。为此，他采取了如下控制措施：①在店内显眼的位置悬挂一本顾客意见簿，欢迎顾客提出意见和批评；②让领班严密地监视服务人员的行为，并对棘手问题的处理提供协助和建议；③在员工上岗之前进行工作技能和态度的培训；④明确规定半年后要对服务质量好的员工给予奖励。以下（　　）说法是正确的。

A. ④和①一样，都属于反馈控制

B. ①是反馈控制，②是现场控制，③是前馈控制

C. ④属于激励措施，不属于控制措施

D. ③属于激励措施，不属于控制措施

二、判断题

1.严格的控制，会使实际工作过程缺乏灵活性，极大地限制了人的工作积极性。（　　）

2.坚持控制的经济性原则，一要有选择地实行控制，二要降低控制的各种耗费。（　　）

3.一个优秀的管理者，他每天要做的事大多数情况下一定是既紧急又重要的事情。（　　）

4.组织管理中最基本、最为广泛运用的一种控制方法是预算控制方法。（　　）

5.重点管理技术的指导思想，就是找“重点”、抓“关键”，在方法上要认清工作的

“重要性”与“紧急性”。(　　)

三、简答题

1.怎样理解控制工作的重要性?

2.控制可以划分为哪些类型？各有什么特点?

3.请举一实例，描述控制的基本过程。

4.常用的控制方法有哪些?

5.结合你的生活和学习的实际，谈谈 PDCA 循环方法的应用。

技能训练

项目名称：时间管理

实训目的：学会管理好自己的时间；提高做事的效率和效果。

实训内容：用一整天的时间观察你自己，尽可能详细地记录所做的事情、起止时间、效率和自己的感受。

观察自己使用时间的情况时，一定要找出并记住以下几点。

(1)你通常用哪些方式浪费时间?

(2)你在什么情况下效率最高?

(3)你效率最高的时间是什么时候?

下面是一份用于每日计划的表格，每天在固定的时段(如睡觉前)填写，第二天用这份表格提示自己。运用“计划的循环”，坚持一个星期，提高管理时间的能力。

今天要做的事
日期:________________
必须做的事情
1.
2.
3.
应该做的事情
1.
2.
3.
能够做的事情
1.
2.
3.

成果与评价：

（1）每位同学交一份一天的计划安排表及计划执行情况记录表，并谈谈体会。

（2）教师对有代表性（好、差）的同学进行点评。

延展阅读

扁鹊三兄弟

魏文王问名医扁鹊说："你们家兄弟三人，都精于医术，到底哪一位医术最好呢？"扁鹊回答说："大哥最好，二哥次之，我最差。"

文王再问："那么为什么你最出名呢？"

扁鹊答说："我大哥治病，是治病于病情发作之前。由于一般人不知道他事先能铲除病因，所以他的名气无法传出去，只有我们家里的人才知道。我二哥治病，是治病于病情刚刚发作之时。一般人以为他只能治轻微的小病，所以他只在我们的村子里才小有名气。而我扁鹊治病，是治病于病情严重之时。一般人看见的都是我在经脉上穿针管来放血、在皮肤上敷药等大手术，所以他们以为我的医术最高明，因此我的名气响遍全国。"

文王连连点头称道："你说得好极了。"

管理启示：事后控制不如事中控制，事中控制不如事前控制，可惜大多数管理者均未能体会到这一点，等到错误的决策造成了重大的损失才寻求弥补。弥补得好，当然是声名鹊起，但更多的时候是亡羊补牢，为时已晚。对于企业高级领导来说，最重要的才能莫过于能做出正确的判断，而这种特殊才能将是计算机永远无法取代的。

决堤一定修堤吗

春秋时期，楚国令尹孙叔敖在苟陂县一带修建了一条南北水渠。这条水渠又宽又长，足以灌溉沿渠的万顷农田，可是一到天旱的时侯，沿堤的农民就在渠水退去的堤岸边种植庄稼，有的甚至还把农作物种到了堤中央。等到雨水一多，渠水上进，这些农民为了保住庄稼和渠田，便偷偷地在堤坝上挖开口子放水。这样的情况越来越严重，一条辛苦挖成的水渠，被弄得遍体鳞伤，面目全非，因决口而经常发生水灾，变水利为水害了。

面对这种情形，历代苟陂县的行政官员都无可奈何。每当渠水暴涨成灾时，他们便调动军队去修筑堤坝。后来宋代李若谷出任知县时，也碰到了决堤修堤这个头疼的问题，他便贴出告示说："今后凡是水渠决口，不再调动军队修堤，只抽调沿渠的百姓，让他们自己把决口的堤坝修好。"这布告贴出以后，再也没有人偷偷地去决堤放水了。

管理启示：这是一个有趣的故事，但是故事背后的寓意却值得每位管理者深思。当制度都不能发挥作用的时候，就只有利用李若谷的办法，以子之矛攻子之盾。一旦员工发现他所做的事情得到的好处还不如他损失的多的话，自然也就不会再去做同样的事情了。所以说，不管具体用什么方法来执行，制定一套安全有效的内部控制制度非常必要。

项目十　绩效评价

学习目标

1. 了解绩效考评的内容与标准。
2. 理解绩效管理的基本流程。
3. 知晓绩效考核的方法。
4. 学会使用目标管理法。
5.学会运用 SMART 原则确定关键绩效指标。

思维导图

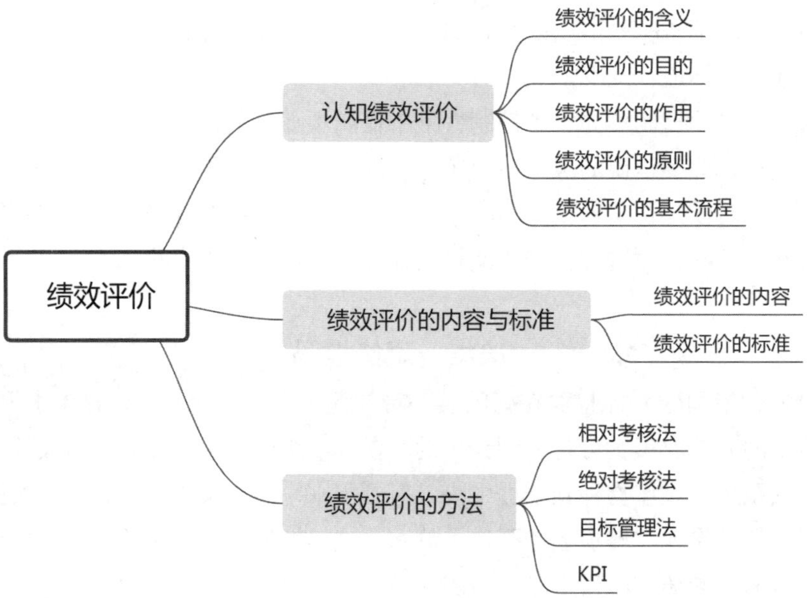

导入案例

海尔的赛马机制

海尔集团创立于 1984 年，是一家全球领先的美好生活解决方案服务商。2008 年英国《金融时报》评选“中国十大世界级品牌”，海尔荣登榜首。国家质检总局首次评选三个“中国世界名牌”，海尔冰箱、洗衣机双双入选。2018 年，海尔集团全球营业额达 2 661 亿元，同比增长 10%；全球利润总额突破 331 亿元，同比增长 10%。海尔连续十一年稳居欧睿国际世界家电第一品牌。那么，海尔成功的关键是什么？一个重要的原因是海尔创新的人才考核机制。

自张瑞敏接手海尔之日起，公司就非常重视产品的质量。1985 年，为了提高工人的质量意识，张瑞敏带领工人亲手砸了 76 台质量不合格的冰箱。2013 年，张瑞敏又把“大锤”砸向旧思维、旧组织体系，推动海尔向“人单合一”模式转型。

海尔采用 OEC 管理模式，OEC 是 Overal Every Control and Clear（全面逐项控制和清理）的缩写。这一管理模式由全方位目标系统、日清控制系统和有效激励系统三方面构成，囊括了企业管理的诸项要素：目标、责任、考核、奖惩、监督、分配、晋升等。这是一种以人为本的管理，旨在调动职工积极性，开发其智慧，发挥其创造力。这是企业自我约束、自我发展、良性循环的精细化管理方法，达到了企业管理的一种高境界，是海尔文化的核心内容。

在海尔看来，企业发展的核心是如何选出人才。因为人人都是人才，关键是看能否将每个人所具备的最优秀的品质和潜能充分挖掘出来。为此，海尔变相马为赛马，提出了著名的赛马机制。赛马机制实质上就是出人才的机制，即赛马场上挑骏马。这种赛马机制强调赛马而非相马。海尔的具体做法是：每个月都搞一次“大选”，所有岗位都面向外界实行公开竞聘。每个月人力资源中心将空岗情况和招聘条件公布于众，每个人都可以上台打擂。经严格的实际考核、笔试和面试，使每个人都有机会找到最大限度发挥自己特长、实现自身价值的位置。正如张瑞敏所言：“你能翻多大的跟头，我就给你搭多大的舞台。”

这一机制最初体现在公司内部实行的“三工转换制度”，即将员工分成：试用员工、合格员工和优秀员工，比例是 1∶5∶4，三种员工实行动态转化。通过科学的赛马规则，进行严格的工作绩效考核，使所有员工在动态的竞争中提升、降级、取胜、淘汰。对于努力者，试用员工可以转为合格员工乃至优秀员工；对于不努力者，就会由优秀员工转为合格员工或试用员工。对在岗干部实行“在位要受控，升迁靠竞争，届满要轮岗，末位要淘汰”，打破年龄、资历、干部、工人界线，将一流的人才选拔到管理岗位上去，对科研人员推行预期招标，取消基本工资和档案工资，只领取项目承包费，收入上不封顶，下不保底。

海尔在大跨步前进，海尔的观念也在不断创新。创新的绩效考核制度，使海尔企业目标与员工发展有机融合。目前海尔已具备“大名牌、大市场、大科研、资本和企业文化统一”的整体思路和氛围，出现在海尔面前的将是更加宽广的世界！

思考与讨论

1.海尔将目标、考核、激励、晋升等方面融合在 OEC 管理模式中，对于企业的发展有哪些帮助？

2.海尔的赛马机制与传统的相马机制有何不同？赛马机制蕴含着怎样的管理思想？

3 海尔集团公司成功的人事管理经验有哪些？它对企业提高绩效有何帮助？

任务一　认识绩效管理

一、绩效管理的概念

（一）绩效

1.绩效的含义

工作绩效（Performance）是指员工的工作行为、表现及其结果。对组织而言，绩效就是完成任务的情况表现在数量、质量及效率等方面，如企业的销售额、利润额或者产品市场占有率等；对员工个人来说，工作绩效则是上级和同事对自己工作状况的考核，如工作效率、单位生产数量等。

2.绩效的特点

绩效具有以下三个特点。

（1）多因性。员工绩效的优劣不仅受员工的态度、工作技能、受教育水平等个体的主观因素影响，而且受到客观的多种因素，如社会的政治经济环境、企业的工作环境、组织结构、工资福利等的综合影响。

（2）多维性。绩效是工作结果的总体体现，包括工作任务执行和完成情况的多个方面。企业应从多个不同方面和维度对部门和员工进行绩效考评。常见的绩效考评应包含对工作行为和工作结果的评价，例如在实际中我们不仅要考虑员工完成产量指标的情况，还要考虑其出勤、服务合作态度、与其他岗位的沟通协调等方面，进行综合性的绩效评价。

（3）动态性。由于绩效具有多因性的特点，这些影响因素不断变化，因此绩效也会不断发生变化。不同的考评期间、工作任务实现的难易程度、工作环境的调整以及员工人际关系的变化都会对绩效产生动态的影响。

（二）绩效考评的概念

绩效考评是对员工工作业绩的考核和评定，即根据工作目标或一定的绩效标准，采用科学的方法，收集、分析、评价和传递有关某一个人在工作岗位上的工作行为表现和工作结果方面的信息，对员工的工作完成情况、职责履行程度等进行定期的评定，并将评定结果反馈给员工的过程。

绩效考评也叫绩效考核，是衡量与判断完成工作数量和质量、效益和收益的过程，是企业管理者与员工之间的一项管理沟通活动。

（三）绩效管理

1.绩效管理的概念

绩效管理是指为了达成组织的目标，通过持续开放的沟通过程，形成组织目标所预期的利益和产出，并推动团队和个人做出有利于目标达成的行为的过程，即通过规范化的管理不断提高员工和组织绩效的过程。

绩效考核是绩效管理的一个重要环节。绩效管理的范畴比绩效考核的范畴大得多。绩效管理更强调管理过程。绩效考核的目的在于对过去一个周期的绩效进行评价，而绩效管理注重整体绩效的改进和提升。

2.绩效管理的关键要素

1）量化绩效目标

目标对于组织和个人而言非常重要。在绩效管理中，明确绩效目标是最关键的一点。将绩效目标进行量化，尽可能利用一些可直接计量的指标来进行考核，例如产量目标、销售收入目标、预算完成情况等，这样绩效考核才能真正做到有据可依，考核结果才具有说服力。但是，在现实管理中，要对每一个绩效目标进行量化几乎很难实现，如组织的制度化建设、员工培训、信息化工作等指标，因此企业的管理者对于这些难以定量的目标，可以借助于一些可计量的相关因素来间接衡量，增强其可计量程度。

2）分解绩效目标

达成组织的绩效目标是绩效管理的目的。在组织中，首先应制定组织的整体绩效目标，然后根据各部门的职责将整体目标分解为部门绩效目标；各部门管理人员，再根据下属的工作岗位、工作职责以及个性特点，进一步分解目标至每个岗位或员工，实现绩效目标的全面分解。

3）加强双向沟通

绩效管理是双向沟通的过程，上级管理下级或者下级服从于上级这种单向形式不符合绩效管理的要求。制定绩效目标时，上下级应进行充分的沟通并达成一致的意见。绩效管理过程中，上级应对下级进行实时的指导，下级也应及时向上级汇报目标完成情况，如果遇到突发情况，上下级应一起对绩效目标进行修订和调整。评价绩效成效时，应开展绩效面谈，传递绩效考评结果。在这个绩效管理期间，上下级之间可以通过正式的或非正式的沟通，强化绩效管理效果。

4）明确绩效管理流程

设计合理的绩效管理流程是绩效管理的关键点之一。绩效管理流程是否完善直接关系到绩效考核结果是否公平和公正。绩效管理中，必须要制定一个全面、准确、公正的考核方法，考核所涉及的内容完全覆盖整个组织并且能够正确地评判组织状况。绩效管理流程需要设计完备，形成管理的闭环，并为下一周期的绩效管理提供支持。

5）充分运用考评结果

管理者应该及时将考评结果反馈给参评部门或员工，对结果进行分析，提供有针对性的帮助。通常，绩效考评结果会影响奖金、薪酬等，同时会为员工的晋升提供可靠依据。充分运用绩效考核结果，不仅可以改善员工的工作表现，提高员工的满意度和成就感，更可以帮助企业实现经营目标。

3.绩效管理的 PDCA 循环原则

PDCA 循环是由美国质量管理专家戴明提出来的。绩效管理遵循 PDCA 循环原则：P（Plan）为计划；D（Do）为执行；C（Check）为检查；A（Action）为行动。这是一个不断制订绩效计划、绩效执行、绩效检查和绩效行动的循环过程。这一循环体现在整个绩效管理过程中，包括绩效目标设定、绩效实施、绩效考评、绩效反馈、绩效改进、再制定绩效目标等多个环节，是一个不断发现问题、改进问题、完善绩效管理机制的过程。

绩效管理的 PDCA 循环包括四个环节。

第一环节：制订绩效计划。在每个绩效管理周期开始前，管理者和下属在充分沟通和协商的基础上，对整体绩效目标、实现路径、可能遇到的问题、解决方法及所需支持等内容形成完整的绩效计划。

第二环节：执行绩效计划。明确绩效计划后，严格按照计划实施绩效考核。

第三环节：绩效考核与检查。管理者应监督整个绩效考核过程，对实施过程中的偏差和问题及时修正；检查绩效考核结果，合理运用面谈等方式，反馈考核结果。

第四环节：绩效诊断与改进。对绩效考评的结果进行处理：对成功的经验加以肯定并适当推广、标准化；对失败的教训进行总结，为下一个 PDCA 循环提供支持；将未解决的问题放到下一个循环里，再次进行循环管理，实现螺旋上升。

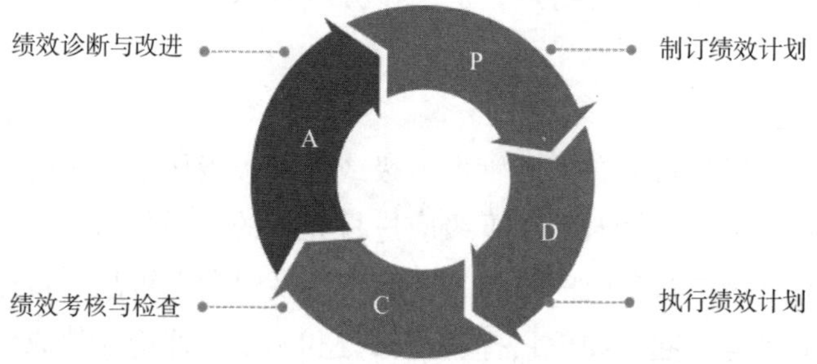

图 10-1　绩效管理的 PDCA 循环

以上四个环节就是绩效管理 PDCA 循环的全部过程。无论是何种企业或组织，都应该充分理解并合理运用 PDCA 循环，明确绩效管理的方向、健全员工激励制度、实现绩效管理良好的运行状态，使绩效管理发挥最大的作用，达到预期的效果。

二、绩效管理的目的

（一）传统绩效考核的目的

（1）通过考核确认工作执行人员的绩效达成水平而决定奖惩、分配奖金、提薪、调职、晋升等人力资源管理决策。

（2）通过考核及其对考核结果的合理运用（奖惩、待遇调整），达到激励员工努力工作的目的。

（二）现代绩效考核与管理的目的

进行绩效考核不仅仅是为了奖惩，奖惩只不过是强化考核功能的手段；不仅仅是为了调整员工的待遇，调整待遇是对员工价值不断开发的再确认。考核的根本目的是不断提高员工的职业能力，提高员工在工作执行中的主动性和有效性，改进工作绩效。

绩效考核作为绩效管理的重要组成部分，通过激励，改善员工的工作表现，以达到企业的绩效目标。现代绩效考核与管理的目的是：①通过绩效目标的层层分解，使每个员工更加规范、有计划地投入工作中，完成自己的绩效目标，从而实现部门的绩效目标，最终完成组织整体目标；②合理运用绩效考评结果，及时了解发展过程中存在的问题并帮助解决问题，必要时可以调整发展计划，为企业发展带来积极影响；③全面了解员工的工作表现，评估员工的职业发展趋势，为员工提供科学的、有针对性的培训，提高个人的绩效能力；④健全的绩效管理，可以帮助企业构建积极的企业文化；⑤每一个绩效管理的 PDCA 循环，都是为组织能够更好地发展、实现新的绩效目标打下坚实的基础。

三、绩效管理的地位与作用

（一）绩效管理在企业人力资源管理中的地位

绩效管理在企业人力资源管理中占据核心地位，对于企业提升竞争力具有重要的推动作用。绩效管理通过设定合理的绩效目标，为企业员工指明了努力方向，促进组织和个人的提升。绩效管理能够保证组织整体目标的实现。良好的绩效是各类组织管理成效的核心标志。

（二）绩效管理的作用

绩效管理对组织管理或个人发展都具有积极的影响。绩效管理可以全面客观地反映组织和个人的工作状况与成果，其作用如下。

（1）为员工的薪酬调整、奖金发放、职务调整等提供依据。

（2）作为管理者和员工之间正式的沟通桥梁，促进管理者和员工的理解和协作。

（3）让员工明白企业对自己的真实评价，帮助员工改进并提升自己的综合能力。

（4）帮助组织及时准确地获得员工的工作信息。

（5）帮助管理者发现管理过程中存在的问题，并总结经验教训，以利于改进与提高绩效。

四、绩效管理的原则

（一）全面性与合理性原则

绩效考评以部门和个人的岗位职责为主要导向，制定合理的考评标准和方式，全面覆盖德、能、勤、绩等各个方面。

（二）统一性与具体性原则

要坚持公正、公认、公开的原则开展绩效考评。公正是确立和推行绩效考评的前提，不公正的绩效考评不可能发挥其应有的作用。绩效考评标准的制定由考评者和被考评者充分沟通后确定，制订出被大家认可的绩效考评计划。要公开绩效考评的标准、方式等，让所有成员都知道。

（三）实用性与操作性原则

考评目标要尽可能量化，增强绩效考要的实用性和可操作性。

（四）系统性与规范性原则

要建立完善的绩效考评体系。绩效考评要不不做，如果要做，就得有个完善的体系，否则绩效考评结果就没有任何作用，甚至会使员工觉得不公平，从而失去工作的积极性。

（五）客观性原则

绩效考评应以事实为依据，根据明确规定的考评标准，针对客观考评资料进行评价，尽量避免掺入考评者的主观性和感情色彩。

（六）开放沟通原则

通过考评者与被考评者的充分沟通，考评者帮助被考评者解决工作中存在的问题与不足，被考评者也可以及时反馈绩效目标的完成情况。

（七）常规性原则

将绩效考评工作纳入日常管理之中，成为常规性管理工作。

（八）发展性原则

绩效考评的目的是促进组织和人员的发展与成长，而不是惩罚。

（九）与企业文化和管理理念相一致

绩效考评的内容是企业组织文化和管理理念的具体化和形象化体现。考评内容就是对员工工作行为、态度、业绩等方面的要求和目标，是员工行为的导向。因此，绩效考评必须要明确企业鼓励什么，反对什么，给员工与企业文化和管理理念相一致的指引。

案例 10-1

方正电脑公司绩效管理体系

1999 年，方正电脑公司的第一套全面考核体系正式实施，至今已经发展到第三版了。第一套体系的贡献在于建立起绩效考核的观念。2000 年，第二套考核体系则提高了绩效指标与工作的相关性，进一步提高了考核的有效性。2001 年，在公司规模扩大与业务细分的情况下，绩效管理是连接企业战略和成果的一个重要环节，第三套绩效管理体系开始建立起来。

方正电脑公司的绩效管理目的明确，首先是客观评价员工工作绩效，帮助员工提升自身工作水平，从而提升公司整体绩效；其次，加强员工与管理人员就工作职责、工作期望、工作表现和未来发展方面持续的双向沟通；最后，给员工与其贡献相应的激励。

在这个体系中，公司全体成员都扮演着重要的角色：高层管理者是倡导者和核心；人力资源部是体系构架者、宣传者与维护者；部门经理是设计者和执行者；员工则是参与者与反馈者。

（1）在这个体系中，工作表现考核表列出了公司的核心价值观的五个指标，即严格认真、主动高效、客户意识、团队协作、学习总结。这张表是员工的行动纲要，它体现的主要是引导职能。公司希望每个员工将价值观融入血液中，落实到行动中。

（2）绩效计划考核表列出了季度主要工作项目、考核标准、权重及资源支持承诺。每个季度之初，员工依据本岗的岗位说明书、部门的工作目标，按照 SMART 原则制订本季度个人的绩效计划。

（3）季度末，以部门为单位将员工的考核结果进行排序，按照一定的比例分布归入七个等级。绩效评估结果直接影响员工的绩效工资、业绩表现奖惩的力度。

绩效管理体系随着公司的发展也需要不断更新，我们要让管理者掌握绩效管理理论并主动参与到绩效体系的设计中，能够从不同的业务角度和管理高度对绩效管理体系提出具有建设性的改进建议，以保证企业目标顺利达成。

思政园地

新时代大学生的职业生涯规划

绩效管理是现代企业管理的重要环节。通过科学的绩效管理，能够激发员工的工作热情，提高员工的能力和素质，从而改善公司的绩效结果，提高公司的治理水平。

绩效管理是一种手段。通过绩效管理，更重要的是引导员工成为高素质的、高水平的人才。大专院校的学生，应立志成为高素质的技术技能型人才，做好大学生职业生涯规划，以大国工匠为目标，努力学习专业技能，丰富实践经验，在平凡的岗位上，追求职业技能的完美和极致，成为新时代的高素质技术技能型人才。

任务二 了解绩效考评的内容与标准

一、绩效考评的内容

绩效考评的内容，是指组织或个人绩效考评考什么，通过评价考核哪些方面来实施绩效考评。绩效考评按照评价对象的类型，可划分为三类：单位（组织）绩效考评，即将一个单位作为整体，对其进行绩效考评；部门（群体）绩效考评，即评价单位下属的一个分支机构或部门工作的绩效；岗位（个人）绩效考评，是指评价某一工作岗位或某个人工作所取得的绩效。

对于组织或群体来说，绩效考评的基本内容包括：产品与服务的数量和质量，特别是科技开发与创新程度，如生产数量、产品合格率、新产品研发数等；各种生产经营与管理工作过程中的效率和质量，如人均净利润、生产经营效率等；市场开拓与营销及顾客服务效果，如市场占有率、顾客投诉率等；人才数量、质量与发展状况，如员工流失率、员工培训深造率等；企业的经济效益与社会效益，如利润率、纳税额等；企业的竞争力与长期发展能力。

对于个人来说，绩效考评的内容是将企业的战略目标和个人岗位职责及发展要求相结合，包括企业价值观、岗位职责、工作能力、工作绩效、个人职业发展计划等。

我国很多企业以德、能、勤、绩四个方面作为绩效考评的基本内容。

德：参与绩效考评个人的思想觉悟与职业道德，特别是职业道德。良好的职业道德是每个企业员工必备的基本素质，也是企业员工绩效考评的重要考核项目。

能：考核员工从事岗位工作所要求具备的专业理论水平与实际能力。能力是员工做好工作的基本条件。理论水平和专业技能的考核是绩效考评的主要内容，其中专业技能水平是组织支付薪酬的重要依据。

个人能力绩效考评的主要内容包括：职业能力，如知识、技能和体力等；素质能力，如理解能力、创造能力、筹划能力、表达能力、涉外能力和领导能力等。

勤：考核员工的工作态度和工作积极性。端正的工作态度和充满热情的工作积极性对于工作的成果和贡献具有十分重要的意义。这一项的考评内容，包括工作责任感、纪律性、工作热情以及工作的投入程度等。

绩：考核员工在工作过程中的实际成绩与效果，包括员工所完成工作成果的数量、质量、时效等。这是绩效考评中最重要的内容，也是确定对个人的评价、奖酬、晋升的最基本依据。

绩效是员工德、能、勤、绩的一种综合反映。在绩效考评过程中，企业管理人员要注意了解员工的个性、喜好、优缺点等突出的个人特点，以便开展有针对性的、更富有成效的管理。

思考与讨论

在学校，评定优秀学生称号、学业奖学金等奖项时，考核的内容分别包括什么？

二、绩效考评的标准

（一）绩效考评标准分类

绩效考评标准是考评者通过测量或通过与被考评者约定所得到的衡量各项考评指标得分的基准。按照考评标准的属性划分，绩效考评可分为绝对标准、相对标准和客观标准。

绝对标准，就是建立员工工作的行为特质标准，然后将达到该项标准列入评估范围内，而不在员工间作相互比较。绝对标准的评估重点，在于以固定标准衡量员工，而不是与其他员工的表现作比较。

相对标准，就是将员工间的绩效表现相互比较，也就是以相互比较来评定个人工作的好坏，将被考评者按某种向度作顺序排名，或将被考评者归入先前决定的等级内，再加以排名。

客观标准，就是评估者在判断员工所具有的特质，以及其执行工作的绩效时，对每项特质或绩效表现，在评定量表中每一点的相对基准上予以定位，以帮助评估者作评价。

另外，绩效考评标准还可以按评价的手段分类，分为定量标准和定性标准；按标准的形态分类，分为静态标准与动态标准；按评价的尺度分类，分为类别标准、等级标准、等距标准、比值标准和隶属度标准。

（二）绩效考评标准的总原则

在绩效考评中，管理者对考评标准的选择，应当遵循以下两个原则：①是否使工作成果最大化；②是否有助于提高组织效率。

企业制定绩效考评标准时，应该选择符合企业整体绩效目标的、适用于企业现阶段发展的标准。合适的绩效考评标准，可以帮助组织和个人的工作成果最大化，而工作成果最大化一般都有助于提高组织效率。

（三）绩效考评标准的内容

完整的企业绩效考评标准应该包括：工作业绩考评标准、工作行为考评标准、工作能力考评标准、工作态度考评标准。

实施有效的绩效评价的前提是明确的考核标准。绩效考评标准就是对员工绩效进行考评的标准和尺度。例如，对于销售人员的绩效考评标准，可以选用销售数据作为主要依据，利用销售人员的销售目标数量、销售总额和时限要求的考评标准等指标进行评价。

制定绩效考评标准的内容时，应该遵循以下原则。

（1）绩效考评标准的制定必须科学、合理，标准的执行必须公平、公开，不掺入考评者的好恶等感情成分。

（2）绩效考评标准具有一致性和可靠性。考评标准的项目名称、计量单位、计算方法应与组织绩效总目标相一致，以免实际应用中出现混乱的现象。考评标准能适用于一切同类型员工，不能区别对待或经常变动，致使评价结果缺乏可比性，绩效考评可信度也会下降。

（3）量化考评内容，明确考评标准。制定考核标准时，应尽量做到量化，这样可以让考评者能够更加准确地进行考评，也可以帮助被考评者了解考评标准，更好地投入工作。制定量化的考核标准时，应当遵循上级期望、历史数据和同行数据，结合组织现状，制定量化数据。另外，考评标准不能含混不清、抽象，而应该简单明确，便于使用，尽量可以直接操作，即可进行测量。

（4）管理者制定各种考评标准时，要充分利用集体智慧，让被考评者也参与考评标准的制定，这样才能做到客观、公正。

思政园地

践行社会主义核心价值观

绩效考评的内容包括员工的德、能、勤、绩四个方面。在现代企业绩效管理中，企业往往将“德”的考核放在首位。“德”特别强调员工的职业道德，而良好的职业道德是每个企业员工必备的基本素质。新青年应在工作中积极践行社会主义核心价值观，爱岗敬业、诚实劳动、信守承诺、和谐友善，是工作立足之本；服务企业，服务人民，服务社会，充分体现社会主义职业精神。

任务三　理解绩效管理的基本流程

绩效管理的基本流程包含六个步骤：制订绩效计划，绩效实施与管理，绩效考核，绩效反馈（考绩面谈），制订绩效改进计划，绩效改进指导（图 10-2）。

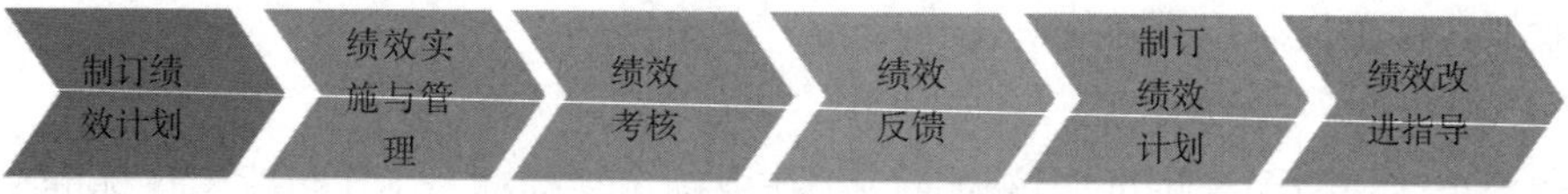

图 10-2　绩效管理的基本流程

一、制订绩效计划

（一）参与和承诺是制定绩效目标的前提

绩效计划是指在每个绩效管理周期开始前，管理者和下属在充分沟通和协商的基础上，制订完整的绩效计划。管理者和员工的充分参与，以及员工对自己的工作目标做出承诺，是制定绩效目标的前提。绩效管理必须由管理者和员工共同参与，才能真正取得好的结果。

（二）设定工作目标的要点

在制订绩效计划时，必须设定工作目标的要点，可以通过制定关键绩效指标（KPI）的方法明确工作目标。关键绩效指标相关内容将会在任务四中详细介绍。

设定工作目标要点，管理者需要正确理解企业的战略目标和年度经营计划，并将目标进行分解；为员工制定职责明确、权限清晰、标准确定、描述清楚的职位说明书；帮助员工制定关键绩效指标。

（三）制订绩效计划是主管与员工的沟通过程

制订绩效计划是一项由管理者和员工共同承担的协作性活动，是双方在绩效的期望上达成共识、充分沟通后制订的计划。在制订计划阶段，管理者所扮演的角色是绩效合作伙伴，管理者必须通过有效的沟通，与下属员工在绩效目标上达成一致，而不是简单地分派任务、下达命令。在绩效管理上，管理者和员工的利益是一致的，是双赢的合作关系，也就是绩效合作伙伴的关系。

二、绩效实施与管理

制订绩效计划后，就要搜集与绩效评价有关的信息，以便进行绩效实施与管理。

（一）发布绩效计划

管理者将制订好的绩效计划发布给相关的参与者，使考评者和被考评者知晓与个人或部门相关的绩效计划，以便按绩效计划开展工作。通常企业会采用书面形式发布绩效计划。

（二）制定绩效实施和管理工作要项

工作要项是指在考评过程中需重点衡量与判断的工作项目。一般要选择对完成绩效目标影响较大的工作项目作为评价要项，或从岗位工作内容与职责中选择重要的作为评价要项。通过上下级共同协商确定，得到下级的认可，制定绩效实施工作要项，就可以对这些项目进行具体衡量与判断，并进行分析评价。

（三）全面、准确搜集绩效评价信息

在绩效计划实施过程中，管理者应该运用丰富的信息搜集渠道，如原始记录、统计报表、现场检查、汇报、调研、访谈，收集相关的评价信息。然后按照评价目标和要求，对搜集到的信息进行选择和处理，提高信息的真实性与准确度。

三、绩效考核

（一）绩效考核的实施

在完成绩效管理流程的第二步后，进行绩效考核的实施。

绩效考核的实施是一个漫长的过程，在这个过程中，管理者应该扮演指导者和帮助者的角色，与员工保持持续不断的绩效沟通，帮助员工理清工作思路，授予与工作职责相当的权限，提供必要的资源支持；对于绩效薄弱的环节，对员工进行有针对性的辅导，或者给员工提供恰当的培训机会，提高员工的技能水平，为员工完成绩效目标提供各种便利和支持。

在绩效考核的实施过程中，为了使绩效考核的结果更加公平、公正，管理者应当将员工的绩效表现记录下来，为绩效考核提供可以追溯的事实依据。记录员工的业绩主要通过关键事件法，即将对员工绩效产生重大影响的事件（包括极为成功的和极为失败的行为事件），记录在员工绩效档案中。

（二）考核内容

绩效考核的内容应该包含员工的德、能、勤、绩。

（三）绩效考核的信度与效度

绩效考核的信度是指考核结果的一致性和稳定性程度，即用同一考核方法和程序对员工在相近的时间内所进行的两次测评结果应当是一致的。

绩效考核的效度是指考核结果与真正的工作绩效的相关程度，即用某一考核标准所测到的是否是真正想测评的东西。

（四）绩效考核中常见的心理偏差

绩效考核过程中会发生心理偏差，常见的心理偏差有近因效应、光环效应、趋中现象、宽松与严格、情感效应、对比效应、与我相似效应、暗示效应。由于多种因素的影响，这些心理偏差的出现难以避免，如果任其发展，就可能使绩效考核的信息失真，使考评出现系统误差，歪曲绩效评估结果。因此，考评者在绩效考核中应尽量避免出现这些偏差。

1.近因效应

近因效应是指在知觉过程中，最后给人留下的印象最为深刻，对以后该对象的印象起着强烈的影响。例如介绍一个人，前面先讲他的优点，接着“但是”，讲述他的缺点，那么后面的话对印象形成产生的效果，就属于近因效应。

2.光环效应

光环效应也称晕轮效应，是指在知觉过程中，通过获得知觉对象某行为特征的突出印象，而将其扩大成为整体行为特征的认知活动。光环效应是对别人认知的一种偏差倾向，实质上是“以点代面”的思想方法，只见一点，不及其余。

3.趋中效应

趋中效应是错误地将被考评者划为接近平均或中等水平，以避免即使有正当根据的过高或过低考评。当趋中效应发生时，所有员工均以平均或接近平均的得分结束考评，进而不能辨别谁是最佳或最差的工作者。

4.宽松与严格

在绩效考评中，有的管理者过度严格，对所有下级的评价都偏低；有的管理者宽大无边，对所有下级的评价都偏高。这种倾向会导致评价机制的歪曲，导致激励失败。要克服这个问题，必须对考评人员进行统一培训，增强沟通并运用交叉评估。

5.情感效应

情感效应也称情绪效应，是指一个人的情绪状态可以影响到对某一个人今后的评价。

6.对比效应

对比效应是指在知觉过程中，我们对人的评价不是孤立进行的，而是通过与我们最近接触到的其他人进行比较做出的。如果最近接触到的其他人水平较高，对目前的知觉对象评价就低；反之则高。对比效应在面试和比赛中是常见现象。

7.与我相似效应

人们倾向于喜欢那些与自己相似的人，这是生活中的一个常见现象。表现在组织活动中，管理者在招聘员工、绩效考评、职位提升中更可能会偏爱那些与自己有相似处的候选人或下级。这种效应在一定的界限内，可以理解为一种正常的心理倾向。如果恶性发展，就会形成各种腐败现象。

8.暗示效应

暗示效应是指在无对抗的条件下，用含蓄、抽象诱导的间接方法对人们的心理和行为产生影响，从而诱导人们按照一定的方式去行动或接受一定的意见，使其思想、行为与暗示者期望的目标相符合。管理中常用的是语言暗示。

四、绩效反馈（考绩面谈）

在绩效管理中依据预先制定好的绩效目标，管理者对下属被考评者的绩效目标的完成情况进行考核。绩效考评结果的反馈，对被考评者未来的工作与成长具有很大的激励与引导作用，必须高度重视，认真做好。

（一）面谈的步骤

绩效反馈是指将绩效评价结果以适当的方式向被考评者反馈。绩效反馈的有效形式是考绩面谈。绩效管理的过程中，管理者需要与下属进行多次面对面的交谈，即考绩面谈。通过这种方式，不仅使被考评者全面了解自己的绩效状况，而且被考评者也可以提出自己在完成绩效目标中遇到的困难，寻求管理者的指导和帮助。

考绩面谈的步骤列举如下。

1.做好准备

对重要的绩效面谈要制订计划或简要地筹划。如对面谈的内容、对象、时间、地点等都要有所安排，而不应是随便的、随机的，并做好面谈记录资料。

2.精心选择与设计面谈的主要内容

面谈的内容包括说明绩效考评的有关信息，使被考评者接受评价结果；充分肯定成绩，总结成功经验；指出不足与问题，特别是进行原因分析，帮助总结教训；告知处理结果及相关问题。

3.以平等沟通的方式开展面谈

管理者要以平等的身份与被考评者沟通，尽可能采用讨论与交流的方式进行；要研究被评价者的心理需求，注意不同员工的个性特征，进行有针对性的交谈，加强沟通过程中的情感交流；要以表扬鼓励为主，谈问题要对事不对人，注重沟通的激励性。

（二）提供反馈

在绩效管理中提供反馈的方式，是考评者对被考评者进行反馈，目的是提升绩效。反馈的主要内容是传达考评结果。考评结果应及时反馈给有关当事人，可以通过单独面谈、书面通知等形式。

（1）通过绩效结果的反馈，使被考评者知晓组织对自己能力的评价和贡献的承认程度以及自己的优势与不足，帮助被考评者明确之后努力的方向。

（2）对经过科学考评的结果，要做必要的公示，真正做到公开、透明；将绩效评价的结果与奖励、晋升、成长挂钩。

（3）根据考评结论，建立企业的人才档案，从而为企业制定人事政策、组织管理人员的培训和发展提供依据。

五、制订绩效改进计划

（一）确定绩效改进目标

绩效评价结果的运用不但体现在绩效反馈流程中，更重要的应落实到绩效的改进与提高上。

管理者应该对照绩效目标与绩效考评标准对已形成的绩效结果进行全面分析与研究，比如从工作能力、工作意愿、工作环境等因素进行分析，找出存在的问题及其原因，进行系统归纳，确定绩效改进目标。

绩效改进目标包括工作绩效改进目标和个人能力提升目标。

（二）拟订具体的行动方案

在确定绩效改进目标的基础上，要制定科学可行的绩效改进行动方案，用以指导和推进下一阶段的工作。

绩效改进行动方案包含以下几点。

（1）针对影响绩效的主要问题及形成原因，创造性地提出解决这些问题的有效措施，寻找提高绩效的可行途径。

（2）分析提高绩效途径的正确性、措施的可行性与有效性。

（3）通过改进行动方案，健全各种程序与规范，加强精细化管理，解决存在缺陷的细节问题，全面提高工作质量。

（4）提高管理者和员工素质试行方案，这是改进绩效的根本所在。要运用在职辅导、系统培训等多种形式，提高员工综合水平，从而全面提高工作绩效。

（三）明确资源方面的保障

在绩效改进计划的实施过程中，需要企业内部和外部的支持。对于企业内部，需要各部门和员工的积极配合，在时间、精力上的支持，同时也需要相关部门提供相关资源支持；对于企业外部，需要外部力量帮助绩效改进计划的实施，比如聘请专业人员开展培训等。因此在行动之前，需要确保相关的资源配置到位。

（四）明确未来考核改进计划完成情况的方法

为了确保绩效改进行动方案的实施效果，需要明确采用何种方式和方法，以保证计划的完成。

六、绩效改进指导

（一）分析绩效改进指导需求

制定好绩效改进行动方案，明确相关资源的保障后，管理者需要进一步分析绩效改进指导需求，确定哪些问题、哪些人员需要改进指导，针对不同的问题和人员，通过科学分析，明确采用什么方式开展指导。

（二）拟订指导计划

针对已确定的改进指导需求，制订指导计划。

指导计划是一套结构化的应用性方法和程序，是在坚实的科学基础和丰富的实践经验之上形成的，具有规范性，这是做好绩效改进工作的制度基础。指导计划可以通过由科学研究或已有记录的成功事例得出的方法，进行绩效改进。

绩效改进指导工作必须自然地融入部门日常管理工作之中，才有其存在价值。它应该成为管理者日常工作的一部分，通过上下级的有效沟通，使员工真正认可绩效改进的意义和价值。

（三）执行指导计划

指导计划的执行应该严格按照已确定的指导计划进行，执行过程中应该秉承以下两个要点。

（1）沟通与激励。提出绩效改进指导时，必须进行面对面的交谈，同员工进行深入的沟通。通过沟通，要就存在的问题与解决的途径达成共识；要明确具体改进目标、方案与措施；并要对改进后的绩效提高充满信心。在整个过程中，需注意运用各种有效方式进行激励，鼓舞士气，真正把绩效评价转化为巨大的激发力量。

（2）指导与建议。在实施指导的过程中，管理者应给予专业的、有用的建议，要以员工为主解决问题，由他们自主运作，自我控制。问题解决后，要帮助员工总结经验教训，杜绝类似问题的再次发生。

（四）考核绩效指导成效

管理者应将绩效指导成效纳入考核，绩效改进指导结束后，要对指导结果进行评估，以确定改进的实际效果。如果仍存在较大的问题，就要进行新一轮绩效改进计划。即使绩效结果没有明显问题，绩效的改进仍是要进行的，这一过程是没有止境的。

案例 10-2

联想集团的考核体系

联想集团从 1984 年创业发展到今天，已成为具有一定规模的贸、工、技一体化的中国民营高科技企业。当一大批优秀的年轻人被联想的外部光环吸引来的时候，人们不妨走入联想内部去看看联想的人力资源管理，尤其是独具特色的考核体系。

联想集团围绕“静态的职责+动态的目标”两条主线展开并建立起目标与职责协调一致的岗位责任考核体系。考核实施体系的框架包括四个部分：职责分解、目标分解、目标与职责结合、考核实施。

一、静态职责分解

静态职责分解是以职责和目标为两条主线，建立以“工作流程”和“目标管理”为核心，适应新的组织结构和管理模式的大岗位责任体系。

实现静态职责分解有以下四个步骤：一是明确公司宗旨，即公司存在的意义和价值；二是在公司宗旨之下确立公司的各个主要增值环节、增值流程；三是确定完成这些增值环节，构造组织结构；四是确立部门宗旨。

二、动态目标分解

一个岗位仅仅知道“做什么”“怎么做”还不够，还要知道什么时间要做到什么程度、达成什么目标。动态目标分解就是按照职责这条横线，与时间、目标这条纵线有机整合，使各部门、岗位之间的职责和工作关系有机地协调起来。

公司目标包含三个层次：集团战略发展纲要、子公司战略规划、业务部门战略规划。在“能量化的量化、不能量化的细化”的原则指导下，各层次目标按责任中心和时间进度，分解落实成具体的成本、利润、销量、时间、满意度等指标。

三、目标分解

为保证各项规划的实施，各牵头部门在与相关部门进行沟通与交流的基础上，将目标按职责分解到相关部门。各部门根据《年度发展规划与目标》，按职责、时间分解为部门内各处的年度目标、各季度的工作目标和实施计划，形成部门季度计划；处级经理以上干部，要按季度分解季度目标，并列入处级经理以上干部的考核之中，形成处季度（月）工作计划；重要干部或岗位，要按月分解，制订月工作计划，具体到员工要与岗位责任书对应。一个部门或岗位一个季度的重点工作有 3~4 项，把企业宗旨和目标分解到个人的岗位责任书和目标任务书后，为监控和考核打下了坚实的基础。将目标落到实处，首先需要在目标与职责之间建立清晰的分解和对应关系。为了建立这种联系，集团管理部门协助建立了大量的各种运作和核算模型，最具特色的是联想电脑公司的“屋顶图”。“屋顶图”是联想电脑公司根据管理会计原理，结合自己的产品成本结构建立的一个量化的产品经营核算体系。

四、考核评价

设定职责和目标后，联想利用制度化的手段对各层员工进行如下考核评价。

（一）定期检查评议

以干部考核评价为例，联想集团干部每季度要对照上月工作目标写述职报告、自我评价和下季度工作计划。述职报告和下季度工作计划都要与直接上级商议，最终获得双方认可。

（二）量化考核、细化到人

部门考核分为部门业绩考核和员工绩效考核。员工绩效考核和部门业绩考核每季度进行一次。员工绩效考核、部门互评和民主评议，每年综合考评一次。员工绩效考核的内容分为两部分：一是工作业绩结果，针对员工根据直接上级与员工预先商定的目标业绩工作计划进行；二是行为表现及能力，这部分为过程导向，按普通员工、各级管理人员分别制定不同的考核标准和权重。

员工绩效考核是由个人根据工作述职报告、绩效考核表自评打分，再与直接上级共同商定制订下一季度工作计划、考核表，作为下一季度业绩考核的主要依据。直接上级在员工自评基础上对照工作计划考核表和员工的实际业绩和表现进行打分，同时对其下一季度的工作计划、完成效果、考核建议等进行审批，通常采用面对面交流或每季一次的干部民主生活会形式。部门总经理对员工及所属部门的考核等级进行审核调整后，汇总到人力资源部，要求符合公司的正态分布比例。绩效面谈，告知考核结果，肯定成绩，提出改进意见和措施，挖掘员工潜力，同时确定下季度工作计划，面谈结果双方签字认可。员工如果对考核评定过程有重大异议，有权向部门总经理或人力资源部提出申诉。所在部门及人力资源部为每位员工建立考核档案，考核结果作为工薪、年度奖金、干部任免、评选先进、岗位调换以及考核辞退的重要依据。

联想集团的考核形式是多视角、全方位的，包括上级对下级的考核，平级之间、下级对上级的评议，以及部门互评、民主评议等。

任务四 掌握绩效考评的方式与方法

一、绩效考评的主体

合格的绩效考评执行者应满足的条件是：了解被考评者职位的性质、工作内容、要求以及绩效标准；熟悉被考评者的工作表现，最好有近距离观察其工作的机会；公正客观。

绩效考评的主体包括直接上级、同级同事、被考评者本人、直接下属、供应商和顾客以及外界的人事考绩专家或顾问。

通常绩效考评主要由主管人员主持进行。考核、评价与改进下属的绩效是对下属激励的关键环节，由各级管理者主要负责。对于各级管理者绩效的考核，应该由下属员工参与评价，从而获得真实的评价；下属对上级的评价，可以反向促使管理者在之后的工作中对下属尊重和自我约束，努力提高管理质量。涉及服务性质的工作，可以提倡顾客、供应商等企业外的人员和组织参与绩效考评，比如市场营销人员，就可以邀请消费者对其进行评价。

二、绩效考评方式

（一）直接上司考核

直接上司考核是一种传统的考评方法。直接由上级来进行考评，主要是考核和评价下属的理解能力和组织执行能力。

这种由上而下的考评，考评的主体是主管领导，能够促进上级对下属的关注，使上级有机会与下属更好地沟通，了解其想法，发现其潜力；由于上级对下属的工作性质、工作表现比较熟悉，这种考评方式能较准确地反映被考评者的实际状况，考核可与加薪、奖惩相结合。

但是在实际考评过程中，直接上司不希望从下属的能力和贡献评价中得到不利的结论，所以在考评时往往放宽标准。由于考评人只有直接上司，有时也会因上司的疏忽、偏见、感情等主观因素的影响，而产生考评偏差。另外，由于上司掌握着切实的奖惩权，考核时下属往往心理负担较重，若不能保证考核的公正客观，则可能会打击下属的积极性。

（二）同事考核

同事考核是指同事间互相进行考评，例如同部门的同事、关系部门的同事，等等。考评的主要内容是评估当事人的协作精神。这种考核方式最适用于项目小组中，同事参与考核，对发现问题和鞭策后进起着积极作用。

同事之间的考核，体现了考评的民主性，可以克服直接上司考核的缺点，促进管理人员提高民主意识和协作意识。同事之间相互比较了解，所以对被考评者的了解比较全面、真实。

但由于同事彼此之间比较熟悉，考评结果往往受被考评者的人际关系的影响，可能会使考核结果偏离实际情况。

（三）下属考核

下属考核是指下属对他们的直接主管领导的考评。这种考核方式的参与者一般是有代表性的部分员工，采用比较直接的方法，如直接打分法，对直管领导的领导能力和影响能力等进行考评。考评结果可以选择公开或者不公开。

下属考核的方式可以使直管领导受到有效监督，达到权力制衡的目的。但是下属的考评可能出现片面的、不客观的结果；同时下属在实施绩效考核的过程中可能会使上司在工作中瞻前顾后，影响工作的正常开展。

（四）自我考核

自我考核是指被考评者本人对自己的工作业绩和行为表现所作的评价。被考评者知道考评的标准，这有利于被考评者在平时自觉地按考评标准约束自己；这也是较轻松的一种考核方式，通过员工的主动参与，改善工作绩效。

在自我考核时，被考评者往往会对自己的评价偏高，即高估自己的绩效，此方法只适用于帮助员工自我提高绩效，在其他方面不足以作为评判标准。

（五）考评委员会考评

考评委员会考评是指由企业的考评委员会对部门或员工的绩效进行考评。为了更高效地完成绩效目标、保证绩效考评的专业性和权威性，部分企业会选拔优秀的人事专家和相关人员共同组成考评委员会，实施和监督企业的绩效考评。

在组建考评委员会时，企业应注意委员会成员的数量、分布部门、职位等，各方面综合权衡，组建一支全员认可、具备专业素质的考评队伍。

（六）供应商和顾客考评

在绩效考评体系中纳入供应商和顾客的评价，有助于企业全方位了解被考评者的情况。比如在一般情况下，顾客是与市场一线人员接触最多的群体，他们往往能够现场观察员工的工作情况，顾客的评价是最真实的绩效信息来源。

（七）外界考绩专家或顾问考评

外部考绩专家或顾问理论修养高，具有丰富的绩效考评方面的技术和经验，通过他们的考评，可以得到专业的、权威的评价；他们与被考评者没有联系，容易做出公正客观的评价。但是外部专家或顾问的聘请成本较高，且可能对公司的业务不熟悉。因此，外部考绩专家或顾问参与绩效考评时，必须有企业内部人员进行协助。

案例 10-3

A 电气公司员工的绩效考评

A 电气公司规模较大，效益不错。公司员工绩效一年评定一次。评定的方法是：公司将评定的表格下发给各部门经理，由各部门经理对下属的每一个员工进行评定，公司不限定评定方式，由各部门经理自行决定。

张迪是该公司销售部经理。在绩效评定期间，她总是与下属每一个员工单独见面，讨论每名员工的工作绩效情况及她所做出的评定，这样员工就能清楚地了解经理对自己是如何评价的。她的评定方式非常有效，总能为员工找到需要改进的地方，并帮助他们改进工作。但是，从去年开始，她的评定方式开始出现了问题：在她第一次与配件分部的主管王力进行评定会面时，她发现他抵触情绪很强，不接受任何批评。

王力是一个能力很强的管理人员，张迪不想失掉他。但去年张迪对他进行评定并指出他工作上的不足后，在这些方面他没有任何改进。因此，今年张迪想换一种评定方式：自我评定。方法是将员工对自己的评定与班组长的定期评定相结合。在评定会面前一周，她发给王力一份评定表格，让他自己填好并在会面时带上。会面那天，王力来得很准时，张迪看了他对自己的评定情况，发现他在表中的每个项目上都为自己评了最高分，并在表格的最后注明：他已经做好准备被提升到更有挑战性的职位上工作。

思考与讨论

1.你认为自我评定效果如何？应该如何发挥自我评定的作用？

2.如果你是张迪，会如何把握与王力的会面？

3.张迪为某一特定员工而改变她的评定方法，你如何评价她的这种做法？

三、绩效考评方法

绩效考评的方法，就是评价绩效所采用的方法。管理者要结合考评的目标和要求，科学地选派评价主体，合理地确定评价对象，正确地设计评价指标，适当地确定评价标准，恰当地选择评价方法，调配可用的资源，建立绩效评价系统，最大限度地发挥绩效管理的作用。其中，如何选用科学的、适当的考评方法，直接决定了考评结果的效率和效果。

（一）相对考核法

常见的相对考核法包括因素排序法、交替排列法、范例对比法、强制分布法和配对比较法。

1.因素排序法

因素排序法是指对同一批被考评者参照一个标准，即选取一个衡量因素，按照绩效的优劣排列名次。这种方法操作简单，通常适用于正在起步或者规模较小的组织，一般以5~15 人为宜。

因素排序法的关键是如何选取参照标准。参照标准的选择，应该结合组织的情况以及要考核的目标，选择一个操作性强、通俗易懂的衡量因素，并且选择后不能轻易更换。比如销售人员，可以选取本月的销售额作为衡量因素，进行绩效排名。

这种方法具有一定的可信性，可以避免趋中倾向或宽严误差。但是其应用范围受限，适用于考核同类职务的人员，不适合应用在不同部门之间的考评。

2.交替排列法

交替排列法是一种较为常用的考核方法。交替排列法的操作步骤是分别挑选出“最好的”与“最差的”，然后挑选出“第二好的”与“第二差的”，依次进行，直到将所有的被考核人员排列完全为止，从而以优劣排序作为绩效考核的结果。交替排列法在操作时也可以使用绩效排序表。

交替排列法的结果一目了然，但是在参评员工中选出“最好的”与“最差的”，完全是由考评者主观判断选出的。另外，这种方式容易对员工造成压力，使之情感上不易接受。

3.范例对比法

范例对比法是指列出考评指标（如德、能、勤、绩），一般选取 4~5 个指标，每个指标分为 5 个等级（如优，良，中，次，劣），针对每个指标、每个等级选出一名员工作范例，将其他被考评者与范例对比，进行分级并排序。

范例对比法的操作步骤是：首先每个指标的每个等级各评出一位适当的员工作为范例；其次，将其他被考评者与这些范例一一做对比，按他们与范例的近似度作指标，评出等级分；然后将各等级分相加，得出该被考评人的总分；最后按被考评人的总分进行排序。

4.强制分布法

强制分布法又称强制正态分布法，是根据正态分布原理，即“中间大、两头小”的分布规律，预先确定评价等级以及各等级在总数中所占的百分比，然后按照被考评者绩效的优劣程度将其列入其中某一等级。正态分布图示见图 10-3。

这种考核方法可以避免平均主义，也适用于人数较多的部门。通用公司前任首席执行官韦尔奇凭借这个方法，绘制出了著名的活力曲线。

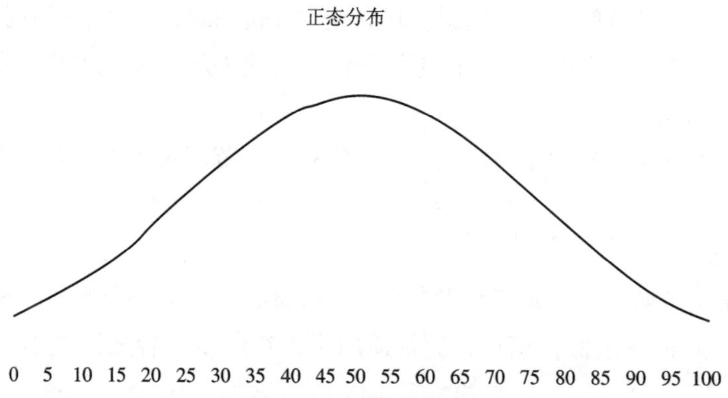

图 10-3 正态分布图示

5.配对比较法

配对比较法是将所有岗位两两对比，经过统计计算后确定最终排序。与以上四种方法相比，这是一种更为细致的绩效考评方法，它的特点是每一个考核要素都要进行人员间的两两比较和排序，使得在每一个考核要素下，每一个人都和其他所有人进行了比较，所有被考核者在每一个要素下都获得了充分的排序。

该方法的操作步骤是选定一个考核要素，然后将所有要进行考评的被考评者列在一起，两两配对比较，其价值较高者可得 1 分，价值较低者得 0 分；最后将所得分数相加，按分数高低顺序进行排列，得出绩效排名。一般参加配对比较法的人数不宜过多，5~10 人为宜。

例如对 7 位销售人员某月的产品销售量进行配对比较。首先把每一位销售人员与另外 6 位逐一进行配对比较，总共进行 6 次配对比较。每一次配对比较之后，工作表现好的销售人员得 1 分，工作表现较差的销售人员得 0 分；然后配对比较完毕后，将每个人的分数进行相加；最后，分数越高，考评成绩越好。配对比较法考核表见表 10-1，考核排序表见表 10-2。

表 10-1　配对比较法考核表

比较职务 被比较职务	A	B	C	D	E	F	G	得分合计
A		1	1	0	1	1	1	5
B	0		0	0	1	0	1	2
C	0	1		0	1	1	1	4
D	1	1	1		1	1	1	6
E	0	0	0	0		0	0	0
F	0	1	0	0	1		1	3
G	0	0	0	0	1	0		1

表 10-2　考核排序表

职务	分数	序列顺位
D	6	1
A	5	2
C	4	3
F	3	4
B	2	5
G	1	6
E	0	7

（二）绝对考核法

常见的绝对考核法包括关键事件法、叙述法、作业标准法、量表评价法、强制选择法。

1.关键事件法

关键事件法是一种通过员工的关键行为和行为结果来对其绩效水平进行考核的方法。一般由主管人员将员工在工作中极为成功或者极为失败的行为事件记录下来，通过对行为事件的观察和分析来判定该员工在类似事件上可能采取的行为和表现，然后在之后的考评时点上与该员工共同讨论，并对其绩效水平做出考核。

这种考核方法是以书面记录作为考核基础的，常用来帮助管理者判断员工的绩效水平和可能获取的晋升机会。被记录的行为事件既是评估的依据，又是向员工反馈的重要内容和向员工提供培训和指导的基础。

关键事件法的优点是对未来行为具有预测的效果，为管理者对员工深层次能力的判断提供客观依据；缺点是每个人对关键事件的理解存在差别，容易引起员工与管理者之间的摩擦。

2.叙述法

叙述法是指在进行绩效考核时，以文字叙述的方式说明事实，包括以往工作取得了哪些明显的成果，工作上存在哪些不足和缺陷等。

3.作业标准法

作业标准法是用预先确定的标准或期望的产出水平来考核员工业绩的方法。作业标准法可以直接应用在各种工作中，尤其广泛用于生产工作中。作业标准反映着一名普通员工按照平均速度操作而取得的产出水平。

运用这种方法考核时，首先要明确作业标准，比如产量、装配量等，然后如实记录每位被考评者的工作数量，最后与作业标准进行对比，确定考核结果。

作业标准法有明确的标准，但是如何确定合理的标准却不是很容易。

4.量表评价法

量表评价法是应用最广泛的绩效考评方法，是根据设计的评价量表来对被考评者进行评价的方法。

这是一种比较科学的量化考核方法，在考评前，由考评者预先根据要考核的内容设计评价量表。在企业绩效管理中评价量表的形式多种多样，但基本结构主要由两部分组成：考评的评价项目和各评价项目对应的评分标准。在考评中，考评者按照预先设计好的评价量表对被考评者进行评分，加总得出绩效评价总分，进行全面评价。

无论被考评者人数是多少，都可以采用这种方法，无员工规模的限制；考评者根据量表上提供的各项评价指标对被考评者进行评价，评价的视角比较全面、客观；此评价方法适用于各种类型的企业。表 10-3 为常见的绩效评价量表。

表 10-3 绩效评价量表

<table>
<tr><td colspan="2">员工姓名：</td><td colspan="2">职务：</td><td colspan="2">评价日期：</td></tr>
<tr><td colspan="2">工作部门：</td><td colspan="2">工号：</td><td colspan="2">评价人：</td></tr>
<tr><td>评价因素</td><td>最差（1分）</td><td>差（2分）</td><td>中（3分）</td><td>良（4分）</td><td>好（5分）</td></tr>
<tr><td>工作质量</td><td></td><td></td><td></td><td></td><td></td></tr>
<tr><td>工作数量</td><td></td><td></td><td></td><td></td><td></td></tr>
<tr><td>工作纪律</td><td></td><td></td><td></td><td></td><td></td></tr>
<tr><td>设备维护和物耗</td><td></td><td></td><td></td><td></td><td></td></tr>
<tr><td>创新意识与行为</td><td></td><td></td><td></td><td></td><td></td></tr>
<tr><td colspan="3">评价意见：　　评价人签名：
员工签名：　　人事部门意见：
员工意见：　　负责人意见：</td><td colspan="3">最差：不能完成任务
差：勉强完成任务
中：基本完成任务
良：完成任务较好
优：完成任务特别出色</td></tr>
</table>

5.强制选择法

强制选择法是为了尽量避免考评时常出现的心理偏差，要求考评者必须从一组关于被考评者情况描述的语句中，选择出一个与被考评者行为最接近的描述。通常一组陈述要么都是积极肯定的，要么都是消极否定的；一组陈述的语句，数量一般是 2~4 个。合理运用强制选择法的关键是科学地设计一组描述性的语句列表。

（三）目标管理法（MBO）

目标管理（Management by Objective，MBO）由美国著名管理大师彼得 • 德鲁克（Peter F.Drucher）于 1954 年提出，是在泰罗的科学管理和行为科学理论基础上形成的一套管理制度。

案例 10-4

出乎意料的业绩

一家鞋帽公司决定在整个公司内实施目标管理。事实上他们之前在为销售部门制定奖金系统时已经用了这种方法。公司通过对比实际销售额与目标销售额，支付给销售人员相应的奖金。这样销售人员的实际薪资就包括基本工资和一定比例的个人销售奖金两部分。

如此一来，销售额很快就提上去了，但是却苦了生产部，因为订单太多，生产部很难完成交货计划。销售部抱怨生产部不能按时交货。于是总经理和高级管理层决定为所有部门和个人经理以及关键员工建立一个目标设定流程。为了实施这个新的方法，他们需要用到绩效考核系统。生产部的目标包括按时交货和库存成本两个部分。

于是，他们请了一家咨询公司指导管理人员设计新的绩效考核系统，并就现有的薪资结构提出改变的建议。为了修改薪资结构，他们不得不付给咨询顾问高昂的费用。他们还请咨询顾问参与制定奖金系统，这个系统与年度目标的实现程度密切相连。他们指导经理们如何组织目标设定的讨论和绩效回顾流程。总经理期待着很快能够提高业绩。

然而出乎总经理意料的是，业绩不但没有上升，反而下滑了。部门间的矛盾更加激烈，尤其是销售部和生产部。生产部埋怨销售部销售预测准确性太差，而销售部埋怨生产部无法按时交货。几个部门之间相互指责，客户满意度下降，利润也在下滑。

思考与讨论

为什么设定目标（并与工资挂钩）反而导致了部门间的矛盾加剧，企业利润下降？

1.认识目标

彼得•德鲁克指出企业的任务必须转化为目标，企业管理人员必须通过这些目标对下级进行领导并以此来保证企业总目标的实现。

目标具有以下特征。

（1）层次性。通常组织目标范围从广泛的组织战略性目标到分公司或部门的目标，再到具体的个人目标，形成一个完整的、有层次的目标体系。目标体系的顶层是组织战略性目标，也是组织的总目标，这类目标为组织未来的行动提供指引，是组织远景和使命的陈述，通常由董事会和最高层管理人员主要参与确定；目标体系的第二层次是分公司或部门的目标，战略性目标必须进一步地细化为更多的具体的行动目标和行动方案，如分公司的目标、部门和单位的目标等，这类目标通常由中层管理人员如副总经理、营销经理或生产经理等负责；目标体系的第三层次是个人目标，中层管理人员根据下属单位和员工的岗位职责将分公司或部门目标进行进一步细分，分解为单位目标和个人目标。

（2）网络性。上述的目标体系是从整个组织的角度来制定组织目标的，而目标网络则是从目标实施规划的整体协调角度来分析组织目标的。目标的规划形成一个相互联系的网络，管理人员必须确保目标网络中的每个组成部分要相互协调。各个部门或个人在制定自己的目标时，必须与其他部门或其他同事相协调，因为目标的实现受到许多因素的制约和影响。如果各层次目标不互相关联，不相互协调且也互不支持，则组织中的部门或个人往往出于自身利益最大化的考虑，而采取对本部门看起来可能有利而对整个组织却不利的方法。

（3）合理性。在目标层次体系中的每个层次的具体目标可能是多种多样的，因此每个部门和个人收到的目标数量可能不止一个。研究表明，组织或个人在不影响日常的事务性工作的同时，能够接受的合理的目标数量为2~5个。如果目标较少，组织或个人缺少工作的积极性，出现工作倦怠的现象；如果目标较多，会出现顾此失彼的情况，无论哪个目标都得不到足够的重视，则目标工作无效。当然，对于设置的目标，组织或个人应该对各目标的相对重要程度进行区分，这样才能更高效地实现工作目标。

（4）可接受性。上下级协商共同完成个人或部门目标的制定工作。一个目标对于接受者来说，必须是自己认可的、可完成的，这样的目标才具有激励作用。在接受者可接受的范围内，可以适当增加的挑战性。如果接受者轻而易举就可以完成目标，这样的目标就没有意义。所以，可接受性和挑战性是对立统一的关系，在实际工作中，必须将二者统一起来。

（5）可实现性。设定的目标应尽可能选用简单易懂的语言进行描述，目标尽可能量化。如果设定的目标表述不清，使用的语句晦涩难懂，就会使目标接受者无法正确理解。量化的目标可以使员工明确在目标考核结束时应该做什么、实现什么。对于员工或部门，应该设置这种明确的、可实现的目标。

（6）完整性。设置目标要求包括工作的内容、要求、完成时间等基本信息，目标的完整性直接影响组织和个人对目标的理解程度。

2.认识目标管理及其特点

1945年，德鲁克首先提出了“目标管理和自我控制”的主张。他认为，通过目标管理就可以对管理者进行有效的管理。之后，他又在此基础上发展了这一主张，认为“企业的目的和任务必须转化为目标”，企业的各级主管必须通过这些目标对下级进行领导，从而实现企业的总目标。如果每个职工和主管人员都实现了自己的分目标，则整个企业的总目标就有可能实现。与此同时，还有许多先驱者对目标管理也同样做出了重大贡献，在此基础上形成了目标管理制度。由于这种制度在美国应用非常广泛，而且特别适用于对主管人员的管理，所以被称为“管理中的管理”。

目标管理是指组织的最高领导层根据组织面临的形势和社会需要，制定出一定时期内组织经营活动所需达到的总目标，然后层层落实，要求下属各部门主管人员以至于每个职工根据上级制定的目标，分别制订目标和保证措施，形成一个目标体系，并把目标的完成情况作为各部门或个人考核的依据。简单来讲，目标管理是将组织总目标层层分解，由上、下级一起制定各部门、各成员的具体目标，并以这些具体目标为指导，评价部门或成员的贡献。目标管理的思想广泛应用于一切管理之中，包括绩效考评。

目标管理具有以下三个特点。

1）重视人的因素

目标管理的一个特点是让全员参与管理，实行自我控制，重视员工在管理过程中发挥的作用。在制定目标时，充分尊重员工愿望，这不仅增强了员工的责任感、提高了员工的工作兴趣，更实现了目标管理过程中的自我指挥、自我控制。目标管理作为一种主动性、民主性的管理方式，鼓励人们自觉地追求自己参与制定的目标，激励员工发挥潜力，通过自我控制实现组织和个人的目标。

2）建立目标链和目标体系

目标管理是通过制定目标进行管理的方法。实行目标管理的中心环节，就是要根据组织的战略目标，通过发动全体员工共同参与，在组织内部建立起一个纵横交错、相互联系的目标体系与工作系统。通过总体目标的层层分解，形成企业目标链，使全员为组织目标的实现贡献力量。借助目标管理的激励与约束，使组织各部门和全体员工形成高度统一的战斗团队，实现全方位的系统化管理。每个部门或员工的分目标就是组织总目标对他的要求，同时也是部门或个人对总目标的贡献；只有每个人的分目标都实现了，组织的总目标才有实现的希望。

3）重视工作结果

正如上文所讲，目标管理是一种抓住两头、放开中间的管理方法，重视目标管理的成果评价，通过目标实现的情况来评价员工的绩效，是一种成果管理。同时，把评定的成果与员工的晋升、奖惩、加薪等结合起来，以考评成果作为评定的依据。通常，企业管理人员依据下级分目标的实现情况对下级进行考核和奖惩。

3.目标管理的类型

1）突破性目标

组织所要实现的目标，就是完成的成果达到前所未有的水平。例如，20 世纪 50 年代初，索尼追求的是“成为全球最知名的企业，改变日本产品在世界上的劣质形象”。今天的索尼公司，将目标定位在“体验发展技术造福大众的快乐”。

2）控制性目标

控制性目标通俗来讲就是维持现状。例如，公司年初把维持公司去年的销量作为年度计划。

4.目标管理的过程

每个组织的性质不同，目标管理的步骤也不尽相同。目标管理一般可分为以下几步。

1）建立完整的目标体系

实行目标管理，首先要建立一套完整的目标体系。组织的最高管理层首先要制定年度内组织经营活动要达到的总目标，然后经过上下协商，制定下级以及个人的分目标。组织内部上下左右各自都有具体的目标，从而形成一个目标体系。目标也可由下级部门或职工自行提出，由上级批准。下级要参与上级目标的制定工作。

2）组织实施

主管人员应放手把权力交给下级人员，而自己去抓重点的综合性管理。具体实施主要靠执行者自主管理。上级的管理主要表现在指导、协助、提出问题、提供情报以及创造良好的工作环境。

3）检验结果

对各级目标任务的完成情况，要及时进行检查和评价。首先定出检查时间，然后，在到达预定期限后，上下级再一起对目标完成情况进行考核。应注意的事项是：本人对目标任务完成情况要进行自检；针对员工本人的自检结果，上级必须同员工进行商谈；要将一定形式（如奖惩）同成绩评价结合起来。凡按期完成目标任务、成果显著的单位和个人，应给予表彰和奖励，以便进一步改进工作，鼓舞士气，为搞好下一期的目标管理而努力。对不按期完成目标任务的单位和个人，给予必要的惩罚，甚至在职务上给予降级处分。但在进行成果评价时，要根据目标的完成程度、目标的复杂程度以及工作的努力程度综合进行评价，一般先由执行者自我评定等级，经过评议，最后由上级核定。

4）新的循环

检验结果之后，制定新的目标，开始新的循环。从上级主管部门开始确定目标并把它们分别分配下去的工作是很难做好的。这项工作也不应该从基层开始，它需要一定程度的上下反复过程。

5.目标管理的优点和缺点

1）目标管理的优点

目标管理对组织内易于度量和分解的目标会带来良好的绩效。对于那些在技术上具有可分性的工作，由于责任、任务明确，目标管理常常会起到立竿见影的效果，而对于技术不可分的团队工作则难以实施目标管理。

目标管理有助于改进组织结构的职责分工。力图将组织目标的成果和责任划归一个职位或部门，容易产生授权不足与职责不清等问题。目标管理启发了自觉，调动了员工的主动性、积极性、创造性。由于强调自我控制，自我调节，将个人利益和组织利益紧密联系起来，因而提高了士气。

目标管理促进了意见交流和相互了解，改善了人际关系。

2）目标管理的缺点

在实际操作中，目标管理也存在许多明显的缺点，主要表现在以下几个方面。

（1）目标难以制定。组织内的许多目标难以定量化、具体化；组织环境的可变因素越来越多，变化越来越快，组织的内部活动日益复杂，使组织活动的不确性越来越大。这些都使得组织的许多活动制订数量化目标是很困难的。

（2）在监督不力的情况下，目标管理所要求的承诺、自觉、自我管理的气氛难以形成。

（3）目标商定可能增加管理成本。目标商定要上下沟通、统一思想是很费时间的；每个单位、个人都关注自身目标任务的完成情况，很可能忽略了相互协作和组织目标的实现，滋长了本位主义、临时观点和急功近利倾向。

（4）鉴于上述分析，在实际中推行目标管理时，除了掌握具体的方法以外，还要特别注意把握工作的性质，分析其分解和量化的可能性；提高员工的职业道德水平，培养合作精神，建立健全各项规章制度，注意改进管理方式和工作方法，使目标管理的推行建立在一定的思想基础和科学管理基础上；要逐步推行，长期坚持，不断完善，从而使目标管理发挥预期的作用。

（四）关键绩效指标

KPI 是 Key Performance Indication 的英文缩写，意思是企业关键绩效指标。所谓企业关键业绩指标是指通过对组织内部流程的输入端、输出端的关键参数进行设置、取样、计算、分析，衡量流程绩效的一种目标式量化管理指标，是把企业的战略目标分解为可操作的工作目标的工具，是企业绩效管理的基础。KPI 可以使部门主管明确部门的主要责任，并以此为基础，明确部门人员的业绩衡量指标。一般认为，建立明确的切实可行的 KPI

体系，是做好绩效管理的关键。关键绩效指标是用于衡量工作人员工作绩效表现的量化指标，是绩效计划的重要组成部分。

这种方法的优点是标准比较鲜明，易于做出考评；缺点是对简单的工作制定标准难度较大，此外，绩效指标只是一些关键的指标，对其他内容缺少一定的评估。

1.关键绩效指标的类型

一般来说，关键绩效指标主要有四种类型：数量指标、质量指标、成本指标和时限指标。表 10-4 列出了常用的关键绩效指标的类型、一些典型的实例，以及这些关键绩效指标的获取途径。

表 10-4 关键绩效指标类型表

指标类型	典型举例	获取途径
数量指标	产量 销售额 利润增长率	业绩记录 财务数据
质量指标	破损率 合格率 准确率	生产记录 上级考核 客户考核
成本指标	单位产品成本 投资回报率	财务数据
时限指标	送达及时性 到市场时间 供货周期	统计考核 客户考核

2.确定关键绩效指标的原则 SMART 原则

确定关键绩效指标所遵循的一个重要原则，是 SMART 原则。SMART 是 5 个英文单词第一个字母的缩写。S 代表的是 Specific，意思是指“具体的”；M 代表的是 Measurable，意思是指“可度量的”；A 代表的是 Attainable，意思是“可实现的”；R 代表的是 Realistic，意思是指“现实的”；T 代表的 Time-bound，意思是指“有时限的”。SMART 原则运用表见表 10-5。

在设定关键绩效指标时，需要依据上面提到的原则来进行。例如，针对产品市场销售情况的指标，存在“实现产品销量突出”这样类似的指标，这个指标就是抽象的，没有量化的。如果运用 SMART 原则来确定这一关键绩效指标，通过数量化并加入时限，可以修改为“月产品销售量达到 1 万件”，成为具体的、可实现的绩效指标。

表 10-5 SMART 原则运用表

原则	正确做法	错误做法
具体的 Specific	切中目标	抽象的
	适度细化	未经细化
	随情境变化	复制其他情境中的指标
可度量的 Measurable	数量化的	主观判断
	行为化的	非行为化描述
	数据或信息具有可得性	数据或信息无从获得
可实现的 Attainable	在付出努力的情况下可以实现	过高或过低的目标
	在适度的时限内实现	期间过长
现实的 Realistic	可证明的	假设的
	可观察的	不可观察或证明的
有时限的 Time-bound	使用时间单位	不考虑时效性
	关注效率	模糊的时间概念

3.关键绩效考核指标的分类

1）按照绩效管理对象分类

按照绩效管理对象的不同，可以将考核内容分为部门绩效和个人绩效。部门绩效就是以部门为单位，需要完成的绩效内容。个人绩效则是员工个人需要完成的绩效内容。

2）按照考核角度分类

按照考核角度的不同，可以将考核内容分为任务绩效和周边绩效。

任务绩效是指与工作产出直接相关的，能够直接对其工作结果进行评价的这部分绩效指标。这种绩效是与具体职务的工作内容密切相关的，同时也和员工的能力、完成任务的熟练程度和工作知识密切相关。

周边绩效又称关键绩效，是指与周边行为有关的绩效。周边绩效对组织的技术核心没有直接贡献，但它却构成了组织的社会、心理背景，能够促进组织内的沟通，对人际或部门沟通起润滑作用。周边绩效可以营造良好的组织氛围，对工作任务的完成有促进和催化作用，有利于员工任务绩效的完成以及整个团队和组织绩效的提高。

3.绩效指标与绩效标准

在企业绩效管理中，绩效标准的设定和绩效指标的确立密不可分。绩效指标指的是从哪些方面衡量或评价工作，明确的是“考评什么内容”；而绩效标准指的是在各个指标上分别应该达到什么样的水平，解决的是“被考评者怎么做，做多少”的问题。

管理者制定绩效指标，首先应该制定企业总的关键业绩指标，然后根据部门性质、岗位职责等实际情况进行指标细分。管理者给下属订立绩效指标的依据来自部门的 KPI，部门的 KPI 来自上级部门的 KPI，上级部门的 KPI 来自企业级 KPI。只有这样，才能保证每个职位都是按照企业要求的方向去努力。

一般情况下，在制定绩效指标的同时，明确绩效标准。绩效标准可以参考该部门或岗位以往的绩效考评结果、同类型企业或岗位的工作情况等来制定。

知识测试

一、单项选择题

1.以下哪个选项，不是绩效的特点？（　　）

A.多因性　　B.高效性　　C.多维性　　D.动态性

2.针对不同的考核部门或岗位，绩效考评的标准必须具有（　　）。

A.变化性　　B.针对性　　C.开放性　　D.一致性

3.根据正态分布原理产生的绩效考核方法是（　　）。

A.范例对比法　　B.配对比较法　　C.叙述法　　D.强制分布法

4.以下哪项关键绩效指标属于质量指标（　　）。

A.单位产品成本　　B.供货周期　　C.合格率　　D.销售额

5.在企业绩效管理中，（　　）是为了明确“考评什么内容”而制定的。

A.绩效标准　　B.绩效目标　　C.考核主体　　D.绩效指标

二、多项选择题

1.绩效管理的 PDCA 原则，包含哪些环节？（　　）

A.制订绩效计划　　B.绩效执行　　C.绩效检查　　D.绩效行动

2.在我国，企业进行绩效考评的基本内容包括（　　）。

A.德　　B.能　　C.勤　　D.绩

3.制定绩效考评标准的总原则是（　　）。

A.工作成果最大化　　B.完善组织结构　　C.提高组织效率　　D.调整绩效计划

4.常见的绩效考评相对考核法包括（　　）。

A.因素排序法　　B.强制分布法　　C.关键事件法　　D.量表评价法

5.目标管理的特点是（　　）。

A.随时进行调整　　B.重视人的因素

C.建立目标链和目标体系　　D.重视工作结果

三、判断题

1.对于组织来说，工作绩效就是指上级和同事对工作状况的考核。（　　）

2.由管理者自行制订绩效计划即可。（　　）

3.在绩效考核过程中，只要考评者严格按照绩效考核标准，就不会出现心理偏差。（　　）

4.管理者制订绩效改进计划后，绩效管理就算执行完成了。(　　)

5.根据绩效管理的对象的不同，可以将绩效考核内容分为部门绩效和个人绩效。(　　)

四、简答题

1.简述绩效考评和绩效管理的概念及区别。

2.作为管理者，如何制定绩效考评标准?

3.简述确定关键绩效指标的 SMART 原则的内容。

技能训练

训练项目一：模拟公司的绩效考评

模拟成立一家公司，确定公司类型、组织结构及主营产品等基本信息。运用所学知识和技能，请你作为公司的一名管理者，分别为公司的财务部、生产部和销售部制定员工的绩效考评内容。

一、训练目标

1.掌握目标管理法的基本内容。

2.学会选择适合的绩效考评内容。

二、训练过程

1.模拟成立一家公司，确定公司的类型、组织结构、管理人员构成、员工分配、主营产品等基本信息。

2.根据目标管理的知识，帮助公司，确立本年度或本季度的目标，实施目标管理。

第一，确定公司的目标体系。制定公司总目标，然后将总目标分解为三个分目标，分别是财务目标、生产目标和销售目标。

第二，实施所制定的目标。将目标划分到具体的部门和负责人。

第三，检查目标的完成情况。

3.结合你制定的分目标，请为财务部、生产部和销售部的员工制定具体的绩效考评内容。

请结合各部门的特点，制定符合该部门工作岗位的绩效考核内容。

三、训练反馈

1.交流展示：在班级里进行结果展示和分享。

2.评价改进：全班同学相互评价，指出训练项目完成好的方面和不足的方面，并提出改进建议。

训练项目二：案例分析

结合案例 10-2，帮助联想集团绘制绩效管理流程图，并列出联想集团在每个流程做了哪些工作。

延展阅读

华为的人力资源管理

在当今激烈的竞争背景下，人力资源已成为企业竞争中最具发展潜力、最活跃的关键资源，发挥着举足轻重的作用。华为公司是一个创造奇迹的企业，在人力资源管理方面有很多成功之处。

一、末位淘汰制

华为每年都会保持 5%的淘汰率，有淘汰就会有危机感，有危机就会有竞争，有竞争就会产生创新，创新是一个企业发展源源不断的动力。华为从员工入职起，便培养员工的危机意识和竞争意识，让员工真正地意识到，除了外部具有危机和竞争外，公司内部也无时无刻不存在着竞争和淘汰，正是这种贯穿始终的危机意识和竞争意识，时时刻刻激励着华为员工努力学习，力争上游。华为的末位淘汰制，不仅仅针对新入职的员工。对于那些经验丰富的老员工，华为同样实施严格的淘汰制，从而杜绝了组织内说大话、空话的人。这种淘汰机制，是一种良性的新陈代谢，它在组织内部形成竞争，使竞争观念植根于每一位员工的心中，又可以保证组织内部的公平，有效防止组织内部产生消极情绪，最大程度上发挥对员工的激励作用，从而提升组织的生机和各方面的业务能力。

二、岗位轮换制

岗位轮换有利于公司管理技巧的传播，有利于员工均衡发展，培养优秀干部，为晋升提供强大后备军。随着华为公司岗位轮换制度的成熟，使员工掌握了多种技能，适应环境变化，帮助员工顺利完成自身的职业规划路径，避免形成个人权利圈，促进人才合理流动。

三、重视员工逆境商的提升

华为在录用员工时，首先考虑的便是他是否受过重大挫折，受到挫折之后是否进行了改进，挫折中的学习能力如何。因为越是逆境，越能激发一个人的斗志，提升一个人的逆境商。越是经历逆境的人也越能成长，越能战斗。在华为，大力支持员工勇于尝试，大胆工作，犯错误不怕，从中吸取经验才会更有利于成长，成长的过程就是一次次地改正错误、否定过去的过程，跌倒了站起来，而且还要勇敢地往前走，失败也是人才发展中不可或缺的经历。

模块六 沟通与创新能力

项目十一　管理沟通

学习目标

1.了解沟通的原则。
2.熟悉沟通的障碍。
3.掌握克服沟通障碍的技巧。

思维导图

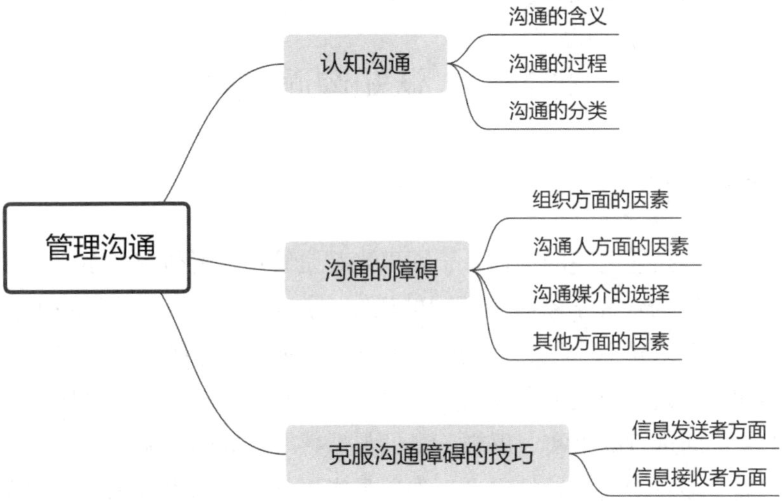

导入案例

高明是一位空调销售公司的总经理。他刚接到有关公司销售状况的最新报告：销售额比去年同期下降了25%，利润下降了10%，而且顾客的投诉量上升。更为糟糕的是，公司内部员工纷纷跳槽，甚至还有几名销售分店的经理提出辞呈。他立即召集各主管部门的负责人开会讨论解决该问题。会上，高总说：“我认为，公司的销售额之所以下滑都是因为你们领导不得力。公司现在简直成了俱乐部。每次从卖场走过时，我都看到员工们闲散地四处站着，聊天的，煲电话粥的，干什么的都有，而对顾客却视而不见。他们关心的是多拿钱少干活。要知道，我们经营公司的目的是赚钱，赚不到钱，想多拿钱，门儿都没有。你们必须记住，现在我们迫切需要的是对员工的严密监督和控制。我认为现在有必要安装监听装置，监听他们在电话里谈些什么，并将对话记录下来，交给我处理。当员工没有履行职责时，你们要警告他们一次，如果不听的话，马上请他们走人……”

部门主管们对高总的指示都表示赞同。唯有销售部经理李燕提出反对意见。她认为问题的关键不在于控制不够，而在于公司没有提供良好的机会让员工真正发挥潜力。她认为每个人都有展示自己的才干、为公司努力工作并做出贡献的愿望。所以解决问题的应该从和员工沟通入手，真正了解他们的需求，使工作安排富有挑战性，促使员工们从事这一工作能引以自豪。同时，公司应在业务上给予指导，花大力气对员工进行专门培训。

然而，高总并没有采纳李燕的意见，而是责令所有的部门主管在下星期的例会上汇报要采取的具体措施。

思考与讨论

1.针对该公司已成了“俱乐部”的现状，请结合案例分析说明高总应该采取怎样的领导方式才有效。

2. 你认为对高总的方案和李燕的方案作怎样的评价最合适？

任务一　认知沟通概述

一、沟通的含义

作为管理者基本技能之一的沟通，长期以来都是管理学者研究的主要领域。因此，对于沟通的含义，不同的管理学家有着不同的认知。知名管理学家斯蒂芬·P.罗宾斯认为沟通是“意义的传递与理解”。罗宾斯指出，完美的沟通如果存在的话，应该是经过传递之后被接收者感知到的信息与发送者发出的信息完全一致。而纽曼和萨默则认为，沟通是在两个或更多的人之间进行的事实、思想、意见与情感等方面的交流。

本书采用周三多对沟通所做的定义：沟通是指可理解的信息或思想在两人或两人以上的人群中传递或交换的过程，整个管理工作都与沟通有关。

沟通的作用主要表现在三个方面：第一，沟通能够协调企业中的各个因素与个体，使之成为一个有机的整体；第二，领导者可以通过沟通来激励下属，因此沟通是实现领导职能的最基本途径；第三，沟通是企业与外部环境建立联系的枢纽。

二、沟通的过程

沟通的过程也就是信息发送方与信息接收方传递信息的过程。信息传递过程主要包括以下几个阶段。

沟通过程的起点是信息源。发送者获得信息源之后，在进行沟通之前，首先需要形成一个意图，也就是信息，它存在于随后的整个沟通过程之中，也是发送者想与他人共同分享的标的物。在发送信息之前，发送者需要把该信息转变成为符号或语言，即所谓的编码，然后通过沟通渠道（如电话、电子邮件、面对面的交流等）将之传送给接收者。接收者随后对其接收到的信息进行吸收和理解，这个过程称为解码，信息就这样由一个人传到了另一个人那里。需要注意的是，整个过程中解码为关键环节。

随后进入反馈阶段。在这个阶段中，第一阶段中的发送者和接收者恰好进行了换位，即原来的信息接收者成了发送者，他将需要传递的信息进行编码，然后通过选择好的渠道发送出去，而原发送者变成了接收者，他将对收到的信息进行重新解码工作。必须确认原信息已经收到和理解，也可重述原信息以确保原信息被正确理解，或者请求更多的信息。这样的过程可能会发生多次，直到双方确保达到了共同的理解。具体过程可参见图 11-1。

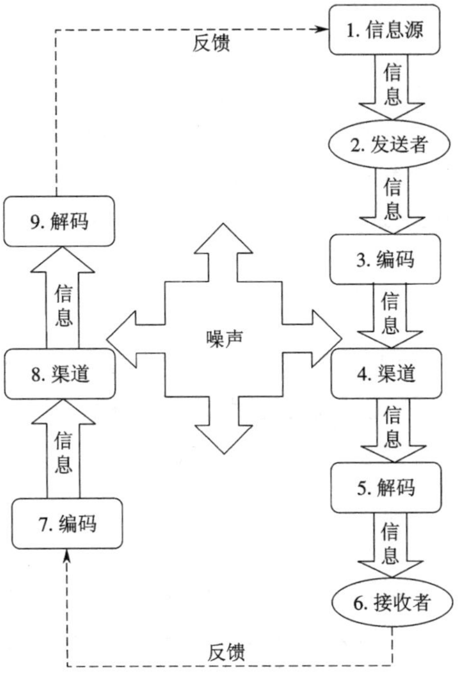

图 11-1　沟通过程

三、沟通的分类

沟通从不同的角度有不同的分类。

（一）按方式分类

1.口头沟通

人们之间最常见的沟通方式便是面对面交谈，即所谓的口头沟通。

口头沟通有其自身的优点：传递快速与反馈快速。在口头沟通的方式下，信息可以在最短的时间里传送出去，同时在最短时间里得到对方的反馈与回复。如果信息的接收者对接收到的信息有疑问，口头沟通的快速反馈可使信息发送者及时检查所传递信息不够明确的地方并修正。

但口头沟通也并不是没有缺点，在口头沟通的过程中涉及的人越多，信息失真的可能性就会越大。人人都以自己的理解对信息进行解释，因此当信息到达最终接收者时，内容常常会发生很大的变化。因此，组织中的重要决策如果依靠口头方式上下传递，则有很大的可能性会信息失真。

2.书面沟通

书面沟通通常来说包括信件、备忘录、布告栏及其他任何传递书面文字的手段。书面沟通的优点是持久、有形和可以核实。通常采用书面沟通的信息发送者与接收者均拥有沟通的记录，使得沟通的信息可以长期保存。如果任何一方对信息的内容有疑问，采用书面沟通的方式，事后查询完全可行。但书面沟通也存在缺点，就是效率低于口头沟通，交流中也缺乏接收者对信息理解程度的反馈。

3.非语言沟通

如果在沟通过程中我们不通过语言来进行，这就构成了非语言沟通。显然，它不是书面的，也不是口头的沟通方式，而是通过光信号（如红绿灯、警示及警告标志等）、表情（皱眉、大笑等）、肢体语言（手势、点头、耸肩等）、语调（轻柔、着重音、反问等）进行的沟通。非语言沟通可以支持或加强语言沟通。将语言沟通及非语言沟通适当地结合能帮助达到有效理解。

4.电子媒介沟通

随着信息时代的到来，各种电子媒介已经逐渐成为沟通中的传播媒介。除了传统的媒介（如电话、公共邮寄系统），现代社会还拥有闭路电视、互联网等一系列电子传播媒介。将这些设备与语言和纸张等结合起来就产生了更有效的沟通方式。

（二）按功能分类

1.工具式沟通

一般情况下，工具式沟通指的是发送者将相应的信息、知识、想法、要求等传达给接收者，从而达到影响改变接收者行为的目的，最终促使组织目标达成。

2.感情式沟通

感情式沟通则是指沟通的双方通过表达自己的情感，获得对方在精神上的谅解，从而改善相互间的关系。

（三）按是否进行反馈分类

1.单向沟通

单向沟通是指没有反馈的信息传递，一般适用于时间较紧而问题较为简单、上级易感情用事缺乏处理反馈信息的能力、下属未能了解问题的足够信息、下属易于接受所传递信息的方案等情况。

2.双向沟通

双向沟通是指有反馈的信息传递，它是信息发送者和接收者相互之间进行的交流与沟通。双向沟通一般适用于问题比较棘手而时间较为宽裕、上级善于双向沟通并能够及时有效地处理反馈信息、下属能够提出解决问题的建议等情况。

（四）按组织系统分类

1.正式沟通

正式沟通是指通过组织与组织之间正式安排信息沟通渠道进行的沟通。比如组织内上下级之间在正式会议、会谈中发生的信息沟通，组织或政府通过文件、电话、传真等发生的信息沟通。正式沟通包括组织内的正式沟通与组织外的正式沟通。

正式沟通的网络有五种基本形式，即轮型、Y 型、链型、环型和全方位型，如图 11-2 所示。

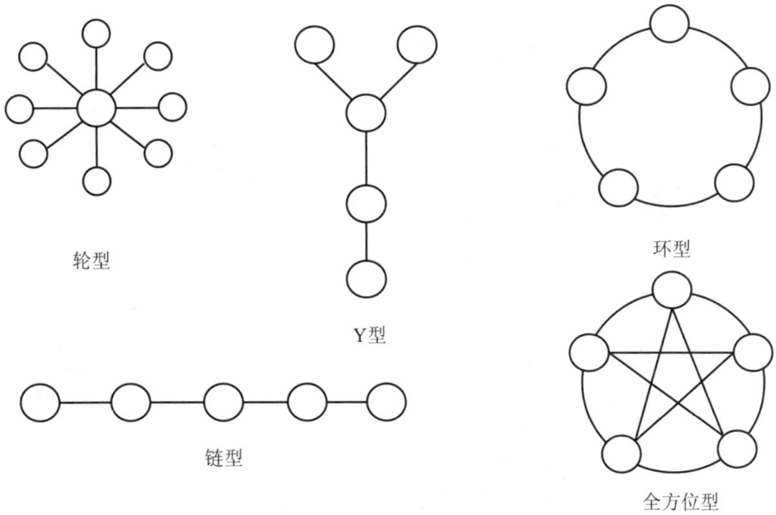

图 11-2　正式沟通网络形式

轮型沟通网络表现为沟通层次较少，整个沟通网络有一个中心，位于沟通网络中心的人，往往是组织的管理者或领导者。Y 型沟通网络集中体现出组织结构，此种沟通网络增加了沟通的层次。链型沟通网络主要体现出沟通的层次性，它强调了沟通过程中权利的特性。环型沟通网络最大的特征就是整个沟通网络中的成员地位都是平等的。全方位型沟通网络则是这几种沟通网络中最民主、最顺畅的沟通网络。

2.非正式沟通

非正式沟通则是指组织另一方面的沟通，它不是通过组织内正式的沟通渠道以及组织与外界正式的沟通渠道进行的，而是一种非官方的、私下的沟通方式。这样的非正式沟通可以通过非正式组织进行或者通过私人进行。非正式沟通相较于正式沟通，其传递的消息有时候又被称为小道消息。但不可否认的是，非正式沟通在知识共享和组织创新方面的作用正在变得越来越大。

非正式沟通的网络有四种基本形式，即单向链型、群体传递型、信息发布型和随机传播型，如图 11-3 所示。

单项链型沟通网络中信息由一个人传给另一个人，主要依靠一连串的人际关系来进行信息的传递，但是这些人之间并不一定存在正式的组织关系。群体传递型网络中一般会存在几个中心人物，由其中的一个人告诉两三个人，再由这些人告诉另外的人或是保密，结果最后便会是几乎所有人都知道该信息。在信息发布型网络中，信息通常由一人告诉所有人，只是这种信息传递往往是秘密地或私下进行的，在这个信息传递网络中，处于信息传递中心的人不一定是组织中的领导者或管理者，有可能只是先得到某些消息的人，也有可能是喜欢传递各种消息的人。

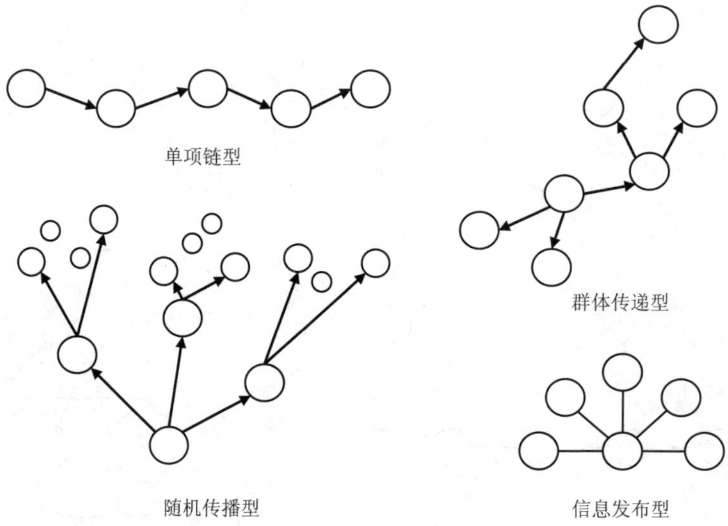

图 11-3　非正式沟通网络形式

知识链接

非正式沟通的四种传播方式

美国心理学家戴维斯曾在一家皮革制品公司专门对 67 名管理人员进行调查研究，发现非正式沟通有以下四种传播方式。

（1）单线式。通过一连串的人，把信息传递到最终接收者。

（2）流言式。一个人主动地把信息传递给其他许多人。

（3）偶然式。依靠随机的互相转告对信息进行传播。

（4）集束式。把小道消息有选择地告诉自己的朋友或有关人。集束式又称葡萄藤式。

戴维斯还发现，小道消息传播的最普遍的形式是集束式。在一个单位里，大约只有10%的人是小道消息的传播者，而且多是固定的一群，其余的人往往姑且听之，听而不传。总之，一个群体里，有的是小道消息的“制造者”，有的人是小道消息的“传播者”，有的人是“夸大散播者”，而大多数人是只听不传或不听不传者。

（资料来源：孙班军，陈晔主编，《管理学》）

思政园地

诚信与沟通

诚信是现代企业在市场经济条件下良性发展的基础，它直接关系到企业的运作成本。而沟通则是建立相互信任的重要手段。两者之间是辩证统一的关系，诚信是有效沟通的基础，有效沟通则是相互信任的一种手段，两者不可分割。

对于一个处于市场经济条件下的企业来说，建立诚信和进行有效沟通需要从以下两个方面做工作。

1.面对市场竞争，企业应该树立诚实守信的良好形象

诚信在市场经济条件下，是指各独立的市场主体之间在经济交往中，自觉遵守商业道德规范，拒绝欺诈、排斥投机取巧，鄙视一切不守信用的行为，能够切实履行兑现承诺。一个企业具有良好的信誉将使与其进行交往的另一方消除顾虑，促成交往或交易顺利进行，这可以有效地降低和规避当事方的风险，无形之中就降低了双方的交易成本。而进行沟通则是当事双方在交往过程中，消除疑虑，加强了解，对双方约定达成共识的重要手段，这将减少因理解不同而造成不必要的麻烦，使双方合作愉快，交易顺利。对于我们公司来说，诚信是指在工程建设过程中，自觉遵守各项工程技术规范按图施工，将我们承建的工程都建设成一流的工程。由于公路工程建设竞争比较激烈，因此良好的信誉将诚信使我们在竞争中处于有利地位，是公司良性发展的有力保障。实际上，我们在工程建设中已经体会到诚信给我们工作带来的便利，诚信使我们的工程建设进展顺利。当然，我们在工程具体实施过程中，还是会与业主在管理理念和技术方案上有一些分歧，这就需要我们运用恰当的方式与业主进行有效沟通，为我们的工程建设创造有利条件。事实上，诚信对每一个企业来讲，是一种无形资产，这种资产是不能用金钱来衡量的。

2.对于企业内部管理来说，同样也不能缺少诚信和必要沟通

诚信在内部管理中，是指企业内部各组织和各成员之间坦诚相待、相互信任。只有坦诚相待、相互信任才能使企业内部关系融洽，同事和睦相处，工作更加简洁有效，减少不必要的内耗，降低管理成本。企业是由一个个人组成的，每个人都有自己的思想，而作为企业来说，它是一个整体，它需要一个统一的目标，因此企业在日常管理工作中就需要进行必要的有效沟通，才能使所有员工齐心协力、团结协作，为共同的目标工作。有效的沟

通是以相互信任为基础的，缺少了信任，就很难真正达到沟通的目的，特别是企业管理层和基层之间，因为两者是处于不同的角度考虑问题的。对我们公司来说，目前处于改制阶段，很多东西都没有碰到过，许多员工不能正确认识企业改制，这就更需要我们能够相互信任，加强沟通，要相信公司能够顺利改制，因为企业发展的好坏对每一个员工来讲，都会牵涉到自身利益，对公司领导也是一样。

沟通无极限，诚信是根本。对一个现代企业来讲，良好的发展是离不开诚信和沟通的。

任务二　了解沟通的障碍

导入案例

黑人的愿望

一个黑人，在沙漠中走了三天三夜，又渴又饿，突然他发现了一个神灯，他惊讶、好奇地对神灯说："神灯啊，神灯，你听见我的声音了吗？"神灯真的冒了一阵烟，神灯说："主人啊，是您救了我，我可以满足您三个愿望。"黑人欣喜若狂，马上就想出了三个愿望。

（1）我要水，我要天天喝水。

（2）我要变白。

（3）我要天天接触到美女。

神灯满足了他的愿望，但是黑人发现自己变成了马桶。

思考与讨论

为什么会出现此情况？从案例中你发现了什么问题？

在信息传递的过程中，往往会因为外界干扰或者其他某些因素，信息丢失或被误解，使得信息传递不能正常发挥其作用。在一个组织的内部，沟通障碍可能存在于企业内的各部门之间、上下级之间、员工之间，也有可能存在于企业外部的各个方面。导致沟通障碍的因素有很多，我们将在下文展开详述。

一、组织方面的因素

（一）组织的规模与空间距离

企业的规模越大，其管理层次就会越多，在信息传递过程中经过的层次越多，信息失真的可能性就会越大。因此，企业的规模较大往往会影响信息传递的质量及速度。此外，企业规模会带来一定的空间距离，由这种空间距离造成的生疏就反映到组织的沟通上。上下级之间的空间距离越大，他们面对面沟通的机会就越小，这可能会导致对所传递信息的误解。

（二）组织结构的影响与沟通缺口

组织结构是否合理将会直接影响到组织的信息沟通。如果一个组织机构过于庞杂，就可能会导致信息传递不及时、传递失真，从而影响组织的工作效率。而沟通缺口是指正式沟通网络中存在的一些缺陷或漏洞。正式沟通网络是沿着组织的权责路线建立的。随着组织的发展与扩大，这些网络变得庞大而复杂，在此种情况下沟通网络中便开始出现一定的缺陷，如果组织过分依赖于正式沟通而忽略信息的其他来源和沟通方法，就会产生沟通系统缺口。

二、沟通人方面的因素

（一）沟通双方的差异

沟通信息的传递不是单方面的，它是一个双向的活动，主要取决于沟通双方的相互信任。信任虽然需要双方沟通建立，但一般情况下处于支配地位的一方影响会更大。在面对不同来源的同一个信息时，人们往往更倾向于相信其自认为来源更可靠、更客观的信息。此外，沟通双方的社会和文化背景差异也会形成沟通障碍，差异较大的双方在沟通中往往无共同语言，不易接受对方的见解，从而导致无法达成共识。而沟通技巧的差异也会形成沟通障碍，一些不善表达的人可能会在口头沟通过程中无法正确地传递自己的信息从而导致接收者对信息的误解，影响沟通的效率。

（二）选择性接收

人们往往会因为对信息的态度、重视程度不同而选择性地接收沟通信息。组织中每个人所处的部门、地位不同，其看问题的角度也就会产生差异。选择性接收就是指人们根据自己的需要、动机、经验等而选择性地去接收某些信息，大部分人只接收对自己有利或与自己有关的信息，而拒绝接收那些对自己不利的或自认为与己无关的信息。这导致沟通双方无法正确接收、理解对方传送过来的信息，使沟通发生障碍。

三、沟通媒介的选择

信息沟通有多种媒介渠道，如果在沟通中不考虑组织机构的实际情况而随便选择沟通方式和媒介，就会形成信息沟通的障碍。比如信息的发送者如果想让接收者迅速采取行动，就不能采用书面沟通或冗长的文字报告等沟通媒介。

四、其他方面的因素

（一）信息量过大

在沟通中，所传递的信息并不是越多就越好，核心是传递有用和优质的信息。信息量过大会导致沟通障碍。当人们接收的信息超过其接收能力时，会导致信息传递不完整或者理解偏差，其工作绩效要比接收信息量少的员工低得多。

（二）情境因素

有许多情境因素会影响沟通效果。比如在独裁型领导的组织中，人们沟通的积极性往往会较低，从而会给信息传递带来困难。又如空间距离也会影响沟通效果，面对面的沟通与千里之外的电话交谈或语音信息，在沟通的效果上差别比较明显。此外，时间、管理和非管理过程、技术因素等也是形成沟通障碍的原因。

任务三　掌握克服沟通障碍的技巧

沟通障碍是由很多方面导致的，这里主要从信息发送者和信息接收者两个方面来介绍克服沟通障碍的技巧。

一、信息发送者方面

（一）明确沟通的目的

漫无目的地沟通只能算是闲聊，无法达到预期的目的。所以，克服沟通障碍的第一步首先是要明确沟通的目的，并以此为依据制订计划以实现预期目的。管理者或领导者必须清楚进行此次沟通的目的是什么，需要下级人员理解什么。这样才能使沟通向着预期的方向发展。

（二）信息清晰完整

管理者或领导者在发送信息的时候，只有保证信息清楚而完整，才能减少沟通的障碍，提高信息传递的效率。信息清晰是指发出的信息能便于信息接收者理解和领会。信息完整则是指沟通中包含信息发送者和接收者达成一致所需要的全部信息。管理者要想保持信息清晰完整，就需要在沟通前考虑信息接收者接收信息的能力、渠道等，这样才能提高沟通效率。要做到这一点，管理者或领导者应当具备沟通的理论知识及操作技巧。

（三）选择适当的沟通媒介

沟通中有很多沟通媒介可以选择，但具体选择怎样的沟通媒介，主要取决于接收者常常关注什么媒介，或是信息发送者所选择的沟通媒介能否引起信息接收者的关注。一些管理者或领导者在发布信息时可能选择他们自己常用或觉得方便的媒介，却忽略了接收者的偏好，这样常常会导致沟通无效。此外，在沟通媒介的选择方面还要考虑接收者是否有某种习惯性的偏好或残疾性障碍，然后避开对其不利的沟通媒介，这样才能有效克服沟通障碍。

（四）充分利用反馈机制

信息传递出去却没有反馈，很难确保沟通的质量，因为只有信息被接收者理解并反馈，沟通才可能有效完成，没有信息反馈，信息发送者就无法得知信息接收者的理解程度，因此对于有效的沟通而言，反馈是必要的。管理者或沟通者要想方设法在信息传递后取得积极的、建设性的反馈，以便于了解其下级是否已经确切地理解信息、是否愿意遵循其所传达的指示等。因此信息发送者需要在沟通过程中建立一个反馈机制，比如直接提出要求反馈，或者通过提问、奖励反馈等手段来取得信息接收者的反馈，这样才能够克服沟通障碍，提高沟通效率。

（五）避免信息过滤和信息曲解

当信息的发送者错误地认为接收者不需要某个信息或不想接收某个信息的时候，发送者往往会主观性地保留部分信息，这就会导致信息过滤。而信息在传递过程中经过多个层次的发送者和接收者后，信息的意思就有可能发生改变，我们称之为信息曲解。部分信息曲解是由错误地编码、解码或缺乏反馈导致的偶然现象。但是也有一些信息曲解可能是由于信息发送者选择性地发送信息使得其本人或其所在团队整体情况看起来似乎不错，这种信息曲解是由个人的主观行为导致的，可能造成问题不能及时解决甚至产生更多问题的情况。因此，管理者或领导者应当尽量避免信息过滤和信息曲解，以减少沟通障碍。

二、信息接收者方面

对于同一信息，不同的接收者们往往会由于自身或其他某些原因，在信息解码后所接收到的信息不尽相同甚至差别很大，这就形成了沟通障碍，影响了信息传递质量，进而影响到了沟通效率。管理者或领导者除了是信息的发送者之外，在某些情境下也会是信息的接收者，因此也需要掌握一些必要的信息接收技巧来克服沟通中的障碍。

（一）集中注意力

管理者在组织中扮演众多角色，因而往往会同时承担多项任务。在沟通过程中，管理者不可避免地会产生超负荷沟通障碍，或是管理者不得不被迫同时思考多个事情，这就可能导致管理者有时对接收到的信息并没有足够地注意或重视。要克服沟通障碍，实现有效管理，管理者无论多忙都要给予接收到的信息足够关注。沟通中只有集中注意力，才能明白对方说的内容。同样，当管理者阅读书面材料时，如果分神考虑其他的事情，也会形成沟通障碍，降低对书面材料的理解力，因此应该集中注意力理解所读的内容，这样才能提高信息解码的效率。

（二）控制情绪

管理者如果在接收信息的过程中不能很好地控制自己的情绪，就会产生沟通障碍，使信息的传递严重受阻或出现信息失真。当一个人对某件事情十分失望时，他很有可能会对所接收到的信息产生误解，从而导致在解码过程中无法做到清晰准确。因此，在沟通过程中能够较好地控制情绪至关重要。如果信息接收者在沟通过程中有负面情绪，最好暂时停止沟通，直到情绪恢复正常再次尝试沟通。

案例 11-1

听 的 艺 术

一天，美国知名主持人林克莱特访问一名小朋友，问道：“你长大后想要当什么呀？”小朋友天真地回答：“嗯……我要当飞机的驾驶员！”林克莱特接着问：“如果有一天，你的飞机飞到太平洋上空，所有引擎都熄火了，你会怎么办？”小朋友想了想说：“我会先告诉坐在飞机上的人绑好安全带，然后我挂上我的降落伞跳出去。”当在现场的观众笑得东倒西歪时，林克莱特继续注视着孩子，想看他是不是一个自作聪明的家伙。没想到，孩子两行热泪夺眶而出，这才使得林克莱特发觉这孩子的悲悯之情远非笔墨所能形容。于是林克莱特问他：“为什么要这么做？”小孩的答案透露出一个孩子真挚的想法：“我要去拿燃料，我还要回来！”

你听别人说话时，你真的听懂了他的意思吗？如果不懂，就请听别人说完吧，这就是“听的艺术”：第一，听话不要听一半；第二，不要把自己的意思，投射到别人所说的话上。

（三）积极倾听：信息接收的关键

就像管理学大师罗宾斯曾指出的那样，当别人说话的时候，我们在听，但是很多情况下我们并不是在倾听。倾听与听的主要区别在于前者是对信息主动进行搜寻，而后者则是被动的。因此，在倾听的时候，信息接收者和发送者都在思考。

成为一个良好沟通者的基本要求之一就是要成为一个良好的倾听者，这是作为信息接收者的管理者在电话及面对面沟通中所需具备的基本技巧。

积极地倾听需要脑力投入，并要求全神贯注，这往往容易引起疲劳。所以学会倾听，沟通也就成功了一半。有学者曾对管理者的沟通作过统计分析，发现人们一天中用于沟通的时间大约占 70%左右。在沟通中，书写约占 9%，阅读约占 16%，言谈约占 30%，听约占 45%。全部沟通中的近一半时间要用在“听”上，但遗憾的是不少管理者“听”的效率仅仅为 25%。

倾听所带来的有利之处是能够在组织内激发更高的士气，并且使组织的关系更融洽。要想成为一名好的倾听者，则需要掌握以下几点倾听技能：一是需要同信息发送者保持目光接触，使其知道你在认真地听他表述。二是不要随便地打断别人的说话，在做出反应前先让讲话者表达完自己的想法。这样讲话者才不会被打断思路，倾听的人也不会因为获得的信息不完全而得出错误的结论。三是学会运用复述，即用自己的话复述说话者讲的内容，以便及时反馈你接收到的信息情况。四是，作为一个批判的倾听者，在接收到信息之后，需要对模糊不清的或混淆的地方提出疑问，以确保充分了解所接收到的信息。

（四）移情

移情是指自己站在对方的立场上去理解其所想表达的意思。通过与信息发送者的移情，也就是让自己站在信息发送者的角度去思考，可以有效提高倾听的效果。从另一个角度来理解移情，它在某种程度上也包含着在沟通过程中对信息的发送者投入感情。

（五）了解语言风格

语言风格不同的情况常常存在。差异化的语言风格可能会导致沟通无效。在跨文化的情境中，语言风格的差别尤为明显。所以，管理者在沟通前应当了解语言风格，将其视为沟通技巧之一。管理者不应该试图改变人们的语言风格，而是应该了解这种语言间的差异性。这样才能克服沟通的障碍，提高沟通的效率。

知识测试

一、单项选择题

1.通过组织与组织之间正式安排的信息沟通渠道进行的沟通即（　　）。

A.非正式沟通　　B.正式沟通　　C.单项沟通　　D.双向沟通

2.红绿灯属于交流沟通中的（　　）。

A.书面沟通　　B.非语言沟通　　C.口头沟通　　D.电子媒介沟通

二、多项选择题

1.按功能划分，沟通可以分为（　　）。

A.工具式沟通　　B.感情式沟通　　C.单向沟通　　D.双向沟通

E.正式沟通

2.下列属于正式沟通网络类型的是（　　）。

A.轮型　　B.链型　　C.Y 型　　D.环型

E.全方位型

三、简答题

1.沟通的主要类型有哪些?

2.正式沟通网络分别是哪几种?

3.信息的接收者如何克服沟通障碍?

四、案例分析题

斯塔福德航空公司是美国北部一个发展迅速的航空公司。然而，最近在其总部发生了一系列的传闻：公司总经理波利想出卖自己的股票，但又想保住自己总经理的职务，这是公开的秘密了。波利为公司制定了两个战略方案：一个是把航空公司的附属单位卖掉，另一个是利用现有的基础重新振兴发展。他自己曾对这两个方案的利弊进行了认真的分析，并委托副总经理本杰明提出一个参考意见。本杰明曾为此起草了一份备忘录，随后叫秘书比利打印。比利打印完后即到职工咖啡厅去，在喝咖啡时遇到了另一位副总经理肯尼特，并把这一秘密告诉了他。

比利悄悄地对肯尼特说："我得到了一个极为轰动的最新消息。他们正在准备成立另外一个航空公司。他们虽说不会裁减职工，但是，我们应该联合起来，有所准备啊。"而这话又被办公室的通讯员听到了，他立即把这消息告诉他的上司巴巴拉。巴巴拉又为此事写了一个备忘录给负责人事的副总经理马丁，马丁也加入了他们的联合阵营，并认为公司应保证兑现其不裁减职工的诺言。

第二天，比利正在打印两份备忘录又被路过办公室探听消息的摩罗看见了。摩罗随即跑到办公室说："我真不敢相信公司会做出这样的事来。我们要被卖给联合航空公司了，而且要大量削减职工呢！"

这消息传来传去，三天后又传回到总经理波利的耳朵里，波利也接到了许多极不友好，甚至充满敌意的电话和信件。人们纷纷指责他企图违背诺言而大批解雇工人，有的人也表示为与别的公司联合而感到高兴。而波利则被弄得迷惑不解。

问题：

1.请解释斯塔福德航空公司在私下传闻中所发生的一切。

2.总经理波利怎样才能使问题得到澄清？请设想三个方案。

3.公司内存在非正式沟通渠道，是否有可能将之关闭，如何关闭？

延展阅读

"微信"——让我们实现有效沟通

微信是腾讯公司于 2011 年 1 月 21 日推出的一个为智能终端提供即时通信服务的免费应用程序。截至 2020 年 12 月，注册用户量已经突破 12 亿，是亚洲地区最大用户群体的移动即时通信软件。

一、选择一种新的沟通媒介——产业背景分析

2013 年 10 月 13 日，全城搜索旨在帮助那些不懂技术的个人或企业建立属于自己的接口程序，让完全不懂技术的个人或企业通过简单的配置，即可拥有强大的功能。企业使用全城搜索可以用低廉的成本实现智能客服机器人功能，店家可以轻松实现店铺商品和粉丝的关联与互动，也即将为微信地方号运维人员提供强大的地方运维的管理功能模块。

微信作为时下最热门的社交信息平台，也是移动终端的一大入口，正在演变成为一大商业交易平台，其对营销行业带来的颠覆性变化开始显现。微信商城的开发也随之兴起，微信商城是基于微信而研发的一款社会化电子商务系统，消费者只要通过微信平台，就可以实现商品查询、选购、体验、互动、订购与支付的线上线下一体化服务模式。微信的功能如下。

（1）基本功能，如聊天、添加好友、实时对讲机功能。

（2）即时支付。

（3）其他功能，如朋友圈、语音提醒、QQ 邮箱提醒、私信助手、漂流瓶、查看附近的人、语音记事本、微信摇一摇、群发助手、微博阅读、流量查询、游戏中心、微信公众平台、账号保护。

二、借助微信的有效沟通完善企业管理信息系统

微信很火，作为管理者，是否充分意识到微信的价值呢？答案是肯定的。

（1）利用微信的公共订阅号，实现公司信息在微信平台的实时发布。利用微信建立跨部门沟通协作群组。以往的跨部门沟通，以会议、邮件居多，但时效性很差。沟通、再确认、再解决，往往导致了很多问题的延误。通过建立微信群组，把相关的责任人都拉进来，可以方便地传递信息，并可作简单的讨论。同时，团队间的相互监督、提醒，也会让工作效率提升。

（2）利用朋友圈做轻量级的文化产品。为什么朋友圈的影响力会这么大？就在于它足够“短”、足够“轻”，能让用户容易接受，乐于接受。

（3）利用集“赞”提升团队凝聚力。现在的营销活动，流行集“赞”，集满多少个就可以获得什么什么。在公司的管理中，特别是团队管理中，集“赞”其实也大有可为。比如某个活动，各个团队分别去拉票，集“赞”最多的胜出。在这个过程中，员工出于团队目标及个人目标的考虑，会自发地发动身边的人，这无形中也增进了员工间的凝聚力和团队精神。

（4）利用微信推动碎片化学习。现在的人，拿出大块时间学习是很困难的，但是多数人都有时间上微信，看朋友圈。既然这样，企业的培训管理者，也要因势利导，利用微信的特性，推动碎片化学习。

（5）从微信中观察员工的心理动态和需求。企业管理者，要及时响应员工的诉求，哪怕是解决不了具体的问题，但只要直面问题、及时给予反馈，也会增强员工与企业间的信任。对于管理者而言，微信的出现，为企业管理提供了另一种选择。2020 年可以说是企业微信营销爆发的元年，截至目前，企业微信已经服务超过 250 万家真实企业，活跃用户 6 000 万，涵盖 50 多个行业。其中，中国 500 强企业已有 80%开通企业微信，每天有超过 470 万个系统连接在企业微信上。种种迹象表明使用企业微信是大势所趋，让企业实现有效沟通。

项目十二 管理创新

学习目标

1.了解创新的含义、原则和内容。
2.掌握组织创新的基本思路。
3.熟悉创新思维的表现形式和过程。
4.能分析组织创新现状和发掘创新苗头。
5.培养创新意识和创新能力。

思维导图

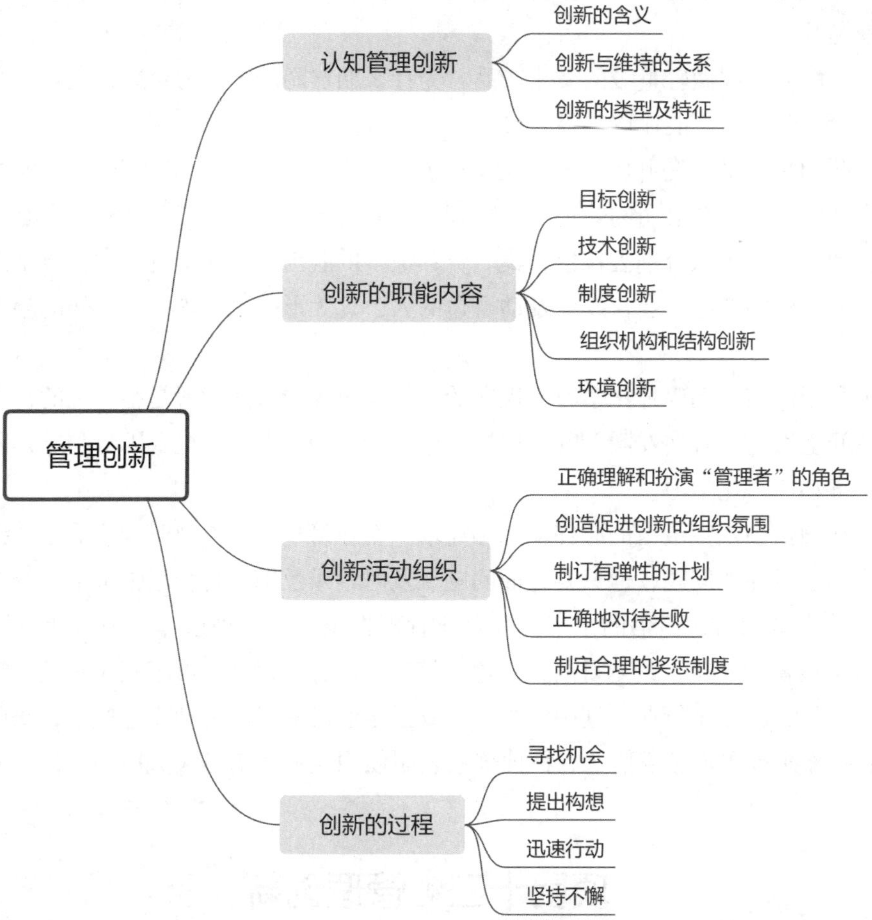

导入案例

全国科技创新大会于2016年5月30日在人民大会堂召开，习近平总书记发表重要讲话，李克强总理主持会议，两院院士齐聚一堂。在如此高规格的大会上，华为公司创始人、总裁任正非作了题为《以创新为核心竞争力为祖国百年科技振兴而奋斗》的汇报发言。

以下为任正非在全国科技创新大会上的发言（节选）。

从科技的角度来看，未来二三十年人类社会将演变成一个智能社会，其深度和广度我们还想象不到。越是前途不确定，越需要创造，这也给千百万家企业公司提供了千载难逢的机会。我们公司面对重重困难，如何去努力前进，如果我们不能扛起重大的社会责任，不能坚持创新，那么迟早会被颠覆。

人类社会的发展，都是走在基础科学进步的大道上的。而且基础科学的发展，是要耐得住寂寞的，冷板凳不仅仅要坐十年，有些人一生寂寞。华为有八万多研发人员，每年研发经费中，约20%~30%用于研究和创新，70%用于产品开发。很早以前，我们就将销售收入的10%以上用于研发，未来几年，每年的研发经费会逐步提升到100~200亿美元。

华为这些年逐步将能力中心建立到战略资源的聚集地区去。现在华为在世界建立了26个能力中心，逐年在增多，聚集了一批世界级的优秀科学家，他们全流程地引导着公司。这些能力中心自身也在不断地发展。

华为现在的水平尚停留在工程教学、物理算法等工程科学的创新层面，尚未真正进入基础理论研究。随着逐步逼近香农定理、摩尔定律的极限，而大流量、低时延的理论还未创造出来，华为已感到前途茫茫、找不到方向。华为已前进在迷航中。重大创新是无人区的生存法则，没有理论突破，没有技术突破，没有大量的技术积累，是不可能产生爆发性创新的。

华为正在本行业逐步攻入无人区、处在无人领航，无既定规则，无人跟随的困境。华为跟着人跑的“机会主义”高速度，会逐步慢下来，创立引导理论的责任已经到来。

华为过去是一个封闭的人才金字塔结构，我们已炸开金字塔尖，开放地吸取“宇宙”能量、加强与全世界科学家的对话与合作，支持同方向科学家的研究，积极地参加各种国际产业与标准组织，各种学术讨论，多与能人喝喝咖啡，从思想的火花中，感知发展方向。有了巨大势能的积累、释放，才有厚积薄发。

内部对不确定性的研究、验证，正施行多路径、多梯次的进攻，密集弹药，饱和攻击。蓝军也要实体化。并且，不以成败论英雄。从失败中提取成功的因子，总结，肯定，表扬，使探索持续不断。对未来的探索本来就没有“失败”这个名词。不完美的英雄，也是英雄。鼓舞人们不断地献身科学，不断地探索，使“失败”的人才、经验继续留在我们的队伍里，我们会更成熟。我们要理解歪瓜裂枣，允许黑天鹅在我们的咖啡杯中飞起来。创新本来就有可能成功，也有可能失败。我们也要敢于拥抱颠覆。鸡蛋从外向内打破是煎蛋、从里面打破飞出来的是孔雀。现在的时代，科技进步太快，不确定性越来越多，我们也会从沉浸在产品开发的确定性工作中，加大对不确定性研究的投入，追赶时代的脚步。我们鼓励我们几十个能力中心的科学家，数万专家与工程师加强交流，思想碰撞，一杯咖啡吸收别人的火花与能量，把战略技术研讨会变成一个“罗马广场”，一个开放的科技讨论平台，让思想的火花燃成熊熊大火。公司要具有理想，就要具有在局部范围内抛弃利益计算的精神，重大创新是很难规划出来的。固守成规是最容易的选择，但也会失去大的机会。

思考与讨论

谈到未来，任正非说，未来二三十年人类社会将演变成一个智能社会，其深度和广度我们还想象不到。如果不能坚持创新，迟早会被颠覆。

请思考任正非提到的对华为未来的“发展困惑”是什么？

任务一　认知管理创新

一、作为管理基本职能的创新

“创新”这个名词在管理学或经济学的教科书中出现的时候，通常与设备的更新、产品的开发或工艺的改进联系在一起。无疑，这些技术方便的革新是创新的重要部分，但不是全部的内容。我们认为，创新首先是一种思想及在这种思想指导下的实践，是一种原则以及在这种原则指导下的具体活动，是管理的一种基本职能。

从逻辑顺序上来考察，在特定时期内对某一社会经济系统（组织）的管理工作主要包括下述内容：设计系统的目标、结构和运行规划，启动并监视系统的运行，使之按预定的规则操作；分析系统运行中的变化，进行局部或全局的调整，使系统不断呈现新的状态。显然，其核心就是：任何组织系统的任何管理工作无不包含在“维持”或“创新”中。维持和创新是管理的本质内容，有效的管理在于适度的维持与适度的创新的组合。

二、创新与维持的关系及其作用

作为管理的基本内容，维持与创新对于系统的存在都是非常重要的。

维持是保证系统活动顺利进行的基本手段，也是系统中大部分管理人员，特别是中层和基层的管理人员要花大部分精力从事的工作。基于合理分工、职责明确而严密衔接起来的有序的系统结构，会随着系统在运转过程中各部分之间的摩擦而逐渐地从有序走向无序，最终导致有序平衡结构的解体。管理的维持职能便是要严格地按预定的规划来监视和修正系统的运行，尽力避免各子系统之间的摩擦，或减少因摩擦而产生的结构内耗，以保持系统的有序性。没有维持，社会经济系统的目标就难以实现，计划就无法落实，各成员的工作就有可能偏离计划的要求，系统的各个要素就可能相互脱离，各自为政，各行其是，从而整个系统就会呈现出一种混乱的状态。所以，维持对于系统生命的延续是至关重要的。但是，仅有维持是不够的。

任何社会系统都是一个由众多要素构成的，与外部不断发生物质、信息、能量交换的动态、开放的非平衡系统。而系统的外部环境是不断发生变化的，这些变化必然会对系统的活动内容、活动形式和活动要素产生不同程度的影响；同时，系统内部的各种要素也是在不断发生变化的。系统内部某个或某些要素在特定时期的变化必然要引起系统内其他要素的连锁反应，从而对系统原有的目标、活动要素间的相互关系等产生一定的影响。系统若不及时根据内外变化的要求，适时进行局部或全局的调整，则可能被变化的环境所淘汰，或为改变了的内部要素所不容。这种为适应系统内外变化而进行的局部和全局的调整，便是管理的创新职能。

系统的社会存在是以社会的接受为前提的，而社会之所以允许某个系统存在，又是因为该系统提供了社会需要的某种贡献；系统要向社会提供这种贡献，则必须首先以一定的方式从社会中取得某些资源并加以组合。系统向社会的索取（投入资源）越是小于它向社会提供的贡献（有效产出），系统能够向社会提供的贡献与社会需要的贡献越是吻合，则系统的生命力就越是旺盛，其生命周期则越可能延长。孕育、初生期的系统，限于自身的能力和社会的了解，提供社会所需要的贡献的能力总是有限的；随着系统的成长和成熟，它与社会的互相认识不断加深，所能提供的贡献与社会需要的贡献便倾向和谐；而一旦系统不能跟上社会的变化，其产品或服务不再被社会需要，或内部的资源转换功能退化，系统向社会的索取超过对社会的贡献，则系统会逐步地被社会所抛弃，趋向消亡。

根据上面的分析，可以看出，系统的生命力取决于社会对系统贡献的需要程度和系统本身的贡献能力；而系统的贡献能力又取决于系统从社会中获取资源的能力、利用资源的能力以及对社会需要的认识能力。要提高系统的生命力，扩展系统的生命周期，就必须使系统提高内部的这些能力，并通过系统本身的工作增强社会对系统贡献的需要程度。由于社会的需要是在不断变化的，社会向系统供应的资源在数量和种类上也在不断改变，系统如果不能适应这些变化，以新的方式提供新的贡献，则可能难以被社会允许继续存在。系统不断改变或调整取得和组合资源的方式、方向和结果、向社会提供新的贡献，这正是创新的主要内涵和作用。

综上所述，维持与创新对系统的生存发展都非常重要，它们是相互联系、不可或缺的。创新是维持基础上的发展，而维持则是创新的逻辑延续；维持是为了实现创新的成果，而创新则是为更高层次的维持提供依托和框架。任何管理工作，都应围绕着系统运转的维持和创新而展开。只有创新没有维持，系统会呈现无时无刻无所不变的无序的混乱状态，而只有维持没有创新，系统则缺乏活力，犹如一潭死水，适应不了任何外界变化，最终会被环境淘汰。卓越的管理是实现维持与创新最优组合的管理。

三、创新的类别与特征

系统内部的创新可以从不同的角度去考察。

（1）从创新的规模以及创新对系统的影响程度来考察，可将其分为局部创新和整体创新。局部创新是指在系统性质和目标不变的前提下，系统活动的某些内容、某些要素的性质或其相互组合的方式，系统的社会贡献的形式或方式等发生变动；整体创新则往往改变系统的目标和使命，涉及系统的目标和运行方式，影响系统的社会贡献的性质。

（2）从创新与环境的关系来分析，可将其分为消极防御型创新与积极攻击型创新。消极防御型创新是指由于外部环境的变化对系统的存在和运行造成了某种程度的威胁，为了避免威胁或由此造成的系统损失扩大，系统在内部展开的局部或全局性调整；积极攻击型创新是在观察外部世界运动的过程中，敏锐地预测到未来环境可能提供的某种有利机会，从而主动地调整系统的战略和技术，以积极地开发和利用这种机会，谋求系统的发展。

（3）从创新发生的时期来看，可将其分为系统初建期的创新和运行中的创新。系统的组建本身就是社会的一项创新活动。系统的创建者在一张白纸上绘制系统的目标、结构、运行规划等蓝图，这本身就要求有创新的思想和意识，创造一个全然不同于现有社会（经济组织）的新系统，寻找最满意的方案，取得最优秀的要素，并以最合理的方式组合，使系统进行活动。但是“创业难，守业更难”，在动荡的环境中“守业”，必然要求积极地以攻为守，要求不断地创新。创新活动更大量地存在于系统组建完毕开始运转以后。系统的管理者要不断地在系统运行的过程中寻找、发现和利用新的创业机会，更新系统的活动内容，调整系统的结构，扩展系统的规模。

（4）从创新的组织程度上看，可分为自发创新与有组织的创新。任何社会经济组织都是在一定环境中运转的开放系统，环境的任何变化都会对系统的存在和存在方式产生一定影响，系统内部与外部直接联系的各子系统接收到环境变化的信号以后，必然会在其工作内容、工作方式、工作目标等方面进行积极或消极的调整，以应付变化或适应变化的要求。同时，社会经济组织内部的各个组成部分是相互联系、相互依存的。系统的相关性决定了与外部有联系的子系统根据环境变化的要求自发地作了调整后，必然会对那些与外部没有直接联系的子系统产生影响，从而要求后者也作相应调整。

系统内部各部分的自发调整可能有两种情况。一种情况是各子系统的调整均是正确的，从整体上说是相互协调的，从而给系统带来的总效应是积极的，可使系统各部分的关系实现更高层次的平衡——除非极其偶然，这种情况一般不会出现。另一种情况是，各子系统的调整有的是正确的，而另一些则是错误的——这是通常可能出现的情况。因此，从整体上来说，调整后各部分的关系不一定协调，给组织带来的总效应既可能为正，也可能为负（这取决于调整正确与失误的比例），也就是说，系统各部分自发创新的结果是不确定的。

与自发创新相对应的，是有组织的创新。有组织的创新包含两层意思。

（1）系统的管理人员根据创新的客观要求和创新活动本身的客观规律，制度化地检查外部环境状况和内部工作，寻求和利用创新机会，计划和组织创新活动。

（2）与此同时，系统的管理人员要积极地引导和利用各要素的自发创新，使之相互协调并与系统有计划的创新活动相配合，使整个系统内的创新活动有计划有组织地展开。只有有组织的创新，才能给系统带来预期的积极的比较确定的结果。

鉴于创新的重要性和自发创新结果的不确定性，有效的管理要求有组织地进行创新。为此，必须研究创新的规律，分析创新的内容，揭示创新过程的影响因素。但是，有组织的创新也有可能失败，因为创新本身意味着打破旧的秩序，打破原来的平衡，因此，具有一定的风险，更何况组织所处的社会环境是一个错综复杂的系统，这个系统的任何一次突发性的变化都有可能打破组织内部创新的程序。当然，有计划、有目的、有组织地创新取得成功的机会无疑要远大于自发创新。

案例 12-1

上海通用汽车的发展历程中，柔性化管理也已经成为上海通用的一道亮丽风景。在此之前，中国几乎所有的汽车工厂都是采用一个车型、一个平台、一条流水线、一个厂房的制造方式。唯有上海通用与众不同，上海通用最多可以一条线上共线生产四种不同平台的车型。这种生产方式就是“柔性化”生产方式，它在国内汽车企业里是绝无仅有的。柔性化生产能为厂家和消费者最直接带来的就是时间和金钱。上海通用的别克 GS、别克赛欧就是很好的证明。

上海通用以柔性化生产线为基础，拥有严格而规范的采购系统、科学而严密的物流配送系统、以市场为导向高度柔性化的精益生产系统以及以客户为中心的客户关系管理系统，这些共同构成了其柔性化生产管理的支撑体系，使上海通用汽车成为 GM（通用公司）全球范围内柔性最强的生产厂家，成为企业柔性化管理的经典，也是企业生产创新的范例。上海通用的柔性生产管理绝不仅仅是生产线上柔性的制造技术，而是一个以客户为中心，从采购、物流、工程、制造、质量到销售、服务的一个大概念的柔性与精益的理念。多年来，它已经成为上海通用企业的核心价值观，并深入到企业经营管理的每一个环节。

思政园地

大众创业、万众创新

“大众创业、万众创新”出自 2014 年 9 月夏季达沃斯论坛上李克强总理的讲话。李克强提出，要在 960 万平方公里的土地上掀起“大众创业”“草根创业”的新浪潮，形成“万众创新”“人人创新”的新势态。此后，他在首届世界互联网大会、国务院常务会议等场合和 2015 年《政府工作报告》中频频阐释这一关键词。每到一地考察，他几乎都要与当地年轻的“创客”会面。他希望激发民族的创业精神和创新基因。2018 年 9 月 18 日，国务院下发《关于推动创新创业高质量发展打造“双创”升级版的意见》。2018 年 12 月 20 日，“双创”当选为 2018 年度经济类十大流行语。

任务二　掌握创新职能内容

系统在运行中的创新要涉及许多方面。为了便于分析，我们以企业系统为例来介绍创新的内容。

一、目标创新

企业在一定的经济环境中从事经营活动，特定的环境要求企业按照特定的方式提供特定的产品。一旦环境发生变化，要求企业的生产方向、经营目标以及企业在生产过程中与其他社会经济组织的关系进行相应的调整。在市场经济背景下，企业经营的一般目标是“通过满足市场所反映的社会需要来获取利润”。至于企业在各个时期的具体经营目标，则需要适时地根据市场环境和消费需求的特点及变化趋势加以调整，每一次调整都是一种创新。

二、技术创新

技术创新是企业创新的主要内容。企业中出现的大部分创新活动是有关技术方面的，因此，有人甚至把技术创新视为企业创新的同义语。

技术水平是反映企业经营实力的一个重要标志。企业要在激烈的市场竞争中处于主动地位，就必须顺应甚至引导社会技术进步的方向，不断地进行技术创新。由于一定的技术都是通过一定的物质载体和利用这些载体的方法来实现的，因此企业的技术创新主要表现在要素创新、要素组合方法创新以及作为要素组合结果的产品创新等方面。

（一）要素创新与要素组合方法的创新

利用一定的方式将不同的生产要素加以组合，是形成产品的先决条件。要素的组合包括生产工艺和生产过程的组织两个方面。

生产工艺是劳动者利用劳动手段加工劳动对象的方法，包括工艺过程、工艺配方、工艺参数等内容。工艺创新既要根据新设备的要求改变原材料、成品的加工方法，又要在不改变现有设备的前提下，不断研究和改进操作技术和生产方法，以求使现有设备得到更充分的利用，使现有材料得到更合理的加工。工艺创新与设备创新是相互促进的，设备的更新要求工艺方法做出相应的调整，而工艺方法的不断完善又必然促进设备的改造和更新。

生产过程的组织包括设备、工艺装备、在制品以及劳动在空间上的布踣和时间上的组合。空间布踣不仅影响设备、工艺装备和空间的利用效率，而且影响人机配合，从而直接影响工人的劳动生产率；各生产要素在时空上的组合，不仅影响在制品、设备、工艺装备的占用数量，从而影响生产成本，而且影响产品的生产周期。因此，企业应不断地研究和采用更合理的空间布踣和时间组合方式，以提高劳动生产率、缩短生产周期，从而在不增加要素投入的前提下，提高要素的利用效率。20 世纪最伟大的企业生产组织创新，莫过于福特将泰罗的科学管理原理与汽车生产实践相结合而产生的流水生产线。流水生产线的问世引起了企业生产率的革命。

（二）产品创新

生产过程中各种要素组合的结果是形成企业向社会贡献的产品。企业是通过生产和提供产品来求得社会承认、证明其存在的价值，也是通过销售产品来补偿生产消耗、取得盈余，实现其社会存在。产品是企业的生命，企业只有不断地创新产品，才能更好地生存和发展。

产品创新包括许多内容，这里主要分析物质产品本身的创新。关于产品使用价值在实现过程中的创新，我们在“环境创新”中分析。物质产品创新主要包括品种和结构的创新。

品种创新要求企业根据市场需要变化，根据消费者偏好转移，及时地调整企业的生产方向和生产结构，不断开发出受用户欢迎的适销对路的产品。 产品结构的创新在于不改变原有品种的基本性能，对现在生产的各种产品进行改进和改造，找出更加合理的产品结构，使其生产成本更低、性能更完善、使用更安全，从而更具市场竞争力。

产品创新是企业技术创新的核心内容，它既受制于技术创新的其他方面，又影响其他技术创新效果的发挥：新的产品、产品新的结构，往往要求企业利用新的机器设备和新的工艺方法，而新设备、新工艺的运用又为产品的创新提供了更优越的物质条件。

三、制度创新

要素组合的创新主要是从技术角度分析了人、机、料各种组合方式的改进和更新，而制度创新则需要从社会经济角度来分析企业各成员间的正式关系的调整和变革，制度是组织运行方式的原则规定。

（1）产权制度是决定企业其他制度的根本性制度，它规定着企业最重要的生产要素的所有者对企业的权利、利益和责任。不同时期，企业各种生产要素的相对重要性不一样。在主流经济学的分析中，生产资料是企业生产的首要因素，因此，产权制度主要指企业生产资料的所有制。目前存在两大生产资料所有制：私有制和公有制（更准确地说是社会成员共同所有的“共有制”）。这两种所有制在实践中都不是纯粹的。企业产权制度的创新也许应朝向寻求生产资料的社会成员“个人所有”与“共同所有”的最适度组合的方向发展。

（2）经营制度是有关经营权的归属及其行使条件、范围、限制等方面的原则规定。它表明企业的经营方式，确定谁是经营者，谁来组织企业生产资料的占有权、使用权和处置权的行使，谁来确定企业的生产方向、生产内容、生产形式，谁来保证企业生产资料的完整性及其增值性，谁来向企业生产资料的所有者负责以及负何种责任。经营制度的创新应是不断寻求企业生产资料最有效利用的方式。

（3）管理制度是行使经营权、组织企业日常经营的各种具体规则的总称，包括对材料、设备、人员及资金等各种要素的取得和使用的规定。在管理制度的众多内容中，分配制度是极重要的内容之一。分配制度涉及如何正确地衡量成员对组织的贡献，以及在此基础上如何提供足以维持这种贡献的报酬。由于劳动者是企业诸要素的利用效率的决定性因素，因此，提供合理的报酬以激发劳动者的工作热情对企业的经营就有着非常重要的意义。分配制度的创新在于不断地追求和实现报酬与贡献的更高层次上的平衡。

产权制度、经营制度、管理制度这三者之间的关系是错综复杂的（实践中相邻的两种制度之间的划分甚至很难界定）。一般来说，一定的产权制度决定相应的经营制度。但是，在产权制度不变的情况下，企业具体的经营方式可以不断进行调整；同样，在经营制度不变时，具体的管理规则和方法也可以不断改进。而管理制度的改进一旦发展到一定程度，则会要求经营制度作相应的调整；经营制度的不断调整，则必然会引起产权制度的革命。因此，反过来，管理制度的变化会反作用于经营制度；经营制度的变化会反作用于产权制度。

企业制度创新的方向是不断调整和优化企业所有者、经营者、劳动者三者之间的关系，使各个方面的权力和利益得到充分的体现，使组织的各种成员的作用得到充分的发挥。

四、组织机构和结构创新

企业系统的正常运行，既要求具有符合企业及其环境特点的运行制度，又要求具有与之相应的运行载体，即合理的组织形式。因此，企业制度创新必然要求组织形式的变革和发展。

从组织理论的角度来考虑，企业系统是由不同的成员担任的不同职务和岗位的结合体。这个结合体可以从结构和机构这两个不同层次去考察。所谓机构是指企业在构建组织时，根据一定的标准，将那些类似的或为实现同一目标有密切关系的职务或岗位归并到一起，形成不同的管理部门。它主要涉及管理劳动的横向分工的问题，即把对企业生产经营业务的管理活动分成不同部门的任务；而结构则与各管理部门之间，特别是与不同层次的管理部门之间的关系有关，它主要涉及管理劳动的纵向分工问题，即所谓的集权和分权（管理权力的集中或分散）问题。不同的机构设置，要求不同的结构形式；组织机构完全相同，但机构之间的关系不一样，也会形成不同的结构形式。

由于机构设置和结构的形成要受到企业活动的内容、特点、规模、环境等因素的影响，因此，不同的企业，有不同的组织形式，同一企业，在不同时期，随着经营活动的变化，也要求组织的机构和结构不断调整。组织创新的目的在于更合理地组织管理人员的努力，提高管理劳动的效率。

五、环境创新

环境是企业经营的土壤，同时也制约着企业的经营。企业与环境的关系，不是单纯地去适应，而是在适应的同时去改造，去引导，甚至去创造。环境创新不是指企业为适应外界变化而调整内部结构或活动，而是指通过企业积极的创新活动去改造环境，去引导环境朝着有利于企业经营的方向变化。例如，通过企业的公关活动，影响社区政府政策的制定；通过企业的技术创新，影响社会技术进步的方向等。就企业来说，环境创新的主要内容是市场创新。市场创新主要是指通过企业的活动去引导消费，创造需求。成功的企业经营不仅要适应消费者已经意识到的市场需求，而且要去开发和满足消费者自己可能还没有意识到的需求。新产品的开发往往被认为是企业创造市场需求的主要途径。其实，市场创新的更多内容是通过企业的营销活动来进行的，即在产品的材料、结构、性能不变的前提下，或通过市场的物理转移，或通过揭示产品新的使用价值来寻找新用户，或通过广告宣传等促销工作来赋予产品一定的心理使用价值，影响人们对某种消费行为的社会评价，从而诱发和强化消费者的购买动机，增加产品的销售量。

任务三　熟悉创新过程和组织

一、创新的过程

要有效地组织系统的创新活动，就必须研究和揭示创新的规律。

创新有无规律可循？对这个问题存在争议。美国创新活动非常活跃，从而经营成功的3M公司的一位常务副总裁在一次讲演中甚至这样开头："大家必须以一个坚定不移的信念作为出发点，这就是：创新是一个杂乱无章的过程。"

创新是对旧事物的否定，是对新事物的探索：创新必定要突破原先的制度，破坏原先的秩序，必须不遵守原先的章程；创新者只能在不断的尝试中去寻找新的程序、新的方法，在最终的成果取得之前，可能要经历无数次反复，无数次失败，因此，它看上去必然是杂乱的。但这种"杂乱无章性"是相对于旧制度、旧秩序而言的，是相对于个别创新而言的。就创新的总体来说，它们必然依循一定的步骤、程序和规律。

总结众多成功企业的经验，成功的创新要经历"寻找机会、提出构思、迅速行动、忍耐坚持"这样几个阶段的努力。

（一）寻找机会

创新是对原有秩序的破坏。原有秩序之所以要打破，是因为其内部存在着或出现了某种不协调的现象。这些不协调为系统的发展提供了有利的机会或造成了某种不利的威胁。创新活动正是从发现和利用旧秩序内部的这些不协调现象开始的。不协调为创新提供了契机。旧秩序中的不协调既可存在于系统的内部，也可产生于对系统有影响的外部。

1.就系统的外部说，有可能成为创新契机的变化

（1）技术的变化。技术的变化可能影响企业资源的获取、生产设备和产品的技术水平。

（2）人口的变化。人口的变化可能影响劳动市场的供给和产品销售市场的需求。

（3）宏观经济环境的变化。迅速增长的经济背景可能给企业带来不断扩大的市场，而整个国民经济的萧条则可能降低企业产品需求者的购买能力。

（4）文化与价值观念的变化。文化与价值观念的变化可能改变消费者的消费偏好或劳动者对工作及其报酬的态度。

2.就系统内部来说，引发创新的不协调现象

（1）生产经营中的瓶颈，可能影响劳动生产率的提高或劳动积极性的发挥，因而始终困扰着企业的管理人员。这种卡壳环节，既可能是某种材料的质地不够理想，且始终找不到替代品，也可能是某种工艺加工方法不完善，或是某种分配政策不合理。

（2）企业意外的成功和失败，如派生产品的销售额大增从而其利润贡献不声不响地、出人意料地超过了企业的主营产品，老产品经过精心整顿改进后，结构更加合理，性能更加完善，质量更加优异，但并未得到预期数量的订单……这些出乎企业意料的成功和失败，往往可以把企业从原先的思维模式中驱赶出来，从而可以成为企业创新的一个重要

源泉。

企业的创新往往是从密切地注视、系统地分析社会经济组织在运行过程中出现的不协调现象开始的 。

（二）提出构想

敏锐地观察到了不协调现象的产生以后，还要透过现象究其原因，并据此分析和预测不协调的未来变化趋势，估计它们可能给组织带来的积极或消极后果，并在此基础上，努力利用机会或将威胁转换为机会，采用头脑风暴、德尔菲法等方法提出多种解决问题、消除不协调、使系统在更高层次实现平衡的创新构想。

（三）迅速行动

创新成功的秘密主要在于迅速行动。提出的构想可能还不完善，甚至可能很不完善，但这种并非十全十美的构想必须立即付诸行动才有意义。“没有行动的思想会自生自灭”，这句话对于创新思想的实践尤为重要。一味追求完美，以减少受讥讽、被攻击的可能，往往会错失良机，把创新的机会白白地送给自己的竞争对手。彼得斯和奥斯汀在《志在成功》一书中介绍了这样一个例子：20 世纪 70 年代，施乐公司为了把产品搞得十全十美，在罗彻斯特建造了一座全由工商管理硕士（MBA）占用的 29 层高楼。这些 MBA 们在大楼里对第一件可能开发的产品设计了拥有数百个变量的模型，编写了一份又一份的市场调查报告；然而，当这些人继续不着边际地分析时，当产品研制工作被搞得越来越复杂时，竞争者已把施乐公司的市场抢走了 50%以上。创新的构想只有在不断尝试中才能逐渐完善。企业只有迅速地行动才能有效地利用“不协调”带来的机会。 因此，创新行动的速度可能比创新方案的完善更为重要。

（四）坚持不懈

构想经过尝试才能成熟，而尝试是有风险的，是不可能“一打就中”的，是可能失败的。创新的过程是不断尝试、不断失败、不断提高的过程。因此，创新者在开始行动以后，为取得最终的成功，必须坚定不移地继续下去，决不能半途而废，否则便会前功尽弃。要在创新中坚持下去，创新者必须有足够的自信心，有较强的忍耐力，能正确对待尝试过程中出现的失败，既为减少失误或消除失误后的影响采取必要的预防或纠正措施，又不把一次“战役”（尝试）的失利看成整个“战争”的失败，知道创新的成功只能在屡屡失败后才姗姗来迟。伟大的发明家爱迪生曾经说过：我的成功乃是从一路失败中取得的。这句话对创新者应该有所启示。创新的成功在很大程度上要归因于“最后五分钟”的坚持。

二、创新活动的组织

系统的管理者不仅要根据创新的上述规律和特点的要求，对自己的工作进行创新，而且更主要的是组织下属进行创新组织创新。不是去计划和安排某个成员在某个时间去从事某种创新活动——这在某些时候也许是必要的，而是要为部属的创新提供条件、创造环境，有效地组织系统内部的创新。

（一）正确理解和扮演“管理者”的角色

管理人员往往是保守的。他们往往以为组织雇用自己的目的是维持组织的运行，因此自己的职责首先是保证预先制定的规则的执行和计划的实现。他们认为“系统的活动不偏离计划的要求”便是优秀管理的象征。因此，他们往往自觉或不自觉地扮演现有规章制度的守护神的角色。为了减少系统运行中的风险，防止大祸临头，他们往往对创新尝试中的失败吹毛求疵，随意惩罚在创新尝试中遭到失败的人，或轻易地奖励那些从不创新、从不冒险的人……在分析了前面的关于管理的维持与创新职能的作用后，再这样来狭隘地理解管理者的角色，显然是不行的。管理人员必须自觉地带头创新，并努力为组织成员提供和创造一个有利于创新的环境，积极鼓励、支持、引导组织成员进行创新。

（二）创造促进创新的组织氛围

促进创新的最好方法是大张旗鼓地宣传创新，激发创新，树立“无功便是有过”的新观念，使每一个人都奋发向上、努力进取、跃跃欲试、大胆尝试。要造成一种人人谈创新、时时想创新、无处不创新的组织氛围，使那些无创新欲望或有创新欲望却无创造行动、从而无所作为者感觉到在组织中无立身之处，使每个人都认识到组织聘用自己的目的不是要自己简单地用既定的方式重复那些也许重复了许多次的操作，而是希望自己去探索新的方法，找出新的程序，只有不断地去探索、去尝试才有继续留在组织中的资格。

（三）制订有弹性的计划

创新意味着打破旧的规则，意味着时间和资源的计划外占用，因此，创新要求组织的计划必须具有弹性。

创新需要思考，思考需要时间。把每个人的每个工作日都安排得非常紧凑，对每个人在每时每刻都实行“满负荷工作制”，则创新的许多机遇便不可能被发现，创新的构想也无条件产生。美籍犹太人宫凯尔博士对日本人的高节奏工作制度就不以为然，他说：“一个人成天在街上奔走，或整天忙于做某一件事……没有一点清闲的时间可供思考，怎么会有新的创见？”他认为，每个人“每天除了必需的工作时间外，必须抽出一定时间去供思考用”。成功的美国企业，也往往让职工自由地利用部分工作时间去探索新的设想。据《创新者与企业革命》一书介绍，IBM、3M、奥尔-艾达公司以及杜邦公司等都允许职工利用5%~15%的工作时间来开发他们的兴趣和设想。同时，创新需要尝试，而尝试需要物质条件和试验的场所。要求每个部门在任何时间都严格地制订和执行严密的计划，则创新会失去基地，而永无尝试机会的新构想就只能留在人们的脑子里或图纸上，不可能给组织带来任何实际的效果。因此，为了使人们有时间去思考、有条件去尝试，组织制订的计划必须具有一定的弹性。

（四）正确地对待失败

创新的过程是一个充满着失败的过程。创新者应该认识到这一点，创新的组织者更应该认识到这一点。只有认识到失败是正常的，甚至是必需的，管理人员才可能允许失败，支持失败，甚至鼓励失败。当然，支持尝试、允许失败，并不意味着鼓励组织成员去马马虎虎地工作，而是希望创新者在失败中取得有用的教训，学到一点东西，变得更加明白，从而使下次从失败到创新成功的路程缩短。美国一家成功的计算机设备公司在它那只有五六条的企业哲学中甚至这样写道："我们要求公司的人每天至少要犯 10 次错误，如果谁做不到这一条，就说明谁的工作不够努力。"

（五）建立合理的奖酬制度

要激发每个人的创新热情，还必须建立合理的评价和奖惩制度。创新的原始动机也许是个人的成就感、自我实现的需要，但是如果创新的努力不能得到组织或社会的承认，不能得到公正的评价和合理的奖酬，则继续创新的动力会渐渐失去。促进创新的奖酬制度至少要符合下述条件。

（1）注意物质奖励与精神奖励的结合。奖励不一定是物质上的，而且往往不需要是金钱方面的，精神上的奖励也许比物质报酬更能驱动人们创新。而且，从经济的角度来考虑，物质奖励的效益要低于精神奖励的效益。金钱的边际效用是递减的，为了激发或保持同等程度的创新积极性，组织不得不支付越来越多的奖金。对创新者个人来说，物质上的奖酬只在一种情况下才是有用的：奖金的多少首先被视作衡量个人工作成果和努力程度的标准。

（2）不能视奖励为"不犯错误的报酬"，而应是对特殊贡献，甚至是对希望做出特殊贡献的努力的报酬。奖励的对象不仅包括成功以后的创新者，而且应当包括那些成功以前、甚至是没有获得成功的努力者。就组织的发展而言，也许重要的不是创新的结果，而是创新的过程。如果奖酬制度能促进每个成员都积极地去探索和创新，那么对组织发展有利的结果必然会产生。

（3）奖励制度要既能促进内部竞争，又能保证成员间合作。内部的竞争与合作对创新都很重要。竞争能激发每个人的创新欲望，从而有利于创新机会的发现、创新构想的产生，而过度的竞争则会导致内部的各自为政、互相封锁；协作能综合各种不同的知识和能力，从而可以使每个创新构想都更加完善，但没有竞争的合作难以区别个人的贡献，从而会削弱个人的创新欲望。要保证竞争与协作的结合，在奖励项目的设置上，可考虑多设集体奖，少设个人奖，多设单项奖，少设综合奖；在奖金的数额上，可考虑多设小奖，少设甚至不设大奖，以给每一个人成功的希望，避免"只有少数人才能成功的超级明星综合症"，从而防止相互封锁和保密、破坏合作的现象产生。

导入案例解析

解答任正非的"发展困惑"

作为通信领域的领军企业，华为也感到"寂寞"。任正非称，华为"正在本行业逐步攻入无人区，处在无人领航、无既定规则，无人跟随的困境"，"已感到前途茫茫，找不到方向"。在这样的背景下，华为将迎难而上、坚持创新，以战略耐性和巨大投入追求重大创新，用最优秀的人去培养更优秀的人。

（1）创新的根本是人才！创新的路径是炸开封闭的人才金字塔尖，开放地吸取“宇宙”能量。

企业经营的本质是人，创新的本质还是人。为此，任正非提出，华为已炸开华为封闭的人才金字塔塔尖，开放地吸取“宇宙”能量，与世界级的顶尖科学家进行思想的交流和碰撞，与能人喝咖啡，与高手过招。在与高手过招中擦出思想火花，积蓄和释放势能。这种创新不再是停留在技术、工程层面的创新，而是观念、思想、思维、基础理论、标准层面的创新。

（2）创新的动力机制在于建立更加开放、包容，为创新者的探索精神、为失败者鼓掌喝彩的文化土壤与平台。

过去的创新是有成功轨迹可循的。智能化社会的无人区创新是对不确定性技术的研究，是探索性研究，是颠覆式创新研究，不能以成败论英雄，要允许犯错误，包容和鼓励失败者及不完美的英雄。“不完美的英雄也是英雄”。为此，任正非提出：“我们要理解歪瓜裂枣，允许黑天鹅在我们的咖啡杯中飞起来。创新本来就有可能成功，也有可能失败，我们也要敢于拥抱颠覆。要建立“一个开放的科技讨论平台，让思想的火花燃成熊熊大火。公司要具有理想，就要具有在局部范围内抛弃利益计算的精神。”

知识测试

一、单项选择题

1.下面哪项不属于管理的“维持职能”（　　）。

A.组织　　B.领导　　C.控制　　D.创新

2.下列选项中，不属于创新活动的是（　　）。

A.设备的更新改造　　B.产品的开发　　C.质量的检验　　D.工艺的改进

3.对成功创新需要经历的几个阶段排列顺序正确的是（　　）。

A.提出构想、寻找机会、迅速行动、忍耐坚持

B.寻找机会、提出构想、迅速行动、忍耐坚持

C.提出构想、寻找机会、忍耐坚持、迅速行动

D.忍耐坚持、寻找机会、提出构想、迅速行动

4.“有意栽花花不发，无心插柳柳成荫”，说明（　　）是创新的源泉之一。

A.不懈的努力和奋斗　　B.随机应变的才能

C.意外的成功或失败　　D.对未来的预见能力

5.一般来说，组织中的老员工比新员工更加抵制变革，这主要是因为（　　）。

A.他们认为变革不是为了组织的最佳利益

B.变革使已知的东西变得模糊不清和不确定

C.变革会威胁到他们为取得现状所做的较多的投资

D.一旦变革失败，会给企业带来很大的损失

6.只有不断地组织并实现（　　），企业才能保持持久的竞争优势，充满生命力。

A.产品创新　　B.材料创新　　C.工艺创新　　D.手段创新

7.下列说法错误的是（　　）。

A.产品创新不仅会带来产品制造技术的革命，而且会导致产品物质结构的调整

B.工艺的创新不仅会使生产方法更加成熟，而且必然要求生产过程中利用这些新的工艺方法的各种物质生产手段有所改进

C.机器设备的创新也会带来加工方法的调整或促进产品功能更加完善

D.工艺或产品的创新也会对材料的种类、性能或质地提出更高的要求

二、多项选择题

1.企业的技术创新主要表现在（　　）。

A.目标创新　　B.制度创新

C.要素创新　　D.要素组合方法创新

E.产品创新

2.下面对维持和创新的说法正确的是（　　）。

A.维持对系统的生存发展是非常重要的，创新则可有可无

B.创新是维持基础上的发展

C.维持是创新的逻辑延续

D.创新是为了实现维持的成果

E.维持是为更高层次的创新提供依托和框架

3.要想有效地组织系统内部的创新，需要（　　）。

A.正确理解和扮演“管理者”的角色　　B.创造促进创新的组织氛围

C.制订有弹性的计划　　D.正确地对待失败

E.建立合理的奖酬制度

4.熊彼特认为，企业家之所以能成为企业家，是因为其（　　）。

A.拥有资本　　B.拥有创新精神

C.拥有智慧　　D.实际地组织了创新

E.善于抓住机遇

5.下面对发明和创新的说法正确的是（　　）。

A.发明的概念要远比创新宽泛

B.创新是一种发明

C.发明是在新知识、新理论创造基础上一种全新技术的出现

D.原有技术的改善是创新

E.几种未经改变的原有技术的一种简单的重新组合是发明

三、判断题

1.为适应环境的变化，组织应不断调整系统内部的内容和目标，这在管理上叫作管理的创新职能。(　　)

2.在组织中创新要远比维持重要。(　　)

3.汽车的动力系统由燃油改为燃气也属于一种创新。(　　)

4.创新型管理认为每一个管理者都应该成为创新者。(　　)

5.一般社会经济系统在生命周期中要经历孕育、成长、成熟、蜕变以及消亡五个阶段。(　　)

四、简答题

1.为什么说“管理的本质内容是维持和创新，有效的管理在于适度的维持和适度的创新的组合”？

2.作为管理的本质内容，维持和创新的关系及其作用是什么？请举例说明。

3.创新过程包括哪几个阶段?

4.企业家创新职能的基本内容是什么？企业家如何有效地组织系统内的创新活动?

延展阅读

中国传统文化中的创新方法和创新内容

中国传统文化中不仅有着丰富的创新思想，更形成了较为系统的创新方法和创新模式，在制度、文化、科技等诸多领域丰富了创新的内涵。

(一)中国传统文化中的创新方法

1. 学思结合、温故知新的方法

早在春秋时期，大教育家孔子在谈到如何为学时，就提出了很多有针对性的创新方法。其中学思结合、温故知新的方法对中国传统创新有着重要影响。孔子认为，学而不思则罔（迷惑），思而不学则殆（危险）。就学与思对于创新的意义而言，学是知识的积累、是创新的基础。唯有通过博学于文、每事问以及实践等多种途径，才能掌握现有的科技和知识，全面了解和掌握事物的客观规律，对一个事物有全面、准确的认识，找到创新点并实现创新。也唯有将苦学与勤思相结合，才能取得事半功倍的效果。仅仅停留在“学”的层面，是不可能产生创新的。创新的实现是通过“思”来完成的。思的过程，是人脑将已掌握的经验和知识与现实情境相结合，进行综合分析、判断和推理的过程，是人类所特有的创新方式。学思结合的过程，同时也是一个温故知新的过程。只有通过“学”，掌握了尽可能多的“故”，才有了知新的基础。孔子说“吾尝终日不食，终夜不寝，以思，无益，不如学也。”(《论语·卫灵公》) 如果说学思结合是创新的途径，那么，温故知新就是创新的目的。温故知新不仅是孔子对人类认识世界的认识论的概括和方法论的总结，而且还与中国传统上习惯于传统基础上创新，创新后不抛弃传统有着密切关联。以天人沟通的方式而论，远古时期的中国人相信天与人之间虽然遥远，却可以通过高插云霄的高山实现天与人的对话。为了体现天意和权威，中国人习惯在与高山形似的旗杆广场上召开会议、决定重大事项。旗帜问题在现在之所以如此重要，就因为它代表的是古人心目中神圣的共同利益。在同一个旗杆下开会，说明有共同的利益、共同的目标和方向。只有有了共同的旗帜，才能将不同的人团结在一起。在当代，旗帜虽然已没有了天人沟通的意义，却还是一个国家、组织同心同德的基础。我们高举中国特色伟大旗帜，就是因为只有这个旗帜，才能把亿万中华儿女团结起来，形成民族的凝聚力和创造力。中国传统文化在创新方面的特色，就集中体现在我们的创新是在对传统进行因循损益基础上的创新，而且创新之后并不抛弃传统。创新来源于传统，却又高于传统。学思结合、温故知新反映了中国人特有的思维方式和创新路径。

2. 举一反三、由此及彼的方法

创新既然是对传统的超越，就意味着仅仅停留在学的层面、温故的层面是不够的，还要把掌握的故即学到的旧有知识与现实的情景和所遇到的具体情况相结合，举一反三、由此及彼，才能真正实现创新。孔子经常说的“见贤思齐”“见不贤而内自省”，就是将既有知识与自身情况相结合，由此及彼进行创新的过程。孔子经常运用比喻的方法为学生讲解新知识。《论语》中对此有多处记载，在为弟子讲解“为政以德”时，孔子将“为政以德”比喻为“北辰”，告诉弟子“为政以德”就会像“北辰”一样，“居其所而众星拱之”。把抽象的事物比喻为具体、容易理解的东西，深入浅出地增进弟子对新知识的理解，就是运用由此及彼的方法。孔子曾对他的弟子说：“举一隅，不以三隅反，则不复也。”意思是说，我举出一个墙角，你们应该要能灵活地推想到另外三个墙角，如果不能的话，我也不会再教你们了。后来，大家就把孔子说的这段话变成了“举一反三”这个成语，意思是说，学一件东西，可以灵活地思考，并运用到其他相类似的东西上。通过一件事情类推到其他的事情，从而获得新知识、实现创新的过程就是举一反三。举一反三的能力和水平，反映的就是个体对于知识的融会贯通程度和综合运用水平，也反映出个体的创新能力和差异。每个人由于先天资质的差异、努力程度的不同以及其他因素的影响，举一反三的能力也有所不同。

（二）中国传统文化中的创新内容

中国古代的税收制度、人才选拔制度、军事制度等一直处于改革之中，不断推陈出新。比如中国古代的税收制度，初步形成于西周及春秋战国时期，各财政部逐渐完备，秦代的成文法典称《秦律》，其中有关财政税收的法律有《田律》《徭律》等，对征税的对象、品目、税率、纳税人、处罚等都有明确规定；魏、晋、南北朝和隋唐时期，在均田制的基础上不断改革完善；到了宋、元、明、清时期，随着均田制的破坏，土地兼并之风日盛，在不断清丈田亩、整理地籍的基础上，逐步实现地、户、丁税的合并征收，并加强商税和盐、茶、酒等货物税的征收制度，清代初期为加强赋税管理，在明万历旧籍的基础上编纂了《赋役全书》，建立了一套比较完整的田赋征收管理制度。中国古代的税制长期以土地税为主，以商税为辅。可自鸦片战争以后，中国由封建社会逐步沦为半殖民地半封建社会，自然经济遭受破坏，资本主义商品经济开始有所发展，中国近代税收制度也随之发生重要的变化，由以田赋为主逐步转向以工商税收为主。选官用人是国之大事，为了保证人才选拔，中国古代的人才制度也一直处在创新变革之中。春秋以前，官吏主要通过“世卿世禄”制度产生。战国时，“世卿世禄”制逐渐废除，官吏的选举发生了根本变化，秦在统一之前，“仕进之途，唯辟田与胜敌而已”，而胜敌是其主要途径，秦统一后的官吏，也就多出于军功。到了汉代，朝廷为了适应专制主义中央集权封建国家统治的需要，在秦的基础上，建立和发展了一整套选举统治人才的选官制度。这套制度包括察举、皇帝征召、公府与州郡辟除、大臣举荐、考试、任子、纳资及其他多种方式，不限于一途，而且还可以交互使用。此后，我国古代官吏选用又分别出现了魏晋时期的“九品中正制”及隋唐的科举制。中国古代军事制度称“军制”“兵制”，它随着国家、军队的产生而产生，并与整个国家的经济、政治制度相适应，体现了统治阶级的意志。服务的统治阶级不同，军事制度也随之不断创新。从夏朝到清朝道光年间，中国军制经历了奴隶社会和封建社会两大发展阶段，随着政治制度的变化由简单到复杂、由低级到高级发展演变。奴隶社会军事制度以王权为中心，王是最高军事统帅，掌管国家军政大权，战时便是统军将领。封建社会军事制度由春秋战国到秦、汉，由三国、两晋、南北朝到隋、唐，由五代十国、宋、辽、夏金到元、明、清，经历了三次大分裂和三次大统一，形成了与君主专制主义政治制度相结合的军事集权制，皇帝是当然的最高军事统帅，统兵、调兵与战时指挥系统三权分立，便于分而治之。这时期还出现了以《孙子》为代表的一大批军事专著，纷纷研究改革军制，以推动政治、经济变革的顺利实现。

中国传统文化中的创新因素对继承和弘扬民族创新精神、形成符合时代要求的中国特色社会主义创新文化具有重大意义。中华民族是一个勤劳勇敢、具有创新精神和创新传统的民族，弘扬民族创新精神，形成符合时代要求的中国特色社会主义创新文化，动员亿万人民增强自主创新能力。

参 考 文 献

[1] 周三多，陈传明，鲁明泓.管理学：原理与方法[M].5 版.上海：复旦大学出版社，2014.
[2] 郭跃进.管理学[M].4 版.北京：经济管理出版社，2013.
[3] 杨文士，焦叔斌，张雁，等.管理学原理[M].2 版.北京：中国人民大学出版社，2004.
[4] 李品媛.管理学[M].大连：东北财经大学出版社，2007.
[5] 成思危.中国经济改革与发展研究[M].北京：中国人民大学出版社，2011.
[6] 刘正周.管理激励[M].上海：上海财经大学出版社，1998.
[7] 李剑锋.组织行为管理[M].4 版.北京：中国人民大学出版社，2010.
[8] 张培弛.领导讲话水平历练教程：领导干部怎样提高讲话水平[M].北京：企业管理出版社，2002.
[9] 包晓闻.管理制胜：20 家中国企业的顶级管理模式[M].北京：机械工业出版社，2003.
[10] 武欣.绩效管理实务手册[M].北京：机械工业出版社.2003.
[11] 郭咸纲.西方管理学说史[M].北京：中国经济出版社，2003.